万川
reflections

一步万里阔

笼中王国

Elephant Slaves and Pampered Parrots

18世纪法国的珍禽异兽与社会文化

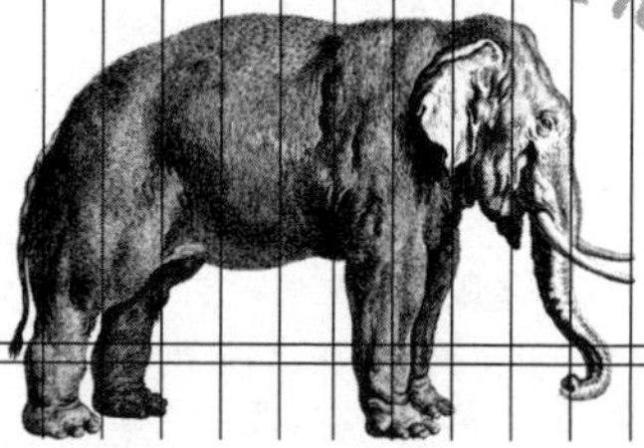

Exotic Animals in Eighteenth-Century Paris

Louise E. Robbins

[美] 路易斯·E. 罗宾斯——著

翟洪霞 赵辰——译

中国工人出版社

图书在版编目（CIP）数据

笼中王国：18 世纪法国的珍禽异兽与社会文化 /（美）路易斯·E. 罗宾斯著；翟洪霞，赵辰译. -- 北京：中国工人出版社，2024. 8. -- ISBN 978-7-5008-8113-1

Ⅰ. K565.9

中国国家版本馆 CIP 数据核字第 2024KD8727 号

著作权合同登记号：图字 01-2022-5835

笼中王国：18 世纪法国的珍禽异兽与社会文化

出 版 人	董　宽
责任编辑	邢　璐
责任校对	张　彦
责任印制	黄　丽
出版发行	中国工人出版社
地　　址	北京市东城区鼓楼外大街 45 号　邮编：100120
网　　址	http://www.wp-china.com
电　　话	（010）62005043（总编室） （010）62005039（印制管理中心） （010）62001780（万川文化出版中心）
发行热线	（010）82029051　62383056
经　　销	各地书店
印　　刷	天津中印联印务有限公司
开　　本	880 毫米 ×1230 毫米　1/32
印　　张	10.625
字　　数	230 千字
版　　次	2024 年 10 月第 1 版　2024 年 11 月第 2 次印刷
定　　价	68.00 元

献给我的家人

目录

前 言

从最初构思到最后一个标点，这本书的诞生得到了很多人的帮助。我要特别感谢威斯康星大学麦迪逊分校科学史系老师在我写作期间的指导。汤姆·布罗曼将我引向启蒙运动，他容忍了我的固执，并帮助我找到我想写的东西。同哈尔·库克的探讨促使我深入思考科学和自然史的重大问题。林恩·尼哈特仔细阅读了内容，并激励我直奔主题。苏珊娜·德桑同我分享了她了解的法国历史，将她那股革命热情传递给我，她总是能提升我的能力水平。安妮·维拉引领我进入 18 世纪法国文学的大门，大大加深了我对“感受性”（*sensibilité*）的理解。

我还收获了很多来自其他方面的帮助。在经济支持方面，我要感谢威斯康星大学麦迪逊分校两年的奖学金支持，科学史系提供的旅费，科学史系和综合博雅研究项目提供的教学助教机会，以及《伊希斯》（*Isis*）编辑部和罗纳德·L. 南伯斯教授提供的项目助研机会。我的父母也为之慷慨解囊。

我要感谢威斯康星大学麦迪逊分校特别馆藏部、缩微胶片和媒体中心以及馆际互借办公室的工作人员为我在美国的研究提供的帮助。特别感谢威斯康星大学麦迪逊分校的前科学史文献学家约翰·诺伊，他一直密切关注着与本书相关的文献。此外，还有几家机构和图书馆提供了研究设施和插图素材。

我要向巴黎的国家档案馆、法国国家图书馆、巴黎历史图书馆和国家自然史博物馆中央图书馆提供的设施以及工作人员的帮助表示感谢。在国家自然史博物馆，弗朗索瓦丝·塞尔夫人向我提供了帮助，同时也感谢伊夫·莱叙能与我会面。在蒙巴尔，皮埃尔·伊茨科维茨带我参观了古老的博物馆和布封公园，让我有机会透过布封书房的窗户欣赏到“这位天才欣赏过的景色”。冶金博物馆的贝尔纳·里尼奥和吕克·杜尼亚带我参观了布封的大锻造厂，还配合我搜寻写给布封的粉丝来信。

许多同事阅读并评论了部分章节，为我提供了相关资料，或是记下有关猴子的故事。多亏迈克尔·林恩的提醒，我才没有错过某些非常重要的信息；他还提供给我很多参考资料，非常慷慨地分享了他的工作成果。小理查德·W. 伯克哈特仔细翻阅了他的笔记，回答了我关于巴黎动物园的问题，并仔细阅读了本书的两章内容，乔纳森·兰姆提出了关于宠物和动物奴隶的深刻建议，帕特里斯·伊戈内为第八章的改进提出了建议。莫拉格·马丁提供了许多有价值的参考资料，玛丽·萨尔茨曼带领我参观了法国国家图书馆迷宫般的版画收藏。科学史论文组、法国历史论文组和麦迪逊地区法国历史讨论组的成员给予了我鼓励与陪伴——感谢以下所有人抽出时间阅读了本书的书稿：弗兰卡·巴里切利，杰西卡·库尔伯里，苏珊娜·德桑，苏珊·迪南，拉尔夫·德雷顿，史蒂夫·厄德利，范发迪，郑海京，朱迪·霍克，泰德·英厄姆，衣川朋美，艾伦·克林斯基，杰米·李，乔迪·勒佩奇，迈克·林恩，克雷格·麦康奈尔，莎拉·普法泰歇，大卫·里德，迈克尔·罗宾逊，约翰·鲁道夫，艾莉森·桑德曼，凯伦·沃洛奇，王秀云，迪尔德丽·韦弗。同时感谢抽出时间阅读书稿的朋友们：简·胡思，乔安娜·因格洛特，丹·辛伯洛夫和玛丽·泰博。

最后，我要特别感谢哈丽雅特·里特沃将这本书纳入她的新系列丛书。这份书稿得益于她和一位匿名审稿人的建设性批评。丹尼斯·马歇尔纠正了书中许多隐藏多年的错误。我还要感谢约翰·霍普金斯大学出版社的罗伯特·J. 布鲁格的坚持和耐心，感谢梅洛迪·赫尔、朱莉·麦卡锡和其他所有帮助我将电子文稿变成精美图书的人。

在这篇简短的前言的结尾，我将给出几个术语的定义与解释。首先是“外来的”（exotic）一词。18 世纪，法国出现大量源自其他地区的物品，但当时用来描述这些物品的词总是“外国的”（*étranger*），而不是“外来的”（*exotique*）。尽管早在16世纪“外来的”一词就被使用过，但1787年的一本旅游指南为读者解释了这个词的意思，这表明当时这个词并不常用。在介绍种植“外来或土著”树木的花园时，作者解释这个词源自希腊语，意思是“外国的，非本国出产的物品”。[1]

然后是“外来动物”（exotic animals）一词。我用这个词来形容非西欧本土的物种。在书中，特别是在第五章，我人为地划分了外来物种和本土物种：鹦鹉和猴子等外来动物同本土动物猫和狗一样成为家庭宠物，因此本书的参考文献既涉及本土宠物也涉及外来宠物，但如果将本土动物纳入讨论范畴，至少还要多写一卷，所以本书并未讨论本土动物；希望未来有其他作者填补这一空白。更重要的是，在多数情况下，外来动物确实在文化中占有不同地位。进口身份使它们与众不同，往往提升了其价值；外来动物数量也在不断增加；与猫狗不同，人们通常用链子拴着它们或将它们关在笼子里，而且不能在国内繁殖；许多外来动物产自法国殖民地。至于“动物”（animal）这个词，我只用它来指代非人类动物。我通常使用“人”（man）而不是“人类”（human），在转译时尤其如此，这既符合18世纪的用语习惯，同时也意在强调

homme 这个词，即使可以同时指代男性和女性，也依旧带有一定的男性色彩。

第三组术语是“科学”和“自然史”。本书中我使用“科学”（science）这个词的现代英语含义；而该词在 18 世纪的法国含义更为广泛。从金融学到神学，只要严谨探求，几乎任何学科都可以成为一门科学。启蒙运动时期的学者没有把知识划分为“科学”和“人文”，而是使用了“哲学”“历史”和“诗歌”等类别。在《百科全书》所配的知识树中，狄德罗和达朗贝尔把物理学、化学、解剖学和生理学归入哲学范畴，而自然史则被归入历史学范畴。[2] 研究一个物种的自然史与研究民族史或语言史的过程大致相同：分类，验证事实，描述特征和行为，通过比较得出结论。自然物品（偶尔还有人工制品）通常被陈列在自然史展柜中，这些展柜的规模大小不一，有时是一个玻璃柜，有时则是几大屋子的陈列柜。

最后提一下译文的问题。如无特殊说明，书中所有法语的英译均由笔者完成。标点符号和字母大小写有时会作修改。我尽力将多数动物名译成今天英语中的常用名。遇到无法识别的动物，我则保留法语名称，或直接将其译成描述性的笼统英文名称。例如，我将一种叫 *perroquet vert* 的鸟译为 green parrot（绿色鹦鹉），它可能是许多种鹦鹉中的一种。[3]

引 语

如果你在 1771 年 1 月中旬沿着巴黎市中心的多菲内路散步，便会遇到一大群人聚集在街上。挤进人群，你可能得花钱才能近距离观看一幅罕见的景象：一头年轻的公象正在耍着马戏娱乐人群。同时代的期刊《先驱》描述道：

> 它用鼻子从女士们手中取食米粒；它打开一瓶啤酒并一饮而尽。看它完成这项任务真是令人惊叹……它前面放着一个瓶子，瓶塞略松。大象用鼻子抓住瓶身翻转过来，用嘴叼着瓶底；然后把鼻子伸到瓶口下方，捏住软木塞拧了出来；软木塞脱落，啤酒流进鼻子里。等酒倒空，大象便扔掉酒瓶，然后把鼻子放进嘴里，像漏斗一样将啤酒倒进去。[1]

法国人对大象表演感到稀奇，说明在 18 世纪的法国，外来动物并不常见;《先驱》的大象表演报道正是如此开场的：

“在巴黎看到一头活生生的大象是一种罕见而有趣的景象。”事实上，从 1668 年开始，一个多世纪以来，巴黎从未出现过大象。如果说大象在那时算是稀罕物，那外来动物则算不得罕见，在寻觅它们的踪迹之始，我就发现了这一点。巴黎人和游客有很多机会观察来自世界各地的生物。就在塞纳河右岸的梅吉塞里码头，有一家由“国王的捕鸟人”安热 - 奥古斯特·沙托经营的商店。每当有顾客进店，就会被店内饲养的冠鹤调皮地踢上一脚。店里有来自非洲和南美洲的鹦鹉及长尾小鹦鹉，来自澳大拉西亚的凤头鹦鹉，还有红雀、丽彩鹀、蓝松鸦和鼯鼠。如果这家店不出售卷尾猴和绿猴，顾客们也一定能在其他鸟兽商店里找到。

在一年一度的集市中，人们能在动物巡展上看到几十种外来动物。斗兽表演在城镇边上一个圆形剧场里举行，演出广告印在海报和传单上，为观看外来动物提供了另一个场所。普通斗兽表演中的动物是公牛、狗、熊和鹿，但在宗教节日期间举办的特别斗兽表演则以狮子、老虎为特色，有一次甚至弄来了山魈。在巴黎郊外的凡尔赛宫，到访者可以参观路易十四国王建造的皇家动物园。在动物园的围墙内，他们可以参观各种各样的鸟类、食肉动物、食草动物，还能看到一只外形奇异、皮肤皱巴巴的犀牛——它受到许多到访者的青睐。

许许多多种动物不仅能为人亲眼所见，还经常出现在各种文学作品中，从讽刺小说、寓言故事到学术巨著，都有对它们的描写。多菲内路上的人群中，有些人在看到大象之前就已经对其有所了解：《先驱》上的公告和另一份新闻传单甚至列出了推荐作品以供人们参阅。其中包括一部畅销的自然史百科全书，由著名博物学家布封伯爵乔治·路易·勒克莱克（Georges-Louis Leclerc）所著，版本众多，包括相对便宜的袖珍版。由于无法看到描述读者经历的日记或信件，我们无从了解他们读过哪些内容，也无从了解看到那头小象时他们在想什么。但至少那些熟悉布封的记述（被广泛转载）的读者，想到小象大概永远不会与同类交配，可能会为它感到遗憾。根据布封的记载，“（被圈养的大象）对处境的厌恶深深地埋在它的心底”。而且大象不像家养动物，不像那些“天生的奴隶”，可以为人们随意操纵和繁殖，大象“始终拒绝为了暴君的利益而繁殖”。[2]

偶然发现法国的外来动物这一话题，就像在城市街道上偶然发现一头大象一样。我无法忽视它，一发现这个话题，对它的兴趣就越来越浓厚。我本计划研究布封，分析他的自然史百科全书受欢迎的原因。这个话题如今仍是我研究的一部分，但当我意识到有一个真实的动物世界可供探索时，它就变得次要了。

外来动物在18世纪的巴黎不容忽视——不仅在现实中如此，在文化上亦是如此。尽管法国早先时候也出现过个别的外来动物，但它们的数量却在这一时期激增。它们出现在巴黎的街道上和私人住宅里，也进入了笑话、诗歌、故事、海报、绘画以及自然史作品中。在化身文学和艺术时，它们往往具有隐喻意义。关于外来动物，我们有两组彼此独立但又相互关联的问题需要探究：这些外来动物是如何来到法国的，谁带它们来的，为什么带它们来，它们生活在巴黎什么地方？人们赋予它们什么样的意义，这些意义与法国文化的其他方面有什么关系？这本书给出了这些问题的答案。

解答这些问题的理由之一，就在于探寻逐渐被人们遗忘的历史，能让人得享窥视过去的乐趣，探知不同时代的人生。人们对18世纪巴黎的日常生活了解得很多，但奇怪的是，对这座城市的动物却知之甚少。如果少了这些数量不断增加的外来动物，关于人们所见、所闻与生活经历的想象就不会完整。

外来动物一旦就位，我们就可以开始研究它们的文化意义了。作为最初研究生物学后来转行的历史学者，我尤其痴迷于研究人们对自然的态度是如何随着时间的推移而变化的。当看向一头大象或一片树林时，在一定程度上我“看到”的东西单纯由我出生的时间和地点决定。20世纪70年代环保运动兴起以后，以及最近几十年里对动物权利和科学文化研究的关切，尤其使得探索这种态度的转变受到学者们的欢迎。很多作品都追溯了人们自然观念的转变，并将其与经济结构、生物学理论、城市化和欧洲扩张等方面的变化联系起来，例如克拉伦斯·格拉肯的《罗得岛海岸的痕迹》，基思·托马斯的《人类与自然世界》和理查德·格罗夫的《绿色帝国主义》。研究动物与人类关系的专家也列举了很多实例来展示西方人对动物态度的变化，其中许多研究对比了过去人类尊重动物伙伴的黄金时代与现代剥削文化，而科学革命的机械论世界观、主流犹太基督教伦理以及向畜牧主义的过渡引发了今天的这种文化。[3]

上述作品均以宏观视角描述人们对自然态度的变化，淡化了不同时期、不同地区的差异。一些以特定时期和地点为背景的作品，比如哈丽雅特·里特沃的《动物庄园》，讲述了在维多利亚时代的英国，动物与特定文化是如何紧密联系的。有些动物可能会演变成文化象征——例如，白头鹰渐渐演变成美国的象征。人类学家克洛德·列维-斯特劳斯曾反复强调，社会赋予动物特殊地位，不是因为它们"好吃"，而是因为它们"益于思考"。[4]根据列维-斯特劳斯和其他人类学家的观点，文化赋予动物的意义"并不由自然置入"：这些象征意义，尽管基于动物的特点和行为，但并不取决于这些特质。[5]鉴于各个物种自身具有多重特征（颜色、体型、食性、栖息地、繁殖方式、叫声或鸣啭），可能性无边无际。例如，欧洲人看重鹦鹉的模仿能力，而新几内亚的阿斯玛特人则因鹦鹉喜食水果，而水果的外形与人类头颅相似，故而在猎头冒险的过程中将鹦鹉看作同伴。[6]

在18世纪的法国，伴随着外来动物数量的增长，自然史的普及，以及外来动物与政治和社会问题越发紧密的联系，人们对研究它们越来越有兴趣。这段时期不同文化中外来动物的存在和意义可作对照，但我把研究重点放在法国最大的城市——巴黎。在此需要提醒读者，法国并不是唯一进口外来动物并将其融入本国文化的国家。

为了解外来动物在18世纪巴黎的意义，我查阅了各种各样的文字材料。农民或零工本来几乎不会阅读此类作品，但随着识字率提高、出版行业发展以及消费增长，此类作品的受众范围在18世纪大幅扩张。富人能够购买豪华版的新书；经济条件一般的人则可以购买便宜的版本，订阅登载内容节选和书评的报刊，或是去图书馆借阅，抑或在咖啡馆阅读期刊；不识字的人可以听人大声朗读、参加讲座或在集市上听参展者介绍。随着外来动物知识的增长以及自然史的普及，公众开始购买记录动物真实行为的书籍。我认为，许多读者阅读这类书籍并不只为了了解动物本身，而是为了思考人类行为和社会：这就是为什么最受欢迎的自然史作品，比如布封的《自然史》，是那些以接近寓言的方式教授道德、社会和政治知识的作品。自然史和寓言之间的这种联系，对于理解为什么人们喜欢观看大象或阅读大象故事很重要，同时也突出了18世纪自然史长期受到忽视的一个方面。

这种忽视在启蒙运动的主要科学人物布封身上表现得尤为明显。在19世纪的大部分时间里，比起科学成就，布封更因其文学成就而受到赞誉。然而，自1950年以来，情况有所改变，许多学者开始聚焦于他的科学成就。历史学家分析了他提出的地质变化、物种转化（一些学者认为达尔文的进化论以之为基础）和繁殖方面的创新观点。但对于布封和其他启蒙思想家来说，科学和文学是盟友，不是敌人。《百科全书》中以“科学”为标题的章节里有这样一段话：“如果承载科学原理的文字缺乏魅力，那么科学原理也将令人反感。真理通过清晰的文体、美丽的图像和巧妙的措辞呈现在人们的脑海中，变得更容易理解。”[7]对于当时的大多数读者来说，布封作品的风格提升了它的科学价值，这种价值就包括从对动物的观察中总结出人类社会的规律。

布封和其他18世纪法国作家的作品中经常融入隐喻性的语言，正是这些隐喻将动物与当时社会和政治领域中存在争议的话题联系起来，这些话题涉及殖民统治的利弊、蓄奴的伦理与经济、女性应有的地位、君主政体的合法性及其权力范围。例如，我认为18世纪末人们对“动物奴隶”的同情很有可能与同时期法国兴起的批评运动有关。社会评论家将野生动物描绘成自由和独立的象征，将它们与生活在暴政下受奴役的动物作对比。英格兰也存在类似的情况，但传播范围没有法国那么广泛；尽管启蒙运动中的批判是广泛的跨文化现象，但它在法国绝对君主制下发展得尤为繁盛。法国民众对暴政的批判比英国强烈得多；同样，受压迫的动物看起来也得到了更多的同情（至少在口头上）。18世纪的法国文化与以往人们研究过的文化对比鲜明，在那些文化中，只有少数人关注“被奴役”的动物。而这种“关注”也未必反映出某种转变，好像人们对环境产生了新的关切乃至对动物产生了新的同情。我们将看到，动物的意义复杂且多变。

我们很难从历史中直接找到解决当今困境的答案，却可以将它当作“台阶”，帮助我们了解文化习惯和设想。现如今，越来越多以动物为主题的书籍或纪录片涌现出来，成为流行文化中尤为突出的一部分，主题涉及忠诚的动物父亲、会读心的狗或高贵的大象等。[8] 奴隶制在一些讲述动物权利的文学作品中并不少见，越来越多的人支持人类不应再凌驾于其他动物之上这一观点。[9] 一位作者预测说：“事实上，我们可能正处于人类与动物关系发生根本转变的前期，人类再也不是宇宙万物的中心。”[10] 自从我开始研究 18 世纪的鹦鹉和大象，我对人和动物的关系以及人类如何理解动物意义的看法，就发生了很大变化。我更清楚地意识到，排除人类影响只关注动物是多么困难，人与动物的关系是多么复杂，我们必须小心谨慎地使用隐喻，特别是那些将动物与奴隶或其他受压迫人群联系起来的隐喻。

本书第一章讲述了外来动物是如何到达法国的。它们少有走到或飞到法国的，经由陆运的亦不多，它们乘船而来，主要由商船运载。当时法国进口的商品主要有糖、咖啡、靛蓝染料以及非洲奴隶；我追踪了那些与奴隶和货物一同运到法国的外来动物，调查运输者是谁，以及为什么要费心这样做。了解外来动物和商业贸易之间的联系有助于理解为什么 18 世纪的法国出现了大量非洲灰鹦鹉等特定物种，以及为什么这些外来动物与奢侈品、殖民主义以及奴隶制等问题牵连甚广。

第二章到第五章探索了外来动物到达巴黎后的栖身之所：皇家动物园、集市和斗兽场、鸟兽商店，以及私人住宅。按照顺序，从外来动物最传统的落脚点，到靠动物谋生的两类人群（表演行业人员和商人），最后落脚到个体。随着外来动物越发常见，人们对自然史的兴趣日益浓厚，上述场所也都发生了改变。而它们各自也有着自己的演变轨迹和特点。

迄今为止，这四种外来动物栖身处中，只有凡尔赛皇家动物园仍受到学者的广泛关注。第二章讲述了我对凡尔赛动物收藏的看法与既往历史学家的观点有所不同，有的学者视之为科研场所，有的视之为国王彰显其权力的地点。除了动物园的这些方面，我探索了外来动物是如何被收藏的，以及参观者对它们的看法。这种视角的转变，让我们得以窥见王权不规整的一面：珍禽异兽脱离了君主的掌控，民众对动物园的看法开始与君主的设想大相径庭。

第三章讲述了在集市和斗兽场里，一些商人购买外来动物用于展示和斗兽表演，利用公众对外来动物和科学的兴趣牟利。在巴黎，动物表演的迷人之处在于其娱乐性和教育性既相互融合又彼此冲突。商人利用自然史的热潮，向博物学家推销他们的动物，吸引博物学家前来参观。尽管有些时候博物学家会抱怨某些商人夸大甚至伪造外来动物的稀缺性，但他们仍旧能从动物饲养员那里获得有价值的信息，还经常把听来的有关动物行为的夸张故事记录到自己的作品中。

在第四章中，我发现的一份捕鸟人行会文件，使我得以探索外来鸟类和一些小型动物的特殊商业渠道。巴黎市中心的鸟兽商店得以生动再现，那里可能是人们得见不寻常物种的主要场所。这些商店的顾客中自然包括很多博物学家，就像在集市上一样，他们从店主那里获得了有价值的信息，布封曾向一位店主（沙托先生）了解到很多鸟类知识，并将之编写进《自然史》。不过，随着18世纪贸易的日益增长，行会制度发生巨变，这些捕鸟人越来越难以维持垄断地位。

在第五章中，外来动物进入了私人住宅。我们可以从报纸广告和其他资料中看到，外来稀有宠物已经作为家庭新成员，进入原本放满家具、衣服和书籍的私人住宅中。随着商业贸易的增长，大量外来动物被引进到法国，民间开始流行饲养外来稀有宠物：越来越多的人，尤其是城里人，积累足够的金钱来购买昂贵的宠物和其他奢侈品。本章还研究了宠物如何被纳入奢侈品、性别、驯化以及人与动物界限的本质等讨论。

人们不仅展示、观察、买卖动物，还阅读和撰写有关动物的文字。前五章主要以过往描写外来动物的文字为工具来重现这些“真实”的动物（部分内容存在偏差），接下来两章深入研究这些文字本身，了解外来动物的文化表征。在第六章中，我列举了“动物书籍”的种类，包括寓言、自然神学著作和百科全书，探讨了它们受读者欢迎的原因，并分析了这些作品是如何将道德教育融入动物故事的。在第七章中，我分析了动物奴隶的隐喻，并尝试分析为什么其他作者将受虐待的动物与被奴役的人类作比较，在某些情况下又认为二者无关。

第八章探讨了法国大革命时期动物的命运和动物修辞的发展，讨论了为什么与野生动物相关的象征含义发生了变化（例如，它们有时被视为受害者，有时被视为敌人），并对照了解放动物奴隶的各种乌托邦计划与革命政府决定建立国家动物园的事实。

第一章　活生生的货物

1764 年，法国刚刚在七年战争中将法属加拿大割让给了英国，在一艘运送法裔加拿大人到新殖民地马卢因群岛的船上，船长路易 - 安托万·德·布干维尔（Louis-Antoine de Bougainville）命令船员杀死一只年轻的“老虎”——大概是一只美洲虎。一个星期前，在蒙得维的亚停船补给必需品时，它被带上船。多明我会教士佩尔内蒂大师在该次航行报告中记载，这只老虎是当地总督送给布干维尔的礼物。它从幼年起就一直养在总督府的院子里，那里的仆人把它当作宠物猫一样，经常与它一起玩耍。然而，在船上一个定制的笼子里关了一个星期后，它开始咆哮，晚上叫得尤其凶，而船上也没有更多鲜肉来喂它了。“考虑到这些，布干维尔先生决定把它勒死。”[1]

不过，这艘船上的珍禽异兽可不只这只老虎；船上还有几只鹦鹉，其中最漂亮的一只是巴西总督送给布干维尔的礼物。它的羽毛绚丽多彩，淡黄、柠檬黄、胭脂红、深红、深绿和亮蓝，各色羽毛混合在一起（制造这种花纹，需从幼鸟身上拔掉羽毛，在其根部注入药水）。商人又卖了几只鹦鹉给船员，其中两只会说葡萄牙语。7 只鹦鹉中，只有 2 只活着回到了法国。布干维尔和佩尔内蒂的鹦鹉都死于头部着凉引发的哮喘，M. 德·贝尔古的鹦鹉落水淹死。佩尔内蒂的报告中还提到，其中一只幸存的鹦鹉“是小体型的那种，（而且）没有尾巴，因为羽毛一长出来就被它自己拔掉了。我们都精心照顾着自己的鹦鹉，而这只鹦鹉的水手主人根本比不上我们，可是他的这只却活了下来。这只鹦鹉很会说话，可以惟妙惟肖地模仿船上孩子们的嬉笑声、水手们因犯错而被鞭打时的哭喊声、鸡的叫声，以及护卫舰上所有动物的各种语言”。[2]

后来，鹦鹉也作为乘客出现在布干维尔更广为人知的航行中。历史学家在描述布干维尔的 3 年环球航行时，总是提到一位异国乘客奥图鲁，这位年轻的塔希提人到达巴黎时还曾引起轰动。但他们很少提到船上那些异域的珍奇鸟类。[3] 据布干维尔说，在现在的马来西亚和印度尼西亚一带，当时的原住民会划着独木舟靠近法国船舰，带着鹦鹉以及猪、鸡、香蕉和椰子等食物，拿这些东西换红手绢（当时的价格是一条手绢换一只凤头鹦鹉或几只鸡）。大多数读者可能觉得水手们只会换几只鹦鹉。但“恒星”号的海军上尉路易·卡罗在航行日志中不经意地谈道，在某次这样的交易之后，船上的鹦鹉竟然超过了 400 只。[4]

这种收集美洲虎、鹦鹉和其他活体动物的做法，由于文献资料稀少而难以追踪。18 世纪，海上航行的主要是商船，对于大多数商船来说，干巴巴的航海日志上只保留了航行数据。而在那些留下了回忆录或日记的航行中，沿途时不时得到几只鸟可能是司空见惯的事，不值得记录，即使数量达到数百只也并不稀奇；在布干维尔船长的航行记录中，4 个记录者中只有一人偶然提到鹦鹉的数量很多。[5] 要重现这种贸易的盛况，就得从各种来源搜罗零碎的资料。

这些船上的外来动物鲜少被提及，部分原因可能是每个长途航行的旅行者都已习惯与咩咩叫的农场动物为伴。船只通常会携带家畜来供给鲜肉：18 世纪 80 年代，拉彼鲁兹伯爵让 - 弗朗索瓦 · 德 · 加洛（Jean-François de Galaup）带领探险队尝试环游世界时，每艘船都携带了 5 头牛、三四十头猪、三四十只羊，以及 200 只家禽（包括鸭、鹅、鸡和火鸡）。[6] 而外来的鸟兽，如布干维尔的老虎和鹦鹉，要么凶猛，要么脆弱，因此往往更难运输，并且还面临着被当作食物吃掉的风险。

虽然不是每个人都喜欢鹦鹉的味道，但许多旅行者觉得它们吃起来特别鲜美。罗贝尔 · 沙勒在东印度群岛停留期间报告说：“彩色鹦鹉，红色、灰色、绿色、黄色和多色混合的鹦鹉，口感最好、最细腻：它们的肉质鲜嫩多汁，入口即化。”[7] 无论是否可口，在供应短缺时任何动物蛋白都一样；食物和非食物之间的界限既不明显也不固定。在一份一再重印的早期旅行记录中，让·德莱里记述道，1558 年从巴西返回法国途中，在大西洋中部搁浅数周后，他和同胞们最终还是吃掉了本来希望活着带回家的猴子和鹦鹉。[8] 极端的饥荒是罕见的，但大多数长途航行中人们都会遭受几次饥饿期的折磨。在新几内亚附近遇到食物短缺时，布干维尔的船员吃掉了他们在南美洲带上船的一只狗，拉彼鲁兹则吞下了一只不小心落在船上的瘦小麻鹬。[9] 这些事件经过大众的想象和加工，演化成为 18 世纪的寓言故事。在这则寓言中，受困船只上饥肠辘辘的水手们先是吃掉了长尾小鹦鹉，然后是红雀和凤头鹦鹉，最后是过于自信的学舌鹦鹉，它一直在模仿船长，不停地说一切都会好起来（所以它选择不钻出笼子上的洞逃走）。[10]

考虑到反复出现的食物短缺和宽松的食物禁忌，有动物能活着回来实在是令人惊讶。那些活下来的动物显然具有一种价值，使它们位列可食用生物之上，人们即使在极端情况下也不愿意吃它们，就此来看，这种价值显而易见。德莱里记述说，他和船友们连船舱里残存的饼干屑、蛆虫和老鼠屎等苦涩的黑渣滓都吃得一干二净，实在坚持不住才牺牲掉了鹦鹉和猴子。那些一直在教鹦鹉学说新语言的人撑得最久。[11] 在探究这些法国航海旅行者为何如此费尽心思收集并努力让这些动物存活的过程中，我发现了几个不同（但总是相互交织）的动机。与人们的预期相反，科学研究并不是主要动机。被带上船的动物主要包括下面几种情况：有的是礼物，有的是受国王的动物园的委托，有的是用于买卖，也有的是为了在船上做伴。其他国家的海员也可能出于类似原因，将外来物种运送到荷兰、英国及其他国家的港口。[12]

没有人统计过经入境船只上岸的鹦鹉数量，所以外来动物贸易的年代趋势无法量化。但来自各种渠道的证据表明，在 18 世纪，随着殖民贸易的增长，这种贸易急剧增加。大量鹦鹉在这个过程中死去，这一数量同样无人计算。不过，进口动物的脆弱性似乎增加了那些幸存动物的价值，事实上，许多鹦鹉确实活了下来，尽管比例可能很低。我们将看到，旅行者对他们的损失有着不同的反应——有时是冷漠或无奈，有时是遗憾和更强烈的渴望，有时则是对反抗的动物表示尊重。如同许多关于动物的文字一样，这些段落经常显示出矛盾的情绪：同一只受到真诚悼念的动物，会化作通往两个向度的道具，它为人们提供了一个隐喻性的切入点，以沉思权力的限度或奴隶制的道德。不过，在谈论这些动物之前，我们先来简单了解一下把它们带到法国的几种海外航行的类型。

贸易与探索

在旧制度（*ancien régime*）时期，从非洲、美洲和东印度群岛返航的船只将外来动物带到法国。一些探险家，诸如哥伦布、库克和布干维尔等，领导了记录翔实的主要大型探险，这些活动成为思想史学家了解新旧世界冲突、科学史学家将新的科学数据和标本引入欧洲的主要素材来源。不过，相较于这些探险活动，是越发频繁的商业航行促进了大量活体动物的进口贸易。这种贸易的规模让不熟悉经济史的人都会感到惊讶。例如，20 世纪 70 年代，一名航海家抵达康塞普西翁港（现在位于智利）后，竟然遇到了 15 艘法国船只，船上有超过 1500 人，要知道只有通过直面令人恐惧的合恩角才能到达这个港口。[13] 每年从波尔多港开往西印度群岛的船只数量，从 1682 年的 23 艘激增到 1782 年的 310 艘，与东亚和南亚的贸易量也增长了。总的来说，从 18 世纪 10 年代到 80 年代，法国对外贸易额增加了 5 倍。[14] 到 18 世纪末，往返于加勒比海、非洲、印度和远东的法国船只数量多达数百艘。

除了中世纪以来蓬勃发展的地中海贸易，非洲西海岸（15 世纪）、北大西洋和巴西（16 世纪初）是法国最早的贸易航线。与北大西洋的贸易往来最初以鳕鱼为主，后来随着皮毛贸易的发展而逐渐壮大。在几次失败的尝试之后，法属加拿大的殖民化于 17 世纪初开始，并迅速发展。1763 年，殖民地被英国人接管——同年路易斯安那结束了作为法国殖民地的历史。当时的路易斯安那涵盖了当今美国中部的大部分地区，在金融家约翰·劳广受欢迎的投资和殖民计划的推动下，该地区发展势头强劲，但这一“密西西比泡沫”很快就破灭了，一部分原因是人们反对将囚犯和乞丐强行驱逐出法国——普雷沃的《曼侬·雷斯戈》一书中有过生动描述。尽管这片殖民地从未繁荣过，但从西印度群岛返回法国的船只在这里停靠时，人们有机会将红雀等北美物种带上船。

相较于北美洲，法国的加勒比殖民地，特别是圣多明各（现在的海地），吸引了更多人定居，当地的经济状况也比北美洲好得多。从 17 世纪晚期开始，圣多明各、马提尼克岛和瓜德罗普岛以及南美洲圭亚那的定居点发展壮大起来。白人以及之后的混血后代建立了甘蔗种植园，并购买了大量非洲奴隶在其中劳作。[15] 种植园的产能丰饶，18 世纪的大部分时间里，法国都是世界领先的食糖生产国。18 世纪中叶，每年有 1 万到 1.5 万名奴隶被贩卖到法属岛屿，到 18 世纪 80 年代，这一数量达到每年约 3 万人，（从 17 世纪后期起）总量约达 150 万人，而 18 世纪大西洋奴隶贸易的总规模为 600 万人。[16]政府在不同时期将非洲海岸某些地区的特许权授予如塞内加尔公司和圭亚那公司，印度公司也曾短暂享有该特权，但大多数贸易都由独立商人完成。18 世纪，殖民地贸易飞速发展，逐渐成为国民经济的重要组成部分。每年有数百艘船只从日益繁荣的南特、拉罗谢尔、勒阿弗尔、波尔多等港口启航：在 18 世纪的最后 25 年里，每年有 500 至 600 艘船只驶往安的列斯群岛，50 至 100 艘驶往非洲（图 1.1）。[17]这些数字不仅解释了巴黎鹦鹉的来历，也说明了为什么在 18 世纪末，围绕殖民和奴隶制问题的激烈辩论仍在继续。

与加勒比贸易相比，东印度贸易在经济上的影响力较小，但将凤头鹦鹉、大象和斑马等珍贵动物带到了法国。1664 年，国王路易十四和他的首席大臣科尔贝以繁荣的荷兰与英国东印度公司为蓝本，创立了法国东印度公司。该公司饱受战争与财政问题的困扰，在马达加斯加建立殖民地和补给站的多次尝试均无果而终，于 1708 年倒闭。圣马洛的商人接管印度贸易一段时间后，印度公司的经济于 1719 年恢复并开始蓬勃发展：贸易工厂和堡垒建在印度，主要位于本地治里；充当中转站的奴隶殖民地建在马斯克林群岛——由法兰西岛和波旁岛组成；该公司位于法国西部洛里昂的港口拥有 100 多艘船只，并成为亚洲进口贸易的中心。船员平均为 100 至 150 人的重型船只满载贵金属（大部分是来自西班牙殖民地的银

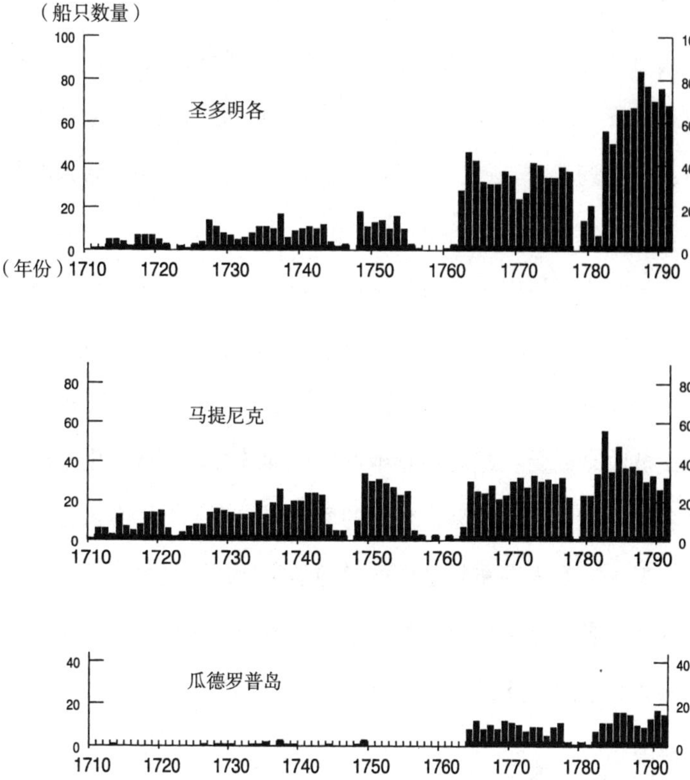

图 1.1　每年从安的列斯群岛抵达马赛的船只数量。数量下降对应了鼠疫暴发（1720）、奥地利继承战争（1744—1748）、七年战争（1756—1763）和美国独立战争（1775—1783）。改编自夏尔·卡里埃《18 世纪的马赛商人》，第 1 卷，332 页。盖尔·安布罗修斯绘制。

器）和葡萄酒启航，一年半到两年后，带着纺织品、瓷器、香料、茶叶和咖啡返航。由于七年战争带来的财政困境和公众要求自由贸易的压力，该公司在 1769 年解散，亚洲贸易再次向个体商人开放，他们连年派遣数十艘船只绕过非洲之角向东航行。1730 年至 1785 年，479 艘法国船只驶往印度和中国，400 艘驶往马斯克林群岛；在 1786 年至 1793 年的繁荣时期，另有约 400 艘船只用于东方贸易。[18]

与商业贸易相比，探险航行所涉及的船只和船员要少得多，带回的活体动物也很少，但关于探险航行的宣传报道激发了公众对新大陆地理环境和自然史的兴趣。航海记录畅销，被收录成受欢迎的多卷本选集，读者可以从选集中了解到各种奇闻，诸如从易洛魁人的酷刑到对人类女性有欲望的非洲猴子。有很多布封这样的博物学家尝试通过这些选集来整理世界各地动植物和人类信息，但他们总是面临着一项几乎不可能完成的任务：从虚构夸张的记录中筛选出可靠的信息。

尽管这些探险航行总是伴随着经济或政治目的，或者两者兼而有之，但植物学家、动物学家、矿物学家和天文学家为了增加国内的科学知识储备，有时也会一同前往并带回标本、图纸、记录和观察结果——这在 18 世纪后期更为频繁。[19] 在 1768 年到 1771 年布干维尔的环球航海之前，曾有几次重要的探险航行，但在此之后，科学家加入探险航行才成为惯例。布干维尔的环球航行中，有一位植物学家和一位天文学家同行；拉彼鲁兹是第二次环球航行（1785—1789）的指挥官，船上有两名天文学家、四名博物学家、一名植物学家、一名园艺家、三名艺术家和两名工程师；当特尔卡斯托（d' Entrecasteaux）探险队（1791—1794）中也有几名博物学家随行，共同寻找失踪的拉彼鲁兹。

科学样本

18 世纪，人们收集外来动物的主要目的并不是用于科学研究，所以当时探险者和博物学家带回的活体动物样本很少。每当博物学家有出国探险的机会，他们最常收集的是贝壳、干燥植物、种子以及经过防腐处理或填充的动物标本，偶尔也会带回活体动物，但探险的目的不在于此。船上的活体动物甚至可能对科学研究产生恶劣影响。拉彼鲁兹伯爵探险队里的一位植物学家在给（巴黎）皇家花园园长的信中写道，他在马德拉岛上采集并放在甲板上晾干的种子被船上的猴子吃掉了。[20] 可见，皇家动物园、富人和旅行者收集外来动物并非出于科学研究的目的。博物展柜中的外来动物展品和列国游记中的奇闻唤起了博物学家对外来动物的好奇心，一旦有活生生的外来动物到达欧洲，这种好奇心便得到进一步激发，它们立刻成为博物学家观察研究的对象。

博物学家先尽可能地记录清楚新物种的生活习性和外观特点，然后将其制作成可以保存的动物标本。布干维尔、拉彼鲁兹和当特尔卡斯托探险队伍里的博物学家随身携带了制作动物标本所需的指导手册、防腐液体和填充材料。[21] 标本数量颇为惊人：1782 年，索纳拉的探险队从东印度群岛和中国返航后，将带回的标本保存在皇家自然史陈列室中，总共有 300 只鸟和 50 只四足动物，还有鱼类、爬行动物、昆虫和植物标本（图 1.2）。[22] 尼古拉·博丹的探险之旅（1800—1804）算是第一次以收集活体动物为目标的科学航海活动。[23]

18 世纪海外旅行者和博物学家曾尝试把活体动物寄回或带回法国。美国独立战争期间，在北美的一名军官沙特吕骑士委托一位统一运输动物的船长，将一只负鼠送给了布封。[24] 一艘印度公司的货船打算将一头小象运送给博物学家雷奥米尔，但时机不好：这艘船于 1755 年返回法国，当时正值七年战争的开端，英国人征用了大西洋上每一艘法国船只。这头小象最终没能被送到巴黎，而是死在了朴次茅斯。小象的死亡似乎对雷奥米尔没什么影响，他主要关心的是小象的尸体是否被妥善处理填充并运回给他。多亏了朋友们的努力，

图 1.2　一位博物学家在当地人的帮助下为一只鸟画像。注意前景中保存的标本。摘自索纳拉《新几内亚的航行》。威斯康星大学麦迪逊分校综合图书馆系统特别馆藏部提供。

也多亏这头小象个头很小，他才能找回它并放到博物陈列柜里。[25]

大多数情况下，收集动物标本比收集活体动物容易得多。布干维尔南美之旅的记述者佩尔内蒂本想捕捉一只活的蜂鸟，但由于不知道方法，只好开枪射击。虽然子弹只是擦伤了蜂鸟，但它还是倒地而死。最终，佩尔内蒂将这只蜂鸟连同许多其他动物的毛皮捐赠给巴黎的圣日耳曼修道院，保存在自然史陈列室中。[26] 当特尔卡斯托探险队的水手们抓到了一只活袋鼠，但绑袋鼠脖子的绳子系得太紧，结果袋鼠成了他们的晚餐。大家觉得味道尝起来和野兔相似。[27] 勒·瓦扬本想从南非带回一只瞪羚，由于瞪羚受惊很难被绳子捆住，最终还是被吃掉了。[28] 大多数野生动物都很脆弱，但生性暴躁——事实上，能被成功捕获并活着转运的动物都已经被人驯服了。[29] 布干维尔船上的老虎恢复本性不再温顺后，就没能活多久。

皇家委托和礼物

死去的动物可以被制成精美标本，在博物馆展示，但作为礼物，活体动物显然比标本更合适。这些活体动物会被当作礼物献给国王，有的被送到皇家动物园，还有一部分被私人购买。将活体动物运输到法国往往要花费大量的时间，付出高昂的代价，甚至很多动物会死在运输途中。即便如此，由于外来动物非常珍贵稀有，人们还是愿意大费周章。[30]

许多外国政要委托来访者将体型庞大、美丽稀有的动物赠送给法国国王，比如那只送给布干维尔的老虎，或者堪察加半岛总督卡斯洛夫委托拉彼鲁兹送给路易十六国王的两只老鹰。[31] 体型较小的动物通常被当作贸易往来中相互交换的礼物。法国商人与非洲统治者开展贸易谈判时，用镜子、香料和白兰地等物品置换猴子、鸟等动物。[32]17 世纪末，塞内加尔公司在西非购买奴隶、阿拉伯树胶、象牙和黄金时，公司主管收到的礼物中有一只经过人类驯化的鹰。起初，主管把鹰养在船舱里，每天喂食生肉，但船舱总是被鹰的粪便弄得一片狼藉，于是主管便将它放养在甲板上“和水手们玩耍”。有一天有人不小心打翻了一个沉重的木桶，把老鹰压死了，主管为此难过了很久。[33] 德·热纳船长在巴西收到一份礼物——一只体型庞大的乌龟，它趴在船上一门大炮下面，不吃不喝，几乎不需要照顾。[34]

法国国王发现，其他国家赠送的动物无法填满皇家动物园，于是派遣官员和收藏家带回想要的动物。在路易十四国王统治时期，凡尔赛的新动物园刚刚建成，法国殖民地总督奉命运送外来动物，印度公司每年都会接到外来动物订单，科尔贝每年都派一名动物供应商前往黎凡特。1687 年到 1694

年，这个供应商至少给凡尔赛皇家动物园带来了 900 只动物，其中包括 100 多只鸵鸟和 500 多只紫水鸡。[35] 路易十五国王对动物园不感兴趣，也很少主动寻找外来动物，但他统治期间还是能不断收到海军和殖民地官员献上的贡品，其中最稀有的是老虎、犀牛和亚洲象。在路易十六国王统治时期，特别是在 1782 年美国战争结束后（战争导致动物贸易中断），皇家动物园又恢复了生机。国王和他的大臣们颁发指令，要在全世界范围内收集稀缺的外来动物，他们认为克服重重阻碍收集到的每一只外来动物都象征着法国在世界上的影响力，也代表了他们顽强的意志力（第二章将更详细地描述收集外来动物的过程）。[36]

即使有国王的命令（和资金）也无法避免外来动物在运输途中发生意外。在一次运输航程中，由于一段行程的延误造成 14 只鸵鸟死亡；途中遭遇海盗，损失了 100 只紫水鸡；船只行驶到尼罗河上遭遇翻船，又损失了 60 到 80 只紫水鸡，负责此次运输的驻开罗法国领事对所有损失表示歉意。娇弱的动物必须在温暖的天气条件下运输。有一位船长等到春天才带领船队从亚历山大港出发航行至法国马赛，因为如果在冬天航行，“所有动物都会冻死在途中”。[37]

很少有船长主动把奇怪的动物带上船，原因不难理解，动物不仅占用空间，在运输途中吵闹麻烦，还需要花费精力单独照顾。例如，两只豪猪从好望角登船时就附有详细的运输说明："饲料包括小麦、各种牧草、水果和面包。越是阴暗的环境越利于豪猪生存，绝不能暴露在阳光下，不要给豪猪喝水。"[38] 大型动物（乌龟除外）需要大量食物，对船长来说，这意味着占用更多的船上空间。1770 年，从印度引进的两只老虎在前往法国的途中吃掉了大约 400 只羊。[39] 要运输动物到皇家动物园，不乐意配合的船长一直都是个问题。1711 年，黎凡特的法国动物采购商抱怨有些船长拒绝运输动物，国王下令对那些拒载的船长采取法律措施。[40] 到 18 世纪 80 年代，不愿合作的船长仍在抱怨不休，当时好望角的一名采购商不得不用商船运送动物，因为没有皇家舰队的船长愿意接受这档子差事。[41]

将动物运抵法国后，到凡尔赛宫还有一段很长的行程，从勒阿弗尔走水路需要 10 到 12 天；从洛里昂走陆路大约需要 3 个星期。[42] 参与海军事务的官员在信件里会阐明要求：指定专人负责动物运输，规划运输路线，明确运输报酬等。海军大臣写给一位马赛官员的信中提到一只外来动物将于近期抵达，并详细阐述了注意事项：大臣命令负责安排运输这只被称为"*caracolak*"的动物的人找一名可靠人士接引它，提前支付报酬（接引员的通行证也包括在内），同时要向把该动物从亚历山大港运来的船长了解它需要的饲料和护理要求，他还要求寄送一幅该动物的画像给他。显然他连这动物到底是什么都不清楚，只知道它怕热，吃肉。[43]

就个人而言，无论是送礼还是单纯收集，人们通常会选择诸如鸟类和猴子这些体型较小的外来动物，而不会选择老虎和斑马。塞内加尔公司的负责人拉库尔布曾表示，产自西非的驯养珍珠鸡经常被当作礼物带到法国，他本人也曾把一种尾羽黑白相间、十分罕见的鸟当作礼物送给两位法国海军大臣。[44] 有的旅行者从交趾支那带回了会说话的鹦鹉和爪哇禾雀。[45] 雅克 - 亨利・贝尔纳丹・德・圣皮埃尔在好望角居住时，房东送给他 3 只马达加斯加长尾小鹦鹉作为饯别礼。[46] 印度公司的主管曾在信中提到有很多外来动物被当作礼物运抵洛里昂港口：1711 年有送给布里奥纳伯爵的一只小鹦鹉和一只猴子；1736 年为一位皇家专员运送了两只长尾小鹦鹉；1751 年，为拉吉什伯爵夫人运送了两只凤头鹦鹉，为圣卡特林先生运送一只长尾小鹦鹉。[47]1750 年，宫里的廷臣给财政总监发去了一份鸟类团购订单，财政总监将这一订单转达给位于洛里昂港口的印度公司地方主管："为了满足一些王室成员的要求，财政总监阁下希望从塞内加尔运输一批鹦鹉、长尾小鹦鹉和小型鸟类到法国。请求您制造 10 只笼子，其中 4 只每只能容纳 200 只小鸟，另外 4 只每只能容纳 25 只长尾小鹦鹉，最后 2 只每只能容纳 12 只鹦鹉。请准备好这些笼子，以便从洛里昂出发的第一艘船只能及时将它们送到塞内加尔。”[48]

旅行中的朋友也可以帮忙运送这些“特别礼物”。一位名叫杜安的陆军上尉想要送给妻子一份礼物，便请他的海军上尉朋友博叙从圣多明各带回一只鹦鹉。博叙欣然应允，写信给杜安说已经付了12里弗尔给车夫，“不论死活”都会把鹦鹉交给他。鹦鹉只会说西班牙语，因此他只来得及教它用法语对杜安夫人说“你好”，他还为此表达了歉意。[49]

许多运到法国的动物都被人提前预订，除非托关系，否则很难买到。法国科学院成员勒莫尼耶委托他的朋友孔西尼在洛里昂买一只鸟，想当作礼物送给资助过他的一位“公爵夫人”，孔西尼回复的消息却令他失望：“目前我还没有找到你想要的鸟。我联系了几个人，他们都向我保证这里一只外来鸟类都没有了，之前运来的一靠岸就被抢购一空，剩下的也被船上的军官预留给亲戚朋友了。”[50]

1785年至1787年，塞内加尔总督布夫莱尔骑士曾将外来动物作为礼物赠送给很多人，在巩固私人和工作关系方面，它们可以发挥重要作用。[51]1787年春天，布夫莱尔骑士给他的情妇萨布朗伯爵夫人寄去一封重要信件，信里提到了他本人和工作环境。萨布朗夫人回信说：“今天下午，一位刚从塞内加尔回来的晒得黢黑的军官，给我带来了你送的3只鸟……

（3只鸟）状态很好，非常感谢你送的这份礼物；我和鉴赏家们都觉得鸟儿十分精美，就算没有华丽的外表，只要是你送给我的礼物，都是最好的。”伯爵夫人把这3只鸟同之前骑士送的鸟养在了一起。然而，过了一个星期，伯爵夫人就遇到了令她难过的事。在她为交趾支那国王一位7岁王子举行的宴会上，王子的表弟从桌子上跳下来，打开了放在窗边通风的鸟笼。其中两只鸟立刻飞走了，最后一只还留在笼子里。伯爵夫人在给布夫莱尔骑士的信中写道，留在笼子里的鸟仿佛表达了对我的忠贞，这是我从你身上“看不到的品质”。伯爵夫人让骑士不要再送鸟给她了：一天之内，7只鸟死去了，让她想起有关他的悲伤记忆，而且她也不喜欢他送礼物时那种不情不愿的态度。她一整天都在追赶飞出笼外的鸟儿，疲惫不堪。“我希望……我能把飞走的鸟都找回来；但这不可能。人一旦挣脱束缚自己的枷锁，就不会再戴上了，只有自由才能平衡生活中的一切罪恶。快乐的人能够享受自由而不惧失去，哪怕失去了也能重获自由！”[52]

当布夫莱尔骑士从非洲返航时，他给每个人都准备了礼物，除了萨布朗夫人。但风停了，食物吃光了，“我带回来的动物本就不多，现在都要死了”：

我原本打算送给埃尔泽阿（伯爵夫人的儿子）的红头

绿鹦鹉，送给德·普瓦先生（诺瓦耶公爵）的两只小猴子，送给拉昂主教的琵鹭，还有五六只长尾小鹦鹉，都死了；就在昨天晚上，一只可怜的黄鹦鹉也死了，这是在非洲发现的第一只黄鹦鹉，我原本想将他送给某位大人物。我非常后悔将黄鹦鹉带上船，它本是非洲的珍宝。最后活下来的还有送给王后的一只长尾小鹦鹉，送给海军大臣德·卡斯特里元帅的一匹马，送给德·博瓦尔先生（骑士的舅舅）的一个小俘虏，送给拉昂公爵的一只紫水鸡，送给尼韦努瓦先生的一只鸵鸟，还有送给你的一位丈夫。[53]

想象一下，船上装满了鹦鹉、长尾小鹦鹉、猴子、琵鹭、鸵鸟和马——只有拥有权力和关系的人才能找到这些动物，把它们装上船并在运输途中照顾它们。显然，这位骑士正在谋求比塞内加尔总督更好的职位，毫无疑问，收到动物的人也清楚骑士的目的。能够找到这些动物并成功将它们活着运回来，表明骑士心思细腻、肯下功夫、很有门路，这些动物代表了骑士的友谊和忠诚。然而，外来动物的象征意义也可能被误解：对于愤怒的萨布朗夫人来说，鸟儿并不能成为与骑士情感联系的载体，锁链和鸟笼反倒令她郁闷。当布夫莱尔回到法国时，他没有再给萨布朗夫人献上一只鸟，而是自比寻求庇护的邋遢鸟儿，恳求萨布朗夫人不要残忍地烤了这只可怜虫，也不要把它卖给鸟商。[54]

小型动物及禽鸟的大规模进口

像布夫莱尔骑士这样的旅行者，收集动物是为了送给特定的人，而水手们则是为了牟利而收集动物，数量多的时候能有十几只。早在通往新世界的航行诞生之初，小型动物的大规模进口就开始了。哥伦布首次航行仅两年后，安东尼奥·德·托雷斯便成功带着60只美洲鹦鹉返回加的斯。[55]法国人迅速效仿。列维-斯特劳斯在谈到法国和巴西长期以来的关系时写道："两国的关系是多么亲密啊！1531年'佩莱格里纳'号护卫舰返航法国带回的货物里，除了3000张豹皮和300只猴子，甚至还有'600只会说几句法语的鹦鹉'！"[56]

这些数字很可能被夸大了，但它们标志着一种新的外来动物收集方式诞生了，不再局限于少量象征友谊或充当礼物的动物。对法国人来说，非洲动物没有新大陆的动物新奇，但随着欧洲贸易站的建立、奴隶贸易的蓬勃发展，非洲动物的运输更为便利，也很受欢迎。到更远的印度洋和东印度群岛做贸易往往会带来丰厚的回报，1670年从马达加斯加到巴黎的船上带了260只猴子。[57]对外来宠物的需求促进了这种捎带贸易，这必然导致了成千上万只动物的转运以及运输途中更多的动物死亡。随着18世纪的发展，对农业改革感兴趣的博物学家和启蒙思想家开始呼吁更多关注食用动物和役用动物的进口，但宠物和观赏物种仍然是最受欢迎的动物商品。

外来宠物在巴黎的流行（具体内容见第四章和第五章）和港口城镇供应的货物，间接证明了这种新贸易的产生。16世纪末，迪耶普和马赛就有外来动物出售。亨利三世国王在1576年访问迪耶普时购买了大量鹦鹉和猴子。[58]1597年，一位旅行者到达马赛港口时，恰好见到拥挤的码头上正在卸载外来动物，他还在一座乡间住宅里看到了一只宠物鸵鸟；小镇广场上拴着一头豹子（据说几周前它杀死了7个人）；小旅馆里有只小狮子；私宅中有只豪猪；在吉斯公爵的府第里，有一只名叫贝尔特拉姆的大猴子。[59]18世纪末，温普芬男爵形容勒阿弗尔港口到处都是鸟："勒阿弗尔城内只有一条路，路上总是生机勃勃，热闹嘈杂，人们不必见到大海就知道身处港口。来自世界各地成群的鹦鹉，大小不一，颜色各异，挂在门上、商店里、每层楼的窗户里，说话、吹口哨、唱歌、尖叫、叽叽喳喳……就像麻雀一样……'那些讨厌的鸟！'我的女房东喊道——我听她絮叨了一个钟头——'我真想把这些鸟都沉入海底！'——哎，房东女士，我觉得，要是你跟那些鸟一起关在笼子里，那沉就沉吧。"[60]从自然史文献和旅行回忆录中，我们可以大致了解这些动物来自何处、它们是如何从本国来到法国港口的，以及人们为什么不辞辛劳地引进它们。

对于欧洲人来说，太平洋岛民一直以来都是可靠的鸟类供应商。他们长期与外国人贸易，想必已经习惯了游客看到漂亮鸟儿时会眼前一亮，还会讨价还价换取有用的金属和布料。博物学家索纳拉在一次新几内亚航行的记录中写道，当酋长与船长交谈时，岛上的居民正用漂亮的红鹦鹉和其他商品向水手们换取“几根钉子和一些劣质的刀具”。[61] 布干维尔、拉彼鲁兹和当特尔卡斯托的航行记录中，都讲述了在太平洋买卖鹦鹉的故事，不过在我见过的记录中，只有一篇报道提到了具体的数字，那就是布干维尔的船上有 400 只鹦鹉。[62] 印度公司和私人商船的笼子里可能也装满了来自太平洋岛和中国的鸟类。尽管私人贸易经常遭到投诉，甚至被彻底禁止，但收入微薄的水手们却希望将异国战利品藏起来，以在旅途结束时卖出。[63] 如果一只鹦鹉能以巴黎的平均价格出售，那么水手能挣到的钱相当于 3 到 6 个月的工资。[64]

法国商人在南美洲的贸易很少，每当有贸易往来，法国商人的船只也总能满载着亚马孙流域的鹦鹉和新大陆的有趣猴子返航。一本 1779 年的回忆录中有一句漫不经心的评论，表明鹦鹉和猴子在当时属于装饰品而不是贸易品，所以对它们的进口几乎没有限制。在这本回忆录中，贝利亚迪神父提议可以将小羊驼从安第斯山脉运到法国驯化。贝利亚迪建议，由于西班牙国王永远不会批准出口有价值的动物，所以要先将小羊驼沿拉普拉塔河运下来，然后把它们当作“奇物”装上法国货船运走，“同我们现在把那些国家的猴子和鹦鹉带回法国的方法一样”。[65]

相较于南美洲，法国商人在北美洲的动物贸易更为活跃，但进口的动物却不那么令人惊喜。一位旅行者在路易斯安那发现那里有一种鹦鹉拥有绿蓝相间的艳丽羽毛，但是由于这种鹦鹉很难学会说话，所以并没有被进口到法国。即使这些鹦鹉学会了说话也很少开口，“这一点与当地人相似，他们那的人就沉默寡言。毫无疑问，法国女士不喜欢不会说话的鹦鹉，所以在法国看不到它们”。相比之下，旅行者称赞了红雀的叫声，但又抱怨这种鸟的叫声太吵，如果养在家中耳朵都会被叫聋。[66] 有些人似乎并不介意红雀洪亮的叫声。耶稣会神父沙勒瓦认为如果它们能和金丝雀一样人工繁殖，一定能大赚一笔，因为它们歌声温柔，羽毛艳丽，头顶上还长着小冠，“和画里印第安和美洲国王的王冠相似”。[67]18 世纪末，另有一位旅行者在日记中写道：“红雀很容易饲养，在笼中叫声洪亮；所有的船只上都装载着大量红雀。”他还列举了其他广受欢迎的动物品种，有一种比红雀更稀有、更贵重的鸟，叫作“紫教皇”；还有一种引人注目的鼯鼠，特别适合做礼物。[68]

小型鸟类和动物大多是从非洲和加勒比地区进口到法国的，这反映了当时主要的贸易路线。当船只到达非洲，水手们将在当地购买的奴隶运上船（这个过程需要几个星期），在此期间，还会购买或是用其他商品交换鹦鹉、长尾小鹦鹉、雀类和猴子。[69] 法国人在瓜德罗普岛用工具和布料换来鹦鹉，在圭亚那向当地人购买活鸟。[70] 安的列斯鹦鹉的数量和当地居民人口数一样迅速下降（有报道称 18 世纪 50 年代马提尼克岛上的鹦鹉彻底消失），[71] 非洲的鸟类则被不断进口到新大陆地区然后再运回法国。布封在描写玫瑰环颈鹦鹉时指出："从长尾鹦鹉的产地塞内加尔或几内亚出发的船只，把大量长尾鹦鹉和黑人运到美洲的岛屿（安的列斯群岛）。" [72] 据报道，情侣鹦鹉是通过运输奴隶的船只抵达法国的，途中死掉的有很多。[73]18 世纪 80 年代，圣多明各的一位居民很羡慕一位医生，因为医生拥有 200 只塞内加尔鸟。他指出，自 1783 年以来，建造鸟舍饲养外来鸟类已成为一种流行趋势，这些鸟儿产自塞内加尔、圭亚那、密西西比和圣多明各岛的西班牙属地。[74]

让·巴尔博是一名来自拉罗谢尔的商业代理人，他在 17 世纪 90 年代的两次探险记录中，描述了在非洲西海岸购买动物的日常经历。商人们很清楚特定种类的猴子、鹦鹉和长尾小鹦鹉需要到不同地方购买。巴尔博在探险记录中写道，在今天几内亚附近的比热戈斯群岛很容易买到一种灰绿相间的鹦鹉，还能买到奴隶、黍、家禽和牛；在黄金海岸（加纳）能买到不错的猴子和长尾小鹦鹉；普林西比岛有许多灰色的鹦鹉和猴子；卡拉巴尔（尼日利亚和喀麦隆之间）有蓝鹦鹉和猴子。有一次他收到当地人送他的几只鹦鹉，通常他还是会付给对方一些现金或用其他东西交换。卡拉巴尔当地人以穿着水手的旧衣服为荣，会用“三四只猴子同水手换一顶旧帽子或一件旧外套”。[75] 同一时期，在几内亚旅行的荷兰商人威廉·博斯曼表示，旧衣服已经不顶用了。在描述加蓬河周边地区时，他写道：

> 以前，水手们用旧的长假发在此地就能达成一桩好买卖。他们在这里能换到任何喜欢的东西，比如蜡、蜂蜜、鹦鹉、猴子和各种各样的吃食。
>
> 不过，这 4 年来太多商人为了这些商品来到此地，水手们发现自己的买卖完全做不下去了。虽然这种原始股本没让水手花费什么钱，但眼下也产生不了什么收益。[76]

尽管巴尔博将他的一些动物作为礼物送人，但他最关心的似乎还是出售动物的收益。例如，他在布特罗获得的一只漂亮猴子，在巴黎可以卖到 20 金路易（480 里弗尔）。返程途中，这只猴子从船舱里翻出一个箱子，里面装着银柄刀、叉和勺，“它把里面的东西一个接一个扔进风平浪静的海里，欢蹦乱跳地看着每一个物件从船边落下”。但大概是想到了这只猴子能带来的收益，巴尔博还是被这一幕逗乐了。[77]

巴尔博采购的动物在运输途中存活率很低，但动物买入价格很便宜，他还是觉得生意很划算。在一次航行中，船上运输的 50 只长尾小鹦鹉全部死亡；另一次航行中，20 只红绿色长尾鹦鹉只活了 1 只。他设法活着带回来的那几只动物都献给了法国王室。在普林西比岛购买的 50 多只鸟和 100 多只猴子，只有少数活着运到了法国。奴隶贸易路线不利于运输从非洲进口的外来动物，因为船只得先将进口动物和奴隶一起运输到安的列斯群岛，然后再将动物运回法国，进口动物不得不先后经历两次漂洋过海的行程。巴尔博原本打算将一些性格温顺的猴子一起运回法国，但“从几内亚运到欧洲这么远的路程，要保证猴子的活力是件非常困难的事，尤其是要先将船上的奴隶运到美洲，这无疑又延长了运输时间”。巴尔博喜欢收集各种各样的外来动物，这给他的航程带来了不少麻烦。有一天，他的仆人忘记给他的果子狸喂食，结果船舱里养的一只“会说话的亚马孙鹦鹉”的头被果子狸咬了下来。船上的大炮也困扰着巴尔博，一旦开火，就会有一些鹦鹉受惊吓而死；还有船上随处可见的老鼠，它们会在夜里把灰蓝色鹦鹉咬死。[78] 18世纪后期，在一次运输非洲雀的行程中，海员报告每次使用大炮都会导致几只非洲雀死亡。鸟类学家猜测，造成非洲雀死亡的并非空气乱流，而是鸟儿在受惊时脑袋撞到了笼子。[79]

18世纪下半叶，人们越发关注实用农业，一些评论家建议应按需分类进口动物。这一观点在一本匿名创作、未出版的实录（可能是布封的合作者多邦东所写）中得到了有力的论证，该实录提出了从圭亚那这个被忽视的不幸殖民地进口鸟类的建议。鸟类学家皮埃尔-让-克洛德·莫迪·德·拉瓦雷纳（Pierre-Jean-Claude Mauduyt de la Varenne）是巴黎拥有最多鸟类标本的收藏家，同时也是一位内科医生，在《分类百科全书》中也提出了这一观点。[80]

这本实录写于18世纪60年代或70年代，与当时法国尝试建立圭亚那殖民地的时间相吻合。[81] 实录首先概述了大西洋的鸟类贸易，并介绍了圭亚那主要定居点卡宴地区的鸟群：

> 没有哪个国家的鸟类品种比卡宴地区的品种更丰富，羽毛更绚丽。过往贸易只运输鸟类羽毛，很少运输活鸟，但随着鸟类贸易的发展，每天都有大量活鸟被运往各地：从巴西到里斯本，从卡罗来纳和弗吉尼亚到伦敦，从塞内加尔到法国，由于大量进口非洲鸟类，法国的非洲鸟类越来

越常见。动物贸易既给购鸟人带来快乐，又给运输者带去收益……动物贸易还具有实用价值，外来动物可能会逐渐适应当地的生存环境，甚至成为当地人额外的食物来源。[82]

一些欧洲人喜爱的鸟类也能给进口商带去丰厚的利润，作者列举了一些好看或有趣的品种，其中就有卡宴地区流行的笼养鸟。作者跳过了欧洲常见的鹦鹉，选择了不常见的品种，他特别推荐一种拟黄鹂，这种鸟是黄鹂的一种，性格温顺，模仿能力强。作者还列举了一些实用性强、可食用的品种，不过排名第一的是喇叭鸟，它以看家护院能力而闻名。

作者在实录中记录了鸟类装运的方法。他曾经见人用这种方法将 72 只小鸟装在一个 2 英尺长、1 英尺宽的笼子里，成功从塞内加尔运到法国。作者建议，必须成对运输；驯服的幼鸟比成年野鸟更容易运输；在把鸟装船运走之前要教会它们在笼子里吃东西。笼子的构造应尽量减少鸟类受到惊吓时的伤害：笼子应该是圆形的，内部放上宽大的板条和少量的栖木，笼子外面用布或皮革覆盖，内部装有可以拆卸清洗的双层隔板。同时内部应附有两个容器来装食物和水，且无须打开笼子即可通过管道补充。笼子前方的“窗户”应该在夜间或鸟类可能受惊时盖上。对于以谷物为食的鸟类，如果了解鸟儿吃哪种谷物，就在运输途中携带足够的食物；否则的话，小鸟喂黍，大鸟喂麦。以水果或昆虫为食的鸟类，就喂食蘸有蜂蜜和水的面包；如果条件允许，也可喂食切碎的水果或生肉。

实录的附录里记录了驯服顽固蜂鸟的方法，“运输活蜂鸟的过程十分有趣”。[83] 首先，必须确定它们是否仅以花蜜为食，还是也以昆虫为食；然后，将它们小心地安置在足够大的笼子里，让它们在这座“监狱”里飞一会儿。接下来确保在温暖的天气条件下将蜂鸟运到法国，运输的最后一段路途中，应该把笼子悬挂在车厢的天花板上，以减少道路崎岖、车辆颠簸的影响。

莫迪的《分类百科全书》关于鸟类学的论述肯定了外来鸟类的观赏价值和实用价值，鼓励外来鸟类的进口，并给出了鸟类运输建议。他强调外来鸟类进口带来的商业收益：例如巨嘴鸟易于进口，进口商凭借其美丽独特的外形可以获得很好的收益。莫迪尤其鼓励人们进口并驯化喇叭鸟，它在匿名发表的实录中列出的实用鸟类名单上排名第一。这种原产于圭亚那的大型鸟类受到殖民地居民的喜爱，布封的《自然史》也赞颂了这种鸟。莫迪认为喇叭鸟性格温顺、富有爱心、对人忠诚，甚至可以取代狗成为人类的伙伴和护卫，而且它们会比狗更具优势，因为人们不用担心从它们身上染上狂犬病。[84]

博物学家和其他对外来物种的实用性感兴趣的人，将驯化喇叭鸟的方法用在了很多外来动物上。他们认为，美洲驼、无尾刺豚鼠（一种美味的南美啮齿类动物）和斑马等动物可被运往法国繁殖，用作食物或劳动力。然而，除了西班牙绵羊外，大多数驯化外来动物的想法都落空了，进口外来动物仍以观赏品种为主。[85]

船上的宠物

无论作为礼物、商品或实用物品，还是作为科学标本，外来动物只有在到达目的地后才能实现其价值，但在航行过程中，它们可以提供另一种价值。有很多记录表明，在当时，船上的动物，尤其是鹦鹉和猴子，是因为能给船员提供消遣才得以留在船上的，比如布干维尔船上的顽皮鹦鹉和拉彼鲁兹船上的食籽猴。在 18 世纪的帆船上工作，可能会令人疲惫和抓狂，但如果风平浪静，或是在休息时间（大多数船员的作息时间为工作 4 小时，休息 4 小时），水手们便会讲故事、唱歌，可能还会和宠物玩耍，教它们玩把戏。动物不仅能分散水手们的注意力，还能满足他们的情感需求。这些人与家人分离，挤在又臭又脏的狭小船舱里，一住就是几个月甚至几年，航行途中无时无刻不担心受伤、生病甚至死亡。在贩卖奴隶的航线上，水手死亡率（主要因疾病）约为 15%，与奴隶的死亡率大致相同（奴隶的情况当然更糟）。[86] 船长的建议手册鼓励水手带上乐器，在船上通过游戏和跳舞打发无聊的时光，保持好心情。[87] 因此，船长会容忍这些动物伙伴在航行途中制造的麻烦，甚至主动将它们带上船。

鸟儿可以给旅途中的船员带来欢乐：拉库尔布很喜欢旅途中陪伴他的老鹰，直到有一天这只鹰意外死亡了，他还曾在航行记录中深情记下了一只从他的牛奶碗里喝水的温顺的珍珠鸡。[88] 在布干维尔的船队驶往马卢因群岛的途中，船上唠唠叨叨的鹦鹉显然带给船员们不少乐子。然而，关于船上鸟类的描述在航行记录中却并不多见，大概是因为鸟类是十分常见的同伴。航行记录中对猴子的描述说明它们也是常客，只有发生不同寻常的事情时才会被记录下来。在拉彼鲁兹的船上，植物学家收集的种子被猴子吃光了，除了这件事，航行记录里没有任何关于这只猴子的信息。拉库尔布在航行记录里对购买猴子的事只字未提，但他透露了船上有猴子的事实，当热带鸟类飞过头顶时，“船上的猴子首先看到了它们，并开始尖叫”。[89] 当特尔卡斯托船上的军官提到将一只猴子带到了塔斯马尼亚岛，想看看当地人有什么反应。[90]

猴子确实比鸟更容易出现在人们的视野中，大概是因为它们调皮的行为，以及它们作为人类和其他动物之间联系的特殊地位。航行途中，船上的猴子和猿类因其滑稽动作而备受瞩目。比如，有些黑猩猩会上桌吃饭，还会咬船上的仆人；马六甲来的猴子能在绳索上表演杂技。[91] 温普芬男爵在航行记录中写道，当他乘坐的船在暴风雨中失去桅杆沉没时，他突然感觉到有人紧紧抱住了他的腿："那是一只大猴子，它设法扯断了……把它绑在船尾甲板上的绳索，来到我旁边避难。尽管当时我自身难保，但我还是保护了……这个可怜虫。"[92]

两篇关于船上猴子的长篇报道，让我们了解到这种动物有时会激发人们强烈的情感。我相信仅凭文字记录我们就可以了解猴子在船上的经历，但作者无疑对猴子的故事念念不忘，甚至修饰了文字，因为这些猴子的故事触及了当时人们特别感兴趣的话题。[93] 当时有很多与猴子有关的文化，接下来要给大家讲述的故事，便引出了 18 世纪人们关于"作为人类意味着什么"的争论。第一个故事是由鹦鹉肉鉴赏家罗贝尔·沙勒讲述的。在非洲海岸的某个地方，一只受伤的母猴连同它的孩子被带上了船，它温柔地抚摸着小猴，但 3 天后小猴还是死了。沙勒写道，当一名水手将小猴的尸体带走时，母猴哭了，叹了一口气，最后吻了一下小猴的尸体。随后，随船医生为母猴取出了身上的子弹，尽管流了很多血，但它并没有惊慌，而是一直指着左侧乳房下面的某个地方。医生一直以为取出了猴子身上所有的子弹，但母猴死后，却在它手指的地方又找到了一颗。救助母猴的船员实际上也是船上的猎手，正是这名船员打伤了母猴；如果他枪法再准一些，母猴无疑会直接被端上炖锅，而不是被送去医务室救治。[94]

另一个令人心碎的故事来自弗朗索瓦·弗罗热，他在17世纪90年代游历了非洲和南美洲。他讲述了一只名叫曼戈的老猴子的故事，它曾是冈比亚总督的宠物，“时不时地给我们（船员）带来阵阵欢乐”。曼戈被拴在链子上，但几乎每周都会挣脱逃跑一次。“它唯一关心的就是寻找食物，对于船员来说，每当看着他踩着某个船员爬到桅杆顶端，然后两手交替抓着索具跳跃，掌上托着一盘米饭或一大块猪油，大家都会哈哈大笑。”有一天，曼戈把船长正在制作的一台象牙钟表的零件扔进了海里。这一次船长没有笑，而是判处了它死刑，决定上岸处决曼戈。根据弗罗热的描述，曼戈仿佛知道它将被打死，就在刽子手开枪时，它扯断绳索逃脱了，虽然受了伤，但还活着。这艘船肯定在岸边停泊了好几天，因为弗罗热总结道：“每天我们都会看到这只受伤的猴子在岸边奔跑，试图找到一条回到船上的路；也许它是舍不得离开我们，而再也见不到它那张可爱的脸，我们也会感到遗憾。”[95]

倔强的动物

运输活体动物的过程中难免会遭遇动物死亡的情况，但大多数情况不会像曼戈的故事那样戏剧化。如果动物死去，它们的故事（至少它们的毛皮）会留下来，动物之死的描述往往会成为旅行记录中的情感高潮。拉孔达米纳在南美洲测绘地球直径，于探险途中得到了一只小猴子。根据他的旅行记录，他之前从没见过这种猴子：一身金色皮毛，颜色好似“最美的金发”，尾巴闪耀着棕色的光泽，耳朵、脸颊和口鼻是朱红色，十分鲜艳，看起来不真实。尽管受到了尽心尽力的照顾，但小猴子还是在快到法国时死去了，只活了一年。拉孔达米纳将猴子保存在酒精中，以证明这只稀有的猴子不是他凭空想象出来的。[96]

动物之死的暗淡光景往往令旅行者沮丧。莫达夫伯爵只能用文字记录下他曾捕捉到一种“巴西最珍稀、罕见的鸟”，这种鸟通身的羽毛会随着鸟类成长而变色，先从灰色变成白色，最后再变成“火焰般的红色”。这只鸟在从巴西运往法国的途中死去，当时羽毛还是白色。[97] 拉彼鲁兹也曾为失去一只珍贵的鸟感到痛心。船队在南太平洋一个岛屿停留期间，船员们收到了一份礼物，一只可爱温顺的斑鸠，通身的羽毛五颜六色，白色的身体、紫色的脑袋、绿色的翅膀，胸前还有红白相间的斑点。“可惜的是这只斑鸠没能活着抵达欧洲；死后只留下了羽毛，但很快也失去了光泽。”[98]

那些差点就能存活的案例最让人惋惜。一位来自圭亚那的外科医生贝特朗·巴容设法将一只温顺的冠雉带回家，这是总督从当地人手里找来送他的礼物。在“漫长而艰难的”运输路上，巴容医生小心翼翼地照顾着冠雉，却不料刚到马赛港就体会到了“失去它的痛苦”。[99]让·德莱里也有一段令他遗憾的经历，一次海上航行中，帆船因无风停航了一段时间，船员们经历了长达数周的饥饿。起初他把自己那会说话的鹦鹉藏了起来，但最后，他连两三颗喂养它的坚果都找不到了。因为担心它会被人偷走，他杀死并吃掉了它。没过几天海风就回来了。[100]

挫败越发激起了人们的欲望；而蜂鸟是人们最渴望拥有的动物。每个见过蜂鸟的人都想把它关进笼子带回家。一位航海者写道：“没有一只活着的蜂鸟被带到过欧洲……蜂鸟死去后，尽管毛色艳丽，光彩却逐渐暗淡。”[101]人们面临的第一个难题就是如何活捉蜂鸟。据说瓜德罗普岛上的原住民知道如何活捉蜂鸟，但欧洲人要么捉不到，要么只能凭运气。[102]有只蜂鸟碰巧被风吹进了一扇敞开的窗户时被捉住；还有一次，有人看到一只蜂鸟飞进漏斗状的花朵，迅速把花捏紧，割下茎，把这只包在花里的蜂鸟关进了笼子。[103]贝尔纳丹·德·圣皮埃尔在好望角看到了一只美丽的圈养蜂鸟，它的羽毛色彩斑斓，会随着光线变化呈现出绿色、红宝石色和棕色，但有一天它在一碗糖水中沐浴后，当天晚上被蚂蚁吃掉了。[104] 被活捉的蜂鸟活不了几天，死后的蜂鸟“远没有活着时好看”。[105]

有一部分作家，比如撰写从卡宴进口鸟类实录的作者，相信通过正确的技术，一定能将蜂鸟成功运到欧洲。皇家花园的一位通讯员曾感叹，在卡宴建立殖民地消耗了大量精力，没有时间开展科学活动。他坚信只要有足够的耐心和技巧，蜂鸟是可以被人工驯养的。[106] 一本畅销自然史著作的作者认为可以进口蜂鸟蛋，还指责当时的航行探险并不是为了探索自然之美，而是为了通过军事武力占领更多的领土。[107] 另一部分作家则对蜂鸟运输持怀疑态度。一本自然史词典写道，蜂鸟在幼鸟时期更容易被驯化，但因为它们更适应当地的气候，所以无法在法国生存。[108] 布封质疑它们是否能被驯化。[109] 蜂鸟难驯，很大程度上源自其抵抗束缚的天性。一位作者称，他朋友的蜂鸟“毫无疑问因为失去了自由而死于悲伤”。[110] 另一位美国革命时期生活在马萨诸塞的作家认为，“失去自由的蜂鸟是活不成的”。[111]

性格倔强的动物拒绝在圈养环境中生存，这引发了人们对爱国主义和奴隶制的思考。布封讲述了一只被圈养的黑猩猩因忧郁而死亡的故事，还有一只美洲孤鸫，尽管很容易被驯服，但在被抓到后却不停鸣叫拒绝进食。[112] 拉巴在一本描述非洲的作品中讲述了一只猴子的故事，在此之前人们对这种猴子知之甚少。随着作品的畅销，这种猴子在人们心中获得了神话般的地位。博物学家和航海收藏家也多次转载这个故事。[113] 根据拉巴的描述，加拉姆王国盛产一种白猴，它是世上最美丽、可爱、有趣的动物，但所有进口白猴到其他国家的尝试均以失败告终。即便有的白猴被成功运送到圣路易堡，但它们拒绝进食，几天后就会死去。这并不能说明白猴厌恶圈养，因为当它们还在自己的国家时，即便被链条锁住也能活得很好。拉巴好奇，被迫去到其他地方后，难道是对祖国的爱与思念导致它们萎靡不振吗？[114]

一部分动物没能成功进口到法国；还有一些虽然成功了，诸如犀牛和大象，但数量却很少。18 世纪，殖民地贸易日益繁荣，很多航海者将小型动物运回法国，即便运输途中死亡率很高，但还是有大量外来动物抵达法国，法国人将它们视作礼物、贡品、有利可图的商品、稀有物种、生活中的伙伴。外来动物到达法国后会面临不同的生活环境，有的被送进皇家动物园，有的被送到街头集市，有的进入私人住宅，它们成为企业家的利润来源、博物学家的知识来源、商人和观众的娱乐消遣、君王权力地位的象征，以及人们思考殖民主义、奢侈品和其他文化关切的载体。

第二章　皇家动物园

运抵法国的珍奇动物中，有很多直接被送到了皇家动物园。直到17世纪晚期，法国王室收藏的外来动物数量仍旧很少，而且还总是根据君主的喜好，从一座宫殿转移到另一座宫殿。稀有鸟类和小型动物成为宫廷装饰品供人消遣；狮子和其他大型动物主要为人们带来斗兽表演。17世纪60年代，越来越多的动物来到法国之后急需相对稳定的住所，为此，国王路易十四下令建造了两座新的动物园，一座建在万塞讷，就在巴黎东部边缘一座宫殿旁；另一座更为精致，建在凡尔赛宫，在巴黎以西两小时车程（乘马车）的皇家狩猎场所在地，它后来成为整个欧洲动物园的典范。在万塞讷，狮子、老虎和豹子被关在圆形剧场周围的笼子里，国王会邀请朝臣和来访的权贵欣赏斗兽表演。1682年，波斯大使到访法国期间观看了老虎和大象斗兽表演。没有表演的时候，这些动物会得到精心照顾：有一只狮子食欲不振，为了让它振作起来，饲养员只给它喂食剥了皮的动物幼崽和绵羊。最终这只狮子呕出鲜血，不久就死了，解剖学家验尸后得出结论，狮子吃得太油了。[1]

凡尔赛动物园与万塞讷动物园截然不同。路易十四国王和建筑师路易·勒沃在宏伟的新宫殿和庭院中开辟出一块场地，用以展示性格温顺的动物。动物园中心有一座城堡，内有一座八角形观景台，建筑外围有一圈楔形围墙，游客在观景台上可以欣赏围场内的动物。从 17 世纪末到 18 世纪末，外国赠送的外来动物和法国国王命人搜寻的珍奇异兽都被饲养在这里。

有关近代早期统治者的花园和动物收藏，历史学家的写作内容从以纪实方法记录动物逐渐转变为重点分析动物的象征意义。这些文章揭示出对本土及外来动植物的控制，隐喻性地表达了统治者对国内外事务的掌控。近期一篇评论文章中有这样一句话，动物园“笼子里的动物既供人们娱乐消遣，也是地位和权力的象征”。[2] 凡尔赛动物园正是见证这类象征的好地方。

凡尔赛动物园也见证了王权的限度。家长、教师和警察都很清楚，并非每一次耀武扬威都有收效：资源可能匮乏，治下民众可能抵制或曲解权威的秩序与象征。展示权威的方式多种多样。而当我们深入了解君主的多种意图，以及他们无法完全控制的两个领域——其一是动物的运输网络和转移动物的必要人员，其二是观众和评论者的反应——动物园的历史同政治及文化变迁的联系就变得更加紧密和复杂。[3]

从 17 世纪 60 年代到 18 世纪 80 年代，法国历代国王的统治意图发生了相当大的变化，同时君主制风格和关注重点也发生了变化。路易十四力求宏大壮观，路易十五重视消遣，路易十六时期追逐功利和改革。接下来我们将从书中了解到，这些变化影响着投入皇家动物园内的建筑以及搜集的动物种类上的时间和金钱。在路易十四统治初期，他对自己的新动物园给予了极大关注，展示了绝对君主的强大力量。他经常在动物园接待访客，并邀请新成立的科学院的成员来此地做研究。路易十五统治期间，国王乐见皇家动物园搜罗到大量珍兽，但除此之外很少关注动物园。到了 18 世纪 80 年代，君主制急于挽救自身岌岌可危的名声，外界批评动物园是一座浮华的监狱，作为应对，路易十六试图将其改造成在自然史和农村经济领域兼具表演和实用价值的场所，但以失败告终。

为了炫耀非洲狮和巴西鹦鹉，君主首先必须考虑如何搜罗、运输、饲养和安置这些动物。整个过程涉及大量人员，他们的动机各不相同，甚至有人拒绝合作。尽管在介绍动物园历史的著作中并未过多讨论这些幕后流程，但恰恰是这些复杂的环节构成了外来动物的部分象征价值。要求取这些动物，至少得涉足世界其他地区。

在凡尔赛动物园长达125年的历史中，园内动物的来源地随着贸易路线和法国对外关系的变化而变化。17世纪末到18世纪初，地中海贸易蓬勃发展，动物园里北非物种占主导地位；18世纪60年代到18世纪80年代，伴随东印度贸易的增长和七年战争后的政治结盟，大量印度和南部非洲的动物来到了动物园。战争期间进口停滞，动物园进口动物的品种受到法国外交关系影响，这也印证了动物进口不仅是一项运输任务，也是一项政治任务。

国王无法完全掌控动物的进口，也无法完全掌控观众对动物园的看法。遗憾的是，我们无从得知当时大多数游客游览动物园的经历及其看法。我们所能掌握的，只有18世纪初那些识字的参观者留下的零星描述，他们通常是精英阶层；18世纪后期，期刊和自然史图书中的评论则提供了补充。精英游客的态度变化明显：在动物园成立之初，动物展览的盛况得到了很多赞誉，但从18世纪50年代开始，人们开始抵制并批判动物园。这种批判是法国君主制总体危机的一部分——这种“去神圣化”批评、讽刺了此前受人尊敬的权威象征。[4]到了18世纪80年代，舆论出现了分歧。一些评论家认为动物园是开展动物驯化实验和拓展自然史知识的重要科研场所；另一些人认为动物园是一座奢华残酷的监狱。对动物园的看法往往关联了对政治与社会的看法。

博物学家对动物园的态度也以一种令人意想不到的方式发生了转变。路易十四统治时期，动物园为早期比较解剖学研究提供了重要资源，动物内脏成为博物学家研究记录的材料。到了 18 世纪，解剖学研究仍在继续，但动物行为和繁殖实验成为博物学家的研究重点。所以，对于博物学家来说，动物园并没有想象中那么重要，对动物自然行为越来越多的关注使布封开始质疑凡尔赛动物园的科研价值，因为那里的动物受到了人为的约束。随着越来越多的外来动物来到法国，凡尔赛动物园的重要性也逐渐降低。到 18 世纪末，博物学家不必去凡尔赛宫；他们可以在集市、商店和私人住宅中观赏动物。

截至 1750 年的皇家动物园：辉煌与没落

勒沃为凡尔赛宫设计了皇家动物园，以便最大限度地展示这些异国居民的风貌（图 2.1a 和图 2.1b）。动物园的布局很简单：一座小城堡，城堡正面朝外是一座庭院。游客在游览时能够感受到国王的帝国野心。事实上，就像钱德拉·穆克吉的描述那样，整个场地的布局显示了国王对领土的掌控："在凡尔赛的花园里，无须证明法国至高无上的权力；无须说服外国政要了解法国伟大的成就。这里的风景便展示出了法国的辉煌。”[5]动物园还以雕塑和绘画的艺术形式展示外来动物，强调它们作为活寓言的功能，讲述道德与政治故事。[6]

游客可以沿着一条小路进入动物园，小路旁修建了围墙，遮挡住了动物。[7]你会进入一座庭院，然后进入一座小城堡，此时仍看不到动物，爬上一段楼梯到达二楼，在那里你会发现三扇门。南面和北面的门通向两翼，里面有两个装饰豪华的房间；西边第三道门将带你进入一座画廊，从画廊一侧的窗户向外可以看到成群的动物。沿着画廊走到尽头，你会来

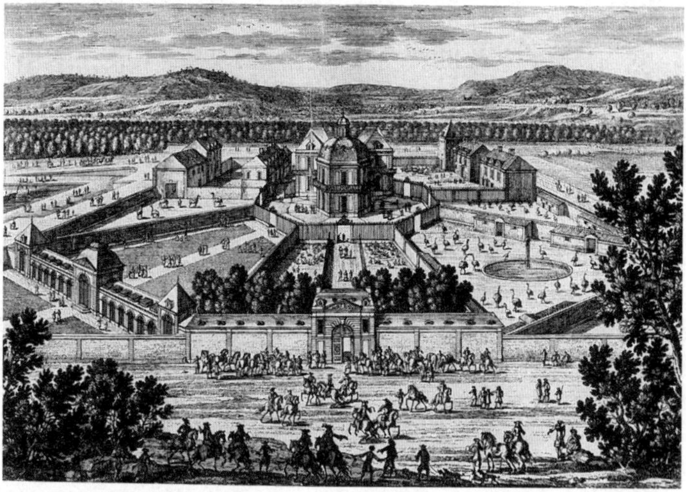

图 2.1a　凡尔赛：动物园正面图，佩雷勒刻绘。此图（虽不完全准确）展示了路易十四时期在凡尔赛建造的中央迷你城堡和动物园庭院。法国国家图书馆版画集，va78f。法国国家图书馆提供。

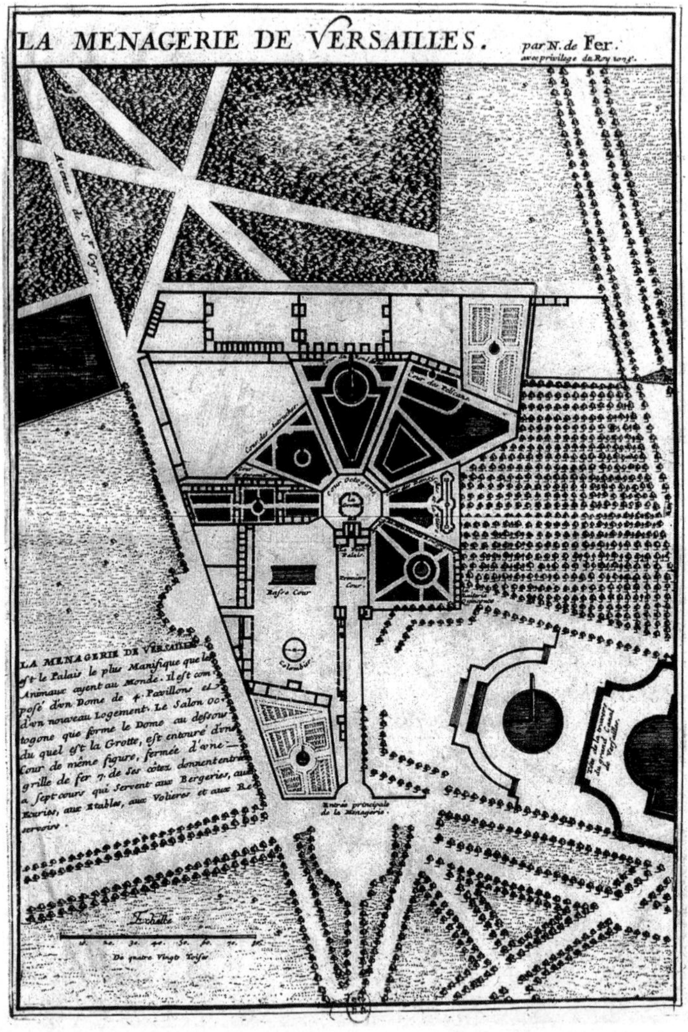

图 2.1b　凡尔赛皇家动物园，尼古拉·德·费尔绘制。凡尔赛动物园鸟瞰图。法国国家图书馆版画集，va78f，第 2 卷。法国国家图书馆提供。

到一个巨大的八角形房间，国王收藏的所有外来动物的壮观景象便会呈现在你眼前：从八角形房间的七面墙上（第八面通向画廊）打开七扇通向阳台的法式大门，站在阳台上，你可以眺望下方的七个围场，里面满是鸵鸟、冠鹤、骆驼，有时甚至还有一头大象。这里有一处巧妙的设计，画廊和观景台的墙壁上挂着几十幅画，画中正是窗外出现的动物，就像即时的静物画一样，增强了动物的装饰效果。在这里，国王以及他的孙媳勃艮第公爵夫人（国王在 1698 年将动物园交给了她）举办过晚宴和纸牌聚会。

在八角形观景台观察动物，为游客接下来的欢乐活动拉开了序幕。在这间观景台下面有一个石窟，上面镶嵌着贝壳图案，墙内埋藏着管道，打开就能向游客喷水。在外面，观景台周围的八角形庭院有更多隐藏的喷水口，可以在这里更近距离地接触动物。每一片围场都有一扇装饰性的大门与庭院相通；门上有根据奥维德的《变形记》雕刻的动物头像。围场里居住的动物和各自的名称随着时间的推移而变化，但在 1700 年前后，这七个围场分别是：（1）美丽的雌鸡庭院，或称鹳区，里面饲养鹳和绵羊；（2）蓑羽鹤区，饲养蓑羽鹤（后来这里建起一个巨大的鸟舍，住着 40 多个品种）；（3）鹈鹕庭院，饲养来自亚洲和非洲的大型鸟类；（4）环形庭院，里面有一大块圆形水池，用于饲养涉禽；（5）鸵鸟庭院，用于饲养鸵鸟（后来还安置了鹰、豪猪和其他小动物的笼舍）;（6）鸟类庭院，饲养各种鸟类和小动物（后来还有袋鼠、大象和骆驼）;（7）低级庭院，用于饲养国王餐桌上的动物。

动物园也为皇家贡品提供了住所，如葡萄牙国王进贡的一头大象和暹罗国王进贡的三条鳄鱼，但要想妥善安置它们，则需要深思熟虑，付出高昂的代价。17 世纪的最后 20 年，在首席大臣科尔贝的命令下，一位动物供应商前后前往北非和近东共 41 次，采购鸵鸟、瞪羚、山羊、绵羊、珍珠鸡、紫水鸡和蓑羽鹤。当观众看着鸵鸟在仿造的沙石荒漠中昂首阔步时，他们可以体会到路易十四对地中海的统治。[8] 在特殊的场合，游客还可以沿着将凡尔赛公园一分为二的人工大运河模拟体验地中海航行；他们将乘坐一艘配备 32 门火炮的微型护卫舰前往动物园，护卫舰上有穿着华丽服装的水手，并由 6 艘满载乐师的小艇护送。在这个盛大的户外剧场里，国王在世界舞台上扮演着指挥者的角色。[9]

游客的描述证明了国王的成功，他既让人们对他从世界各地收集外来动物的能力感到敬畏，又能令人们因欣赏大自然的美景而愉快。拉封丹（La Fontaine）将动物园描述为一个“到处都是各种鸟类和四足动物的地方，其中大多数都非常罕见，而且来自非常遥远的国家”。一位不知名的诗人写道：“这里的每一处地方都豪华非凡；这座皇家宅邸表明，任何建筑在任何方面都无法与之相提并论。”[10] 建筑师兼解剖学家克洛德·佩罗表示，优雅的蓑羽鹤是完美的装饰品：

> 在凡尔赛公园里看过蓑羽鹤的人都没有注意到，它们的步态、动作和跳跃与吉卜赛舞者有很多相似之处，它们似乎在模仿后者。甚至可以说，它们喜欢让人们欣赏它们优雅的身姿和灵巧的跳跃，它们跟在人们身后，并不像大多数驯服的野生动物那样，为了人们扔掉的食物，而是因为它们想引人注意；当它们看到自己被人注视时，总是不由自主地开始跳舞和歌唱。[11]

对于喜欢寓言和镜子游戏的朝臣来说，看着这些和自己一样喜欢向崇拜者炫耀优雅美丽的鸟类，还有什么比这更令人愉悦的呢？

动物园面向一大批公众开放，我们只能猜测这部分公众的反应。[12] 从巴黎出发前往皇家动物园很耗时，但几乎所有人都能负担得起。1727 年，一本旅游指南指出：“前往凡尔赛动物园的马车不适合讲究品质的人乘坐。车上通常有 15 到 20 人，而且空间非常狭小。此外，4 小时的路程要花一天时间，因为马车夫在每家旅馆都要停下来喝酒。”那些有钱人可以租 1 匹马或与另外 3 个人合乘一辆 4 匹马拉的马车，每人 3

里弗尔，这样在 2 个小时内就能到达动物园。路易十四统治末期，每天有 40 至 50 辆马车往返于巴黎和动物园之间。[13] 路易十五和路易十六统治时期，除了引导游客，动物园的看门人还会介绍一些动物及其产地的情况。[14]

皇家科学院的研究员对动物园里的动物特别感兴趣，该科学院成立于 1666 年，也就是动物园建成两年后。科学院成立时有 15 名研究员领取补助金，分别从事数学、物理、化学、解剖学和植物学研究。研究员主要关注动物死后的情况，他们切开动物尸体，观察并记录内脏的情况。这些动物无论生死均有自身使命，活着时供王室欣赏，死后用于解剖研究。解剖在体面的环境中进行，如国王图书馆或某位研究员的房间里，但解剖过程臭气熏天：掩盖一头熊的内脏的臭味需要 3 品脱白兰地，即使这样，围观者也不得不用浸过酒精的手帕捂住鼻子。[15] 研究员解剖过的最大的动物是葡萄牙国王赠送的大象，法国国王本人也出席了这次活动；发现这头健壮的野兽是雌性时，研究员们十分惊讶。[16] 伴随着动物解剖学的发展，早期科学院推出了一些令人瞩目的出版物，例如《动物自然史实录》，该书由医生兼建筑师佩罗指导，多名研究员共同完成，描述了近 50 种不同的物种。这本著作重点研究了动物结构和解剖的细节，很少关注动物行为，不过研究员们在解剖变色龙之前确实测试了其变色能力，还记录了凡尔赛动物园最受欢迎的蓑羽鹤的舞蹈。[17]

路易十四国王对动物园失去兴趣后，转而把精力投入了特里亚农宫的鸟舍。特里亚农宫是位于凡尔赛公园另一端的一座小宫殿，路易十四的孙媳勃艮第公爵夫人在 1698 年接管这座小城堡后彻底改造了它，并在该地宴请了很多宾客。根据入江真澄的说法，在这段时间里，动物园失去了作为观测站的功能，主要变成了田园式的“游乐亭”。[18] 宫殿内的欢乐与宫殿外动物的变化形成鲜明对比；大约在这个时候，万塞讷动物园的狮子、豹子和老虎被转移到凡尔赛动物园，被安置在新建的铁栅栏里。不久之后，一些评论家表示这些被关在铁笼中的动物就像监狱中的囚犯（图 2.2）。

在摄政时期（法国宫廷从凡尔赛宫迁至巴黎）和路易十五统治初期，动物园失去了往日繁华。仍有动物被当作礼物源源不断地送来，但国王似乎对此缺乏兴趣。1727 年的一本旅游指南称赞了这座宏伟的小城堡，尤其是里面一幅幅栩栩如生的动物画作，但同时也指出，路易十四死后，这里曾经饲养的各种珍稀野生动物都被卖掉或送人了。[19] 王室也停止了对解剖研究的资助，看门人在动物园饲养火鸡供自己食用的故事也在民间流传开来。[20]

路易十五在特里亚农宫的时间比在动物园的时间长，在特里亚农宫，他下令布置了种植珍稀植物的温室和一个小型

图 2.2　1739 年，凡尔赛动物园里被关起来的美洲豹。巴桑根据让 - 巴蒂斯特 · 乌德里画作刻绘的版画，法国国家图书馆提供。

家禽园，他的情妇蓬巴杜夫人在附近建造了自己的宫殿，里面收藏了黄金打造的雉鸡。[21] 然而，国王是一个狂热的猎人，他对外来动物的兴趣体现在想象中的狩猎场景中。1735 年至 1739 年，他委托当时几位最著名的艺术家创作了系列画作《异国狩猎》（图 2.3），部分艺术家可能使用了动物园里的动物或动物绘画作品为模型。这些气势恢宏、暴力血腥的作品（约长 6 英尺，宽 4 英尺），直到 18 世纪 60 年代末一直挂在凡尔赛宫二层的小画廊中。每幅画都描绘着怒目而视的猎犬和挥舞长矛、佩戴头巾的男子猎杀各种野兽的场景，画中的野兽有狮子、大象、老虎、豹子、熊、野猪、鳄鱼和鸵鸟。[22]

图 2.3 夏尔·安德烈·范洛（1705–1765），《狩猎鸵鸟》，1738 年。路易十五下令在凡尔赛宫展出的 8 幅系列画作之一。注意猎人的服装和棕榈树，近东“异国情调”呼之欲出。国家博物馆集会 / 纽约艺术资源，法国亚眠市皮卡第博物馆提供。

充满肌肉力量、极富攻击性的异域风格，看起来很符合当时英法在海外交战的主题。

1750 年到 1793 年的皇家动物园：复兴与批判

尽管路易十五偏爱狩猎而非收集动物，但按照王室惯例，凡尔赛动物园还是维持了下来。1750 年，吕讷公爵到访动物园时见到了一大批动物，包括一只海豹、一只鹈鹕、两只老虎、两三头狮子和一峰骆驼。他和一群人来到动物园参观是为了看一只新到的秃鹰，这是海军大臣鲁耶送来的。公爵表示，虽然参观动物园已经完全过时，但他认为动物园仍值得再次受到关注。[23] 动物园的象征意义仍在招徕民众。1755 年的一本指南评论了动物园里的动物："人们会说，非洲已通过动物表达了对国王的敬意，世界上其他国家的政府也向国王献上了他们最稀有的动物和鸟类以表达敬意。"[24] 动物园大约在这个时候开始重获重视，可能出于这几个原因：殖民贸易的增加导致动物涌入，人们对自然史的兴趣日益浓厚，以及布封的《自然史》出版问世。

18 世纪下半叶，园内动物的种类发生了变化，人们对动物园的看法也发生了变化。这期间动物园收获了大量外来动物，18 世纪 60 至 70 年代动物主要来自印度，18 世纪 80 年代则主要来自南部非洲。两次浪潮的不同之处在于，第一次大多是自发的，而第二次则是国王直接下命令的结果。动物产地和王室兴趣的变化均受到法国内外政治转向的影响。对外，战争和贸易路线的变化决定了动物的获取地点和方式。对内，绝对君主制危机不断加剧，促使路易十六以路易十五未曾尝试过的方式积极塑造自己的公众形象，而动物园是这一形象的重要组成部分。在追求实用知识的潮流影响下，民众开始将动物园视为探索自然史的场所，尽管他们也会继续在那里体验发自内心的敬畏和欢笑。然而，提高知名度是有代价的；批评者认为动物园就是绝对主义盛行的象征，他们希望动物园变得更加实用。就连偶尔在凡尔赛动物园观察动物的布封也加入了批评者的行列。

动物的获取

路易十五统治时期，国王和他的大臣们几乎不费吹灰之力就收获了几只壮观的动物，它们大多数都被当作礼物送到法国。尽管七年战争期间航运中断，但有一匹斑马却在战争期间克服困难顺利到达法国。这匹年轻的斑马于1760年抵达，是好望角的荷兰总督送给法国的礼物，据说总督为它支付了3万里弗尔。[25] 在这匹斑马存活的一年里，吸引了大批游客来到动物园。

1763 年签订的《巴黎条约》给海洋带来了暂时的和平，大量动物涌入法国。其中大部分来自印度（两只老虎分别于 1765 年和 1770 年抵达法国，犀牛于 1770 年抵达，大象和藏麝于 1772 年抵达），这是个令人费解的事实，因为该条约迫使法国放弃了在印度的殖民企业。法国位于印度的主要殖民地本地治里被英国人夷为平地，法国驻印度部队的指挥官拉利因失职被公开斩首。然而，法国仍在印度次大陆驻守并且经营着该条约允许的少数几个贸易站。贸易站总督让·劳·德·洛里斯东和让 - 巴蒂斯特·舍瓦利耶向法国国王赠送了大量动物，以物质形式表达了巨大的野心。两人都不断试图通过与印度王公结盟来破坏英国在印度的统治。他们向巴黎发送了许多关于政治和军事行动的备忘和建议，但总为得不到巴黎的回应感到恼火。舍瓦利耶尤以好斗和狡猾著称，他将那些令人难以忽视的巨型动物送到国王面前，大概是希望增加国王同意他请求的机会。让 - 贝尔纳·拉克鲁瓦记录了这些动物的运输，他认为印度人与非洲人不同，有自己的动物园传统，因此印度物种在动物园获取的动物中占主要地位。[26] 虽然这可能有助于解释这些动物的来源，却忽略了这样一个事实：求取和运输动物需要人们的积极参与，而这些人必须有充分理由参与这些任务。

这些“礼物”需要消耗大量财力和精力。1770年，一只老虎从印度出发，历经10个月的海上航行和24天的陆路旅行才到达凡尔赛宫，整个行程中喂养老虎所需的鲜肉费用约为4500里弗尔。犀牛是食草动物，饲料供应问题较少，从印度出发的6个月航程似乎并不复杂；船长在装载犀牛那天的航海日志上简洁地写道：“北风，凉爽，天气很好，下午我们装载了一头献给国王的犀牛。”然而，在旅途中，这头年幼（可能2岁）的犀牛长成了庞然大物，直到准备好定制的笼子才将它成功从船上卸下。之后，这头犀牛的凡尔赛之旅准备工作耗时两个半月的时间。准备工作包括制作一个镶有马毛的项圈，上面镶嵌着4个坚固的铁环，以及制作一辆坚固的马车。整个工程花费了轮匠72天，铁匠57天，锁匠36天，木匠2天，但后来在运输途中，马车和车轮还是坏了，不得不中途维修。在为期20天的凡尔赛之旅中，犀牛由两名屠夫和一名“首席接引员”照料，负责投喂饲料，并用鱼油给犀牛涂抹皮肤，使之保持柔软。运送这头犀牛的海陆运总成本共计：5388里弗尔，10苏，10德尼耶。[27]

两年后，一位名叫朱蒙的印度驯象师负责运输一头大象。这一次，海军大臣命令“尽可能以最经济的方式”将它从洛里昂运到凡尔赛宫。朱蒙和大象全程步行，这样就省去了一辆马车的费用；这趟旅行大约花了4到6周时间。[28]

1775 年，路易十六即位，统治期间他引领了许多政治和经济改革，推动了凡尔赛动物园的复兴。尽管动物园收获了大批来自印度的外来动物，但对动物园硬件设施的维护却被忽视了。1774 年，一份动物园需要修复设施的清单预示了无数即将到来的隐患：如果大象围栏得不到修复，它将无法度过下一个冬天；涉禽的池塘几乎被淤泥填满；犀牛即将撞翻围栏里一堵摇摇欲坠的墙。到 1785 年，城堡里的动物画像已经褪色得很厉害，几乎无法辨认。[29] 而当来访的贵宾要求参观动物园时，情况尤为窘迫。然而，比起让动物拥有体面的住所，更重要的是先将动物园填满。18 世纪 70 年代末和 80 年代初，动物园面临一场危机，由于美国独立战争扰乱了正常贸易，动物园里不断减少的动物无法得到补充。1782 年，动物园遭受了严重损失，动物园“最美丽的装饰”，“源源不断吸引游客观赏”的大象，在夜间冲出围栏，坠入人工运河后死亡。[30]

外国访客的观察记录表明，路易十六国王没有跟上其他君主的步伐。1782 年，奥伯基希男爵夫人谈到了动物园缺乏稀有动物；两年后，一位英国访客发现，尽管动物园拥有犀牛、稀奇的鸟类和其他动物，但“储备不太充足”。[31] 这方面荷兰人遥遥领先：在 1776 年和 1782 年的《自然史》增刊中，布封经常引用荷兰博物学家对奥兰治亲王动物园动物的观察记录，而这些动物在法国从未出现。[32]

18 世纪 80 年代是经济危机和重新评估的 10 年。1783 年至 1787 年，财政总监卡洛纳为了应对财政困境，开始大手大脚地花钱，发放贷款，资助公共工程，并试图营造一个强健政府的形象。动物园得到高度重视，不再任其恶化，这一事实证明了其重要的象征作用。国王本人赋予动物园重振绝对君主制的核心作用，并要求凡尔赛宫总管（诺瓦耶公爵、普瓦亲王）监管动物园的补充工作。1783 年 1 月，亲王写信给海军大臣卡斯特里元帅：

> 侯爵先生，请允许我就皇家动物园的问题与您联系。几年来，由于战争，许多动物，无论是四足动物还是鸟类，都无法得到补充。既然陛下已决定保留动物园，作为王室辉煌的象征，我希望它井然有序。由于急需补充的一些动物产自印度，并且您每年都派遣一支舰队前往那里，因此我附上一份需求清单；如果您能向舰队下达命令（以获取它们），我将十分高兴。非常感谢您对我的愿望给予的任何关注。

一张清单大概附在信后，包含以下内容：“一头大象；两匹斑马，一雄一雌；山魈和狒狒猴；六只珍珠鸡。”[33]

18 世纪 80 年代，动物园确实收获了许多有趣的动物，包括一只美洲豹、几只鬣狗、一只年轻的美洲“虎”、两只獾、一些鸵鸟、一只山魈，还有几只猴子。[34] 但国王拥有一头大象的愿望未能实现；事实上，18 世纪 90 年代，大象才作为战利品从荷兰运抵法国。国王想要一对斑马的愿望也只实现了一半，1786 年 7 月，只有一匹斑马到达凡尔赛——布封称其“大概在所有四足动物中外形最英俊、举止最优雅”（图 2.4）。[35]

这匹斑马来之不易，从海军大臣、普瓦亲王同法兰西岛与好望角官员的来往信件中，我能体会到这段探寻之旅漫长得令人难以想象，在这些漂洋过海的信件里，采购斑马的任务和国家事务同等重要，动物园的重要意义由此可见。这个故事揭示了采购异国动物的过程离不开各方谈判和私人关系，国王之所以通过投资动物园来提升王室声誉，是因为每一次成功都证明了国王能够掌控海外交通网络、政治盟友、财政资源，及其下属。然而，每一次失败也都暴露出整个指挥链中的问题：不配合的船长、自私自利的代理商、预算限制，以及倔强的动物。

图 2.4　一对斑马，布封称其"大概在所有四足动物中外形最英俊、举止最优雅"。摘自布封等著,《自然史》，第 12 卷（1764），第 2 版。威斯康星大学麦迪逊分校综合图书馆系统特别馆藏部提供。

斑马行动

卡斯特里元帅将采购动物的命令下达给了海军东印度分部司令部所在地法兰西岛总督苏亚克子爵和总监谢弗罗。卡斯特里写道："我随函附上普瓦亲王给我的便条，内容是为国王的动物园采购缺少的四足动物和鸟类的清单。请把握时机，将采购任务委托给可靠的人。务必不遗余力地满足普瓦亲王的要求。采购过程全部花费的清单寄给我。我希望整体采购环节中你们能尽量采用最经济的方式。"[36] 苏亚克和谢弗罗又把这个命令传达给最靠近非洲斑马栖息地的法国代理商，位于好望角的佩舍龙先生。

作为斑马任务的一线人员，佩舍龙要领受命令和责备，负责采购和运输。他只是荷兰殖民地里的一名法国代理商，几乎没有什么权力，于他而言，这项任务考验的不是寻找动物的能力，而是外交能力。1652 年，荷兰东印度公司控制了好望角，并于同年在桌湾建立了殖民地，为从事香料贸易的船只提供补给，它们在欧洲和印度尼西亚之间的航程耗时一年（单程）。开普敦素来有"两海酒馆"之称。起初，殖民者建立了蔬菜园为来往的饥饿水手提供食物，后来又建立了植物园和动物园。18 世纪 70 年代，旅客在那里看到过瞪羚、大羚羊、斑马、鸵鸟和鹤鸵。这个动物园就像一个临时周转地，其中的动物最终会被送到奥兰治亲王位于洪塞勒斯代克的动物园。

事实证明，18 世纪 80 年代是法国代理商向荷兰总督寻求帮助的有利时期。1780 年，荷兰加入了法国的阵线，与叛乱中的北美十三殖民地结成联盟，英法两国的船只竞相驶向非洲南端的战略要地。在这场竞赛和随后的战争中，法国人取得了胜利。他们随后从印度调来军队驻守开普敦以加强防御，在占领此地的几年时间里，该镇获得了“小巴黎”的绰号。战争给当地商人和开普殖民地的统治者带来了短暂的繁荣，在此期间法国与荷兰结成了友好的外交关系；1785 年至 1789 年，有 200 多艘法国船只在桌湾停泊。[37]

1784 年初，佩舍龙收到苏亚克和谢弗罗的来信，信中要求为国王的动物园供应一雄一雌两匹斑马。他回信说，即使当地政府支付费用，生活在山区斑马栖息地附近的人（农民）也从不捕捉斑马，所以几乎不可能捕获它们。然而，总督的动物园里就有一匹斑马，他会试试能不能弄到手，同时，他已经买到一匹带着斑马状条纹的野马，将尽快送出。[38]

佩舍龙成功得到了斑马，随后他必须想办法把它和条纹野马运到法国。法国海军舰长以空间不足为由拒绝把这些动物带上船，于是他便安排了一艘私人商船。他满怀信心地写信给卡斯特里元帅，汇报已将斑马连同运输途中所需的干草和小麦一并装船，船长答应照顾它们，途中还有一位乘客也会照顾它们。[39]

动物装载完毕后，受强劲东南风影响，这艘船在港口滞留了3天。启航后，佩舍龙收到船长送上岸的纸条：斑马在登船后的第三天就死了。由于船已离岸启航，当时也没有能够立即向法国发送消息的手段，佩舍龙甚至无法提醒凡尔赛动物园斑马已死。4个月后，这艘船刚刚停靠在法国，卡斯特里元帅立即发信谴责佩舍龙（这封信历经6个月才送到佩舍龙手里）。据卡斯特里描述，斑马已经死了——他还不知道佩舍龙已经知晓——条纹野马的状况也很糟糕。这匹条纹马，无论多么不寻常，显然都不能代替斑马。卡斯特里再一次向佩舍龙下达命令：采购一雄一雌两匹斑马，尽快运回法国。[40]

佩舍龙是一位优秀的官员，他决心弥补斑马死亡的损失：他写信给卡斯特里元帅说，下次他一定会小心甄别，再也不会把珍贵的动物委托给这样一位玩忽职守的船长。这匹斑马的死亡肯定是船长造成的，因为他（佩舍龙）将这匹斑马安置在马厩里饲养了一年，而且斑马在登船时状况非常好。[41]苏亚克和谢弗罗指责佩舍龙没有尽到应尽的职责，他便写信解释是船长“玩忽职守”，没能转送他的信件，他还立即附上了所有信件的副本以证明他一直在听命行事。[42]在解释斑马死亡的信中，佩舍龙说这令他十分懊恼，可能还要再花10

年时间才能找到新斑马。[43] 苏亚克和谢弗罗将信件转交给卡斯特里元帅，并添油加醋地评价道：斑马死了并不怎么要紧，因为不管怎样佩舍龙都无法完成普瓦亲王的命令；亲王想要一雄一雌两匹斑马，而不是只要一匹。[44]

佩舍龙预见到潜在的运输问题，向卡斯特里抱怨说，如果海军船长拒绝运输，那他自己无法将全部动物运回法国。他要求卡斯特里下达命令，要求海军船长负责把这些动物运送到动物园，海军船只通常比商船有更大的空间，更有利于动物存活。[45]

为了采购新的斑马，佩舍龙再一次找到开普敦总督。幸运的是，新任总督科内利斯·雅各布·范德赫拉夫十分重视法国的要求。他不仅发布了在 200 里格（约 500 英里）的区域内搜寻斑马的命令，还告诉佩舍龙会给他带来开普敦动物园里的其他珍稀动物。[46]

事情成了。1785 年 11 月，佩舍龙写信给卡斯特里："我在（荷兰东印度）公司动物园里饲养了一雄一雌两匹斑马，还有一大批珍稀鸟类，打算把这些全都运往国王的动物园。"他解释说，为了避免这些动物在冬季到达欧洲，他不会马上将它们运走；要等待 4 月开航的船只。哦，顺便说一句，需要支付给总督一笔报酬，因为采购斑马的钱是他出的。总督原本打算将这两匹斑马献给奥兰治亲王，亲王则通常会回赠贵重礼物以示感谢；佩舍龙认为卡斯特里“有必要”给总督送一些礼物。或许这样便解释了斑马是如何从荷兰人手中转入法国人手中的；佩舍龙可能向总督许诺了一笔丰厚的报酬以回报他的帮助，毕竟总督是个出了名的奢侈品爱好者。[47]

3个月后，佩舍龙找到了一位法国船长愿意帮他将几只鸟、一对印度梅花鹿，还有一匹“最美的”雄斑马运回法国。船长同意好好照顾这些动物，作为交换，他要亲自面见卡斯特里，奉上这些动物。[48]谁愿意承担繁重的任务，在海上照顾动物长达数月呢？大概唯一的办法，就是允许此人将运输的功劳全揽在自己身上。

但为什么只有雄斑马呢？那只雌斑马发生了什么？在给卡斯特里的信中，佩舍龙表示船上没有足够的空间容纳所有动物，他晚些时候会把其他动物——雌斑马、一匹野马、两只大鸵鸟和其他几只鸟——一起运回去。但佩舍龙指望的斑马此时必定还没到手，直到两周后，他还对苏亚克子爵说仍在等待那匹总督许诺的雌斑马。[49]他后来再也没提过这事。

与此同时，普瓦亲王开始不耐烦了。他再次提醒卡斯特里，动物园需要一头大象和几匹斑马，因为这些动物“是国王动物园里最美的装饰品”。卡斯特里回答说，他已经重申了命令，将不遗余力地满足普瓦亲王的要求。2个月后，亲王得知雄斑马以及佩舍龙送来的其他动物一起抵达了法国。他滔滔不绝地说动物园从未如此美丽，这都要感谢卡斯特里：现在，如果他能再弄来一头大象和一只狮子，动物园就完美了。[50]

斑马和船上的其他动物于1786年6月抵达洛里昂，港口负责人安排将它们运往凡尔赛。他选择了当时最常见的运输方式，用洛里昂到巴黎的定期长途马车来运送这些不同寻常的动物。海军军官拉迪和屠夫皮埃尔·巴拉斯担任护送者，两人都得到了丰厚的报酬，路上拉迪还额外支付小费给马车夫，提醒他们选择最平稳的路线。马车前部放着几只笼子，里面装着一对鹿、一只苍鹭、一只鹈鹕和一只“非同寻常的八哥”，斑马被“紧紧拴着”（它肯定是被拴在笼子一边）。拉迪要确保每天清洗笼子两次，为所有动物准备充足的食物和水。斑马被单独安置在沿途的旅馆里，每天有干净的褥草，还安排专人陪护它：屠夫的职责包括晚上睡在斑马旁边。那个夏天，在洛里昂到巴黎的路上，屠夫巴拉斯一直和斑马睡在一起，给同行者留下了深刻印象。在他们离开洛里昂大约3个星期后，凡尔赛动物园园长签署了一张收据，宣布拉迪成功将斑马和其他动物运达，并且动物状况良好。[51]关于这匹人们盼望已久的斑马，这是我查询到的最后踪迹，它最后也没能等来自己的另一半。国王大概是来看过这匹斑马，但没过几天他就失去了兴致。动物园里的部分动物活过了大革命，但这匹斑马不在其中。1789 年 5 月，接替佩舍龙的代理商又买了一匹斑马（性别不详），但没有证据表明它抵达了法国。[52]

在佩舍龙采购的所有动物里，那匹条纹野马是为数不多的幸存者之一。1794 年，它成为最早进入巴黎植物园新动物园的动物之一，如今，它的毛皮在国家自然史博物馆灭绝动物大厅里展出。实际上，这匹条纹野马是斑驴，是斑马的近亲。1883 年，当时已知的最后一头斑驴在阿姆斯特丹一家动物园死亡后，该物种就灭绝了。[53]斑驴比斑马更强壮，条纹却不那么醒目，对那些想挽救动物园形象的人来说，它的出现并没有掀起什么波澜（图 2.5）。

佩舍龙没能为这匹雄斑马找到配偶，他于 1787 年 3 月从开普敦出发继续寻获其他珍稀动物。探寻之路充满坎坷，却没能带来什么好处。他最后购买的动物是一头豹子，他向卡斯特里解释说，他不得不以高昂的价格买下它，因为有个英国人同他竞价。这头豹子搭乘一艘贩奴船，先从莫桑比克前往圣多明各，再到洛里昂，最后搭乘马车前往凡尔赛。然而他得到的只是一顿训斥。卡斯特里写信责备佩舍龙奉命采购珍稀动物时不知节约："你的出价不应该总是高于外国人。况且，你甚至连这头豹子的花销都没有讲清楚。"[54]

卡斯特里写信谴责佩舍龙时，后者正在洛里昂休养。此

图 2.5　斑驴。耐寒的斑驴于 1784 年抵达法国，是凡尔赛动物园为数不多的在大革命中幸存下来的动物之一。摘自布封等著，《自然史补遗》，第 6 卷（1782），第 7 版。威斯康星大学麦迪逊分校综合图书馆系统特别馆藏部提供。

前，他亲自搭乘一艘商船，将 2 头豪猪、3 只紫水鸡和 17 箱珍稀植物从开普敦运往洛里昂，因为他不相信海军船长能将动物安全送达——“这如同我心中的一根刺，始终令我担忧。”他抱怨道。他本打算亲自将这些珍宝送到凡尔赛，但由于身体情况很差，他不想冒险乘车颠簸，因而最终没能同行（2 只紫水鸡在夏天死在了路上）。[55]

18 世纪 80 年代末，不断有外来动物从非洲和印度运抵法国：1788 年 7 月，苏亚克子爵送给动物园一只食火鸡；1789 年 7 月，又送来一只薮猫。[56] 普瓦亲王十分重视动物园动物短缺的情况，他向卡斯特里及其继任者（卢塞恩伯爵）为动物园采购新动物表达感谢，同时敦促他们更加重视动物采购补充工作。收到佩舍龙送来的豪猪后，他再次强调，只有收到早就答应买来的狮子，他才会真的满意。[57] 毕竟，少了百兽之王，还算什么皇家动物园？1788 年，动物园终于收到一只来自塞内加尔的狮子，以及它的忠实朋友：一条狗。大革命期间及其后的一段时间里，狮子和狗成为强大但不稳定的象征。尽管如此，普瓦亲王仍旧不断为动物园寻找动物。1789 年 6 月，他提醒海军大臣，驻印度部队指挥官应该将他们遇到的所有值得放在动物园里的动物都运送回来。[58] 尽管亲王付出了努力，但和法国其他方面的改革一样，动物园的改革开始得太晚了。

动物园的愿景

时间回到 18 世纪中叶，我们将视角从采购动物回到观察动物上。路易十五统治时期，动物园收到了不计其数的外来动物，这使它逐渐成为民众批判的焦点。例如，以下是 1765 年出版的《百科全书》“动物园”词条的全部内容：“一座建筑，里面饲养着大量被当作珍品的动物。只有君王才能拥有动物园。在穷人连面包都没有的时候，贵族动物园应该被摧毁；当处处有人死于饥饿的时候，耗费巨资喂养野兽是一种耻辱。”[59] 引用过这段话的学者认为这是 18 世纪 90 年代废除动物园的前奏，当时社会上也流传着类似的言论。[60] 但距离大革命的到来还有一代人的时间；许多大革命中的领袖甚至尚未出生。启蒙思想家的批判并没有直接引发法国大革命，同样，对动物园的抵制之声也并未宣告它的灭亡。

18 世纪 50 年代是极为动荡的 10 年，其间，路易十五国王流放了巴黎高等法院的法官，令法国卷入了代价高昂的七年战争，再加上他挥霍无度的作风，这位曾经的“被喜爱者”越发引起文人的不满。启蒙思想家嘲讽他虚伪卖弄；《百科全书》里关于凡尔赛宫的文章称，建造宫殿浪费的数百万里弗尔本可以更好地投入“对王国有用且必要的工程上”。[61] 18 世纪 50 年代初，关于国王及其亲信在饥荒时期囤积面粉的谣言又重新流传开来——大概由此提到当时的饥民。[62]评论家给出了不那么尖刻但同样具有嘲讽意味的评价，他们认为动物园是精英社会野蛮行为的象征，一位讽刺作家将动物园定义为“一个收集各种动物的地方，那里有很多房子，里面的动物不是在吃就是咿咿呀呀叫个不停，除此以外什么都没有”。[63]

然而，批判意在引出改革，许多人希望动物园能成为更实用的机构。弗朗西斯·培根在其想象中的南海乌托邦（《新亚特兰蒂斯》，1624）中描述了一座公园，里面的野鸟和野兽都被用于繁殖和实验，而不是“为了观赏”。[64]1767年，面向博物学爱好者的期刊《先驱》对凡尔赛动物园提出了这样的设想：

> 为什么不尝试做更多实验（在不同动物种类间尝试繁殖培育）？我们是否自认已经掌握了大自然千变万化和无穷无尽的规律？没有什么比这些实验更有趣、更简单了。我们花大价钱为动物园搜罗各种珍稀动物，不能仅为了供人们观赏。巴黎所有人都在凡尔赛动物园看到了斑马；不费吹灰之力，就可以把斑马和驴子、母马或其他物种结合在一起，这样我们才不至于只能夸口说我们“看过斑马”。[65]

一年后，路易 - 塞巴斯蒂安·梅西耶的畅销乌托邦小说《2440 年》描述了未来的动物园。书中的主人公是一位时间旅行者，2440 年，他在一位巴黎居民的带领下参观了从前的皇家陈列室，现在这里是属于国家的“自然宫殿”：

> 我们看到巨大的动物园，里面饲养着各种动物。在荒野深处我们发现了几种从没见过的动物。我们让这些动物结合，想看看能繁育出什么不同的结果。我们取得了非同寻常的新发现。我们将繁育出的新物种再次混合，看看会产生什么效果。这次得出了令人震惊的结果，物种数量增长了不止两倍；我们最终意识到，奉献给大自然的努力总是能收获回报。[66]

当时的法国崇尚功利主义，而动物园可以通过繁育出新动物来尽自己的一份力。

启蒙思想家的批判没能阻止民众到凡尔赛动物园参观来自印度和非洲的新动物。《先驱》报道称，1760 年抵达法国的斑马尤其受欢迎。匈牙利的泰莱基伯爵宣称动物园里斑马最为有趣，它的条纹看起来像是画上去的。[67]《外省通告》报道了动物园迎来斑马的新闻，并解释斑马之所以如此昂贵，是因为它们非常罕见，难以捕捉。[68]18 世纪 80 年代，斑马条纹的男士西装甚至成为流行趋势，据说是以 1760 年的凡尔赛斑马为蓝本设计的花纹，这匹斑马死后被制成标本置于皇家陈列室中展出。[69] 外形如此美丽的动物也具有实用价值，这也许就是法国人想方设法都想拥有一对斑马的原因。当时，几乎所有人都相信，只要加以训练，斑马就可以被驯服——布封称，斑马最终可以取代马匹，而且有传言说荷兰人已经成功驯服一群斑马驾车。[70] 也许国王和普瓦亲王也曾幻想有一天能乘坐由斑马拉的马车环游法国吧。

斑马死后没多久，动物园又迎来了更多外来动物。许多同时代的旅行指南和回忆录中都有大象和犀牛的记录，其中一头皱巴巴的犀牛被公认为动物园的亮点。克罗伊公爵在 1771 年访问法国时对巨嘴鸟惊叹不已，不过他在记录中写道:“但是，吸引我注意的是……贝尔坦先生一年前从好望角带来的一头犀牛；这是在欧洲看到的第一头雄性犀牛。大约 20 年前，有人在巴黎看到过一头完整的犀牛，不过那是一头雌犀牛。”（图 2.6）[71] 在 6 年后的另一次访问中，他评价这头体型更加庞大的犀牛是“欧洲动物园独一无二的珍品，也是最令人感兴趣的动物”。[72] 公众喜欢看大象用鼻子拧开酒瓶，从鼻烟壶里吸烟草。[73]《秘密通讯》是一份主要讲述政治阴谋故事的地下简报，它用一篇长文讲述了大象的死亡。[74]

旅行指南里，动物园被描述成纯粹的观赏场所，一个供

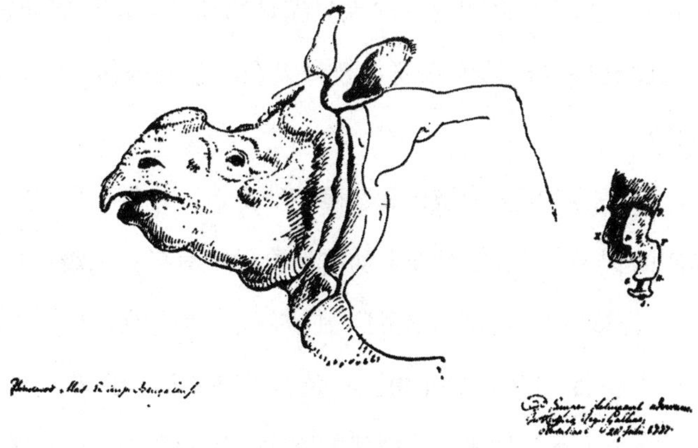

图 2.6　1770 年，从好望角运抵凡尔赛动物园的犀牛让人眼前一亮，它也引起了博物学家的兴趣。彼得吕斯·坎珀于 1777 年 7 月 28 日画下了这幅犀牛的头部和阴茎图。阿姆斯特丹大学图书馆手稿部提供。

好奇的民众观赏稀有动物和异国鸟类的地方。动物园不仅吸引了巴黎当地人经常光顾，还成了外省或其他国家访客到达巴黎后的必去场所。[75] 动物园的看门人负责管理入口并为游客充当向导。目前没有任何记录描述这位看门人是如何做的，但从描述他粗俗、无知并不断索要小费的细节看，他不太可能为游客奉上一次博学的参观。[76]

在启蒙运动的影响下，民众接触到大量自然史书籍和课程，参观动物园时便能学以致用。克罗伊公爵就是这样一位访客，他为我们留下了数年的动物园观察记录，他是法国国王的朝臣，也是一位自然史“爱好者”，[77] 同时，他也是一位奢侈品鉴赏家，更是动物园里动物的老友。他的多重身份有时相互矛盾，反映出这一时期皇家动物园的意义很成问题。动物园到底要娱乐大众还是教育大众？它是奢侈品还是必需品？

由于担心国王为城堡和花园花费太多，公爵减少了对动物园的赞美。[78]但他对外来动物展览仍抱有极大兴趣：1773年，公爵理顺了自己的财务问题并决定节约开支，他发誓停止所有项目，“除了我儿媳正在建造的动物园，虽然代价高昂，却令人无比愉悦，为此我们刚刚从巴黎派去……一辆满载珍禽的马车”。[79]

像公爵这样的观察者与普通的动物园访客不同，我们在公爵记录的神圣罗马帝国皇帝约瑟夫二世1777年参观动物园的描述中能看出这一点。大多数情况下，皇帝参观动物园时都会掩饰真实身份。有一天，皇帝一早来到动物园门口，引路人不允许他单独入园，于是他一直等着。直到不久后又到了一大群人，皇帝才跟随众人一起进园参观。后来带路者告诉公爵，这位独自参观的访客在人群中鹤立鸡群，因为他对大象和犀牛发表的评论独具一格，而且他只关注“非常罕见、体型巨大”的动物。当这位神秘人士在离开前将15个路易放到他掌上时，无疑增加了他的钦佩之情。

在与皇帝谈论了动物园的情况后，公爵亲自前往参观，之后他得出结论，动物园比人们想象的更值得一去。“我十分高兴看到了大象，尽管是一头雌象，但它体型巨大，身高超过 7 英尺……犀牛看起来也变得更大了（他上一次看到它是在 6 年前）……骆驼、单峰驼、狮子、老虎等，都是很好的收藏品，我还记下了动物园里缺少的动物。”3 年后的一天，他又在清晨到访，“动物园总能给我带来欢乐”。他十分认可动物园收藏的动物，这次他发现“最令他开心的”犀牛已经长大了，尽管他再次对大象的雌性身份表示遗憾，但更惊叹于大象能够用鼻子完成很多难以置信的任务。一只已经 35 岁的鹈鹕也获得了赞扬（“令人瞩目”），但他认为其余的动物都很“普通”。

1782 年，他去世的前两年，公爵最后一次拜访了动物园的“老友”。“总而言之，对我来说（动物园）是最美的地方，犀牛和大象都比以前更加庞大了，它们带给我太多乐趣。这头大象虽然是雌性，但它约 9 英尺高，一躺下就站不起来，以前人们觉得这只是一个传言。它休息时都要靠着树。”

公爵的想法表明，国王已经成功地将动物园变成了供人们研究思考的场所，一些评论家也将其描述为重要的科学场所：路易十六的一位前宫廷侍从称，过去野蛮的斗兽表演已经被一系列促进自然史发展的动物收藏取代；一部 19 世纪描述动物园历史的著作称，“正是由于（凡尔赛动物园）的存在，我们才见证了布封及其合作者道本顿创作出《自然史》”。[80]莫迪在其1784年出版的《分类学百科全书》关于鸟类的一卷中，呼吁旅行者尽可能将外来动物带回法国，有的可以当作食物，有的毛皮可以卖钱，有的能充当驮畜劳作；然后应将这些外来动物安置在合适的栖息地适应环境，而不是关在狭窄的动物园里。[81]布封和道本顿在凡尔赛动物园观察到十几个物种，但雅克·罗歇指出，布封更喜欢住在蒙巴尔，在那里他有自己的小动物园。[82]此外，他们批评动物园不利于动物健康，封闭禁锢的环境同样不利于人们观察动物。动物园里的狞猫和薮猫被关在阴暗的笼子里，由于它们猛烈地扑向栅栏，以至于博物学家无法靠近，更无法准确地记录下它们皮毛的颜色。[83]

死亡动物的尸体成为道本顿测量解剖的研究对象，他发现生活在动物园的动物确实受到了有害影响。布封等人检查了动物园老虎的骨骼状况，发现比野生成年老虎的骨架要小，布封认为老虎从幼年起就被“关在动物园狭窄的笼子里，空间不足导致缺乏运动，监狱般的生存环境束缚着它的身体，再加上不合适的食物，这些因素导致老虎寿命缩短，发育迟缓，甚至限制了骨骼的生长”。一只狞猫在向博物学家龇牙的6个月后死亡，它的情况被记录在《自然史补遗》中。通过解剖，博物学家发现狞猫的骨骼畸形情况更为严重，它很瘦弱（只有12磅），部分皮肤上的毛发掉光，股骨上有一个大骨刺，下巴上大片皮肤溃烂。道本顿总结道：“骨刺和皮肤溃烂通常会影响动物园中圈养动物的生命；缺乏新鲜空气、缺乏运动也会引发其他疾病，很多动物因此死亡。”布封在关于老虎的文章中也同样概括道，动物园中圈养动物的体型缩小，生殖器通常未完全发育。[84]

布封在《鸟类自然史》(1771) 第 2 卷开头的一篇文章中更有力地表达了质疑，他怀疑在动物园观察动物行为的有效性。这篇文章介绍了鸨的历史，鸨是一种类似鹅的鸟，文章以研究动物的方法展开。布封写道，研究一种动物的发展史，是几代人的工程。大多数动物都害怕人类：它们会采取攻击或者抵制人类的接近，逃入洞穴、沙漠、海洋、天空等。

> 那么，我们如何在短时间内了解不同动物面对各种环境的反应，从而彻底了解它们的性格、习性与本能；简而言之，动物史中最重要的因素是什么？人们花费巨资收集大量动物，小心保存它们的毛皮，将它们的骨骼摆放成颇具艺术性的造型，赋予每只动物正确的姿势和自然的外观，但徒劳无功：这些不过是静止的、毫无生气的、无法思考的动物标本。如果某位君主提出一个伟大的想法，为观察者建立一个庞大的动物园，并收集大量活体动物，以此推进这门迷人的科学，可能人们获得的仍旧是不够完美

的自然知识；大多数动物会因人类的出现而受惊，被人类的观察打扰，饱受囚禁带来的折磨，生活在这种环境里的动物只会表现出扭曲和受约束的行为，哲学家们观察它们的行为毫无意义，对他们来说，唯一称得上美的自然必定是自由而独立的自然，如果你愿意，也可以称之为野性的自然。[85]

这段话值得注意：它看起来是在贬低印有这段话的图书及其赞助人——自命不凡的国王。毕竟，布封的《自然史》描述的是皇家陈列室这个（无用？）仓库里收集的动物骨骼和皮毛等藏品。布封可能是在赌，而且很有把握，赌国王虽然收到了装帧精美的《自然史》，但不可能在闲暇时间里阅读鸨的故事。即使国王听说了这件事，布封也可以依靠名声来保护自己。这段话也可以看作布封给自己找的理由，以解释为什么他没能经常到访动物园；关于动物行为的信息，特别是在《鸟类自然史》中，布封很大程度上依赖旅行记事和驻外通讯员的报告，毕竟他本人也讨厌去巴黎。

不过，这段话还涉及两个更宽泛的问题。首先，布封对认识论问题十分感兴趣，而如何在不影响动物行为的情况下观察动物，仍然是最终无法解决的棘手问题。[86] 其次，布封看起来并不像文字中暗示的那样反对动物园。他在自己的庄园里收集了许多动物，有时还记录下那些在圈养状态下拒绝进食的动物的死亡情况。[87]17世纪70年代和80年代，他设法将凡尔赛的动物转移到王室花园，建筑师维尼凯说他曾批准了一项建造巨大动物园的项目，计划在园中再现世界上各种动植物的生态栖息地，并展示每一块栖息地上生活的居民和特有动植物。[88]布封在文中提到被囚禁的动物，除了与动物本身有关之外，恐怕还与当时的政治问题有很大关系。被囚禁的、畸形的、饥饿的动物形象与《自然史》中其他文章的内容相互融合，在这些文章里布封赞美自由，谴责暴政、监禁和奴隶制。

动物园里的动物，在世纪初映射着“太阳王”路易十四的光辉，现在却无法摆脱笼罩在它们主人身上的日渐增长的不满。与此同时，它们的独特性也在消退。随着商业交通的发展以及进入城市的外来动物越来越多，城市动物园开始与凡尔赛宫的收藏不相上下。

第三章　集市和斗兽场

1760 年，巴黎人如果想欣赏斑马，只能去凡尔赛，但只要走出家门，就可以在城市露天广场或者林荫环道上看到关在展台里的狮子、大象、狒狒、凤头鹦鹉以及各种各样的动物，有时还能赶上斗兽场里举办斗兽表演。至少从 17 世纪初开始，巴黎街头就有诸如熊和猴子跳舞的马戏表演了，人们偶尔还能见到稀有动物；17 世纪 60 年代初，巴黎人可以见到一群鸵鸟，商人还向围观者出售它们的羽毛，还能看到一头大象，有个荷兰人带着它穿行于各个城市间。[1]18 世纪以来，越来越多的外来动物涌入巴黎，到 18 世纪末，这类动物表演已经可以与国王收藏的动物相媲美了：1775 年，洛朗 · 斯皮纳库塔在圣日耳曼集市举办了大型动物展览，总共有 42 只动物参展，其中以两只老虎、好几个品种的猴子、一只犰狳、一头豹子和一只秃鹰最引人注目。[2] 由于贸易的发展，人们在法国首都见到的动物种类肯定比以往任何时候都多，而且普通大众可能比今天大城市的人更容易接触到这些动物。除了用于运输和食用的动物，如马、猪和鸡之外，在巴黎的各个阶层中，有很大一部分人都见过外来动物。

洛朗·斯皮纳库塔和其他动物展商将买来的动物放在笼子里，用马车拉着走街串镇，请求展出许可，为了吸引更多观众而彼此竞争。如同君主会设法令臣民满意，这些动物展商为了维持收入，会不计形象地取悦大众。他们利用公众对外来动物的兴趣，大力宣传这些动物的奇异古怪和异国风情；这些动物时而是被锁在笼子里的凶猛野兽，时而又在马戏表演中展示出被驯化后的惊人技能，这恰好迎合了公众对危险和驯化的双重渴望。

17 世纪中叶，自然史热潮兴起（部分原因是外来动物的出现），动物展商开始向博物学爱好者推销动物表演。博物学家为了撰写著作，需要从表演动物及其主人那里收集素材。博物学家和其他一些人指责国王动物园设施简陋，成本高昂且纯属多余，现如今他们也批评这些动物展商哗众取宠，胡说八道，手段残忍。尽管如此，人们还是涌向集市，博物学家在他们的作品中愉快地再现了动物展商讲述的耸人听闻的动物逸事。随处可见的野生动物和外来动物有助于解释自然史的热潮，动物在社会讽刺和政治隐喻中也频繁出现。[3]

集市、林荫大道和斗兽场

动物展商主要在一年一度的巴黎集市上举办动物表演。“集市”（*foire*）这个词发展至今已经丧失了原本的活力，现在用它来形容那些曾经是这座城市独具特色、备受欢迎的娱乐场所似乎过于平淡。最主要的几个集市，如圣日耳曼集市、圣洛朗集市，以及规模较小的圣奥维德集市和圣克莱尔集市，都起源于巴黎市赋予宗教教团的特权，允许他们将展位出租给商人和表演者。到了 18 世纪，圣日耳曼集市和圣洛朗集市进一步发展，网格状分布的带有顶棚的商铺成为集市的一大特色，除此以外，集市里还有剧院、咖啡店和茶园，以及指定的马车停放区。“整个集市就像一座缩小版的城镇”，一位参观圣日耳曼集市的英国游客写道。[4]

圣日耳曼集市于 2 月 3 日开幕，在狂欢节前后开始，一直持续到复活节前一周的圣枝主日（即复活节前的星期日）。对于人们来说，这是一个摆脱大斋节束缚的绝佳机会，因为当时官方禁止在大斋节期间吃肉、结婚、娱乐和看戏。集市就在圣日耳曼区附近的市中心，现在的圣日耳曼广场就在那里。尽管 1762 年集市发生了一场灾难性的火灾，到 18 世纪 80 年代又赶上林荫大道蓬勃发展，围绕巴黎的宽阔大道上全年都有娱乐活动，但集市在法国大革命时期依旧很成功，一直很受欢迎。

圣洛朗集市在夏天到来，它位于巴黎北部圣丹尼斯郊区街和圣马丁郊区街之间，通常从6月底开放到8月底。以前的圣洛朗集市相较于圣日耳曼集市环境差很多，直到1663年集市条件得以改善，那些泥泞不堪的临时摊位终于被大型露天广场上的260家装有顶棚的商铺取代。成群的游客专为喜歌剧院而来，他们在户外花园放松身心，边吃边喝，数百支蜡烛的火光掩盖了夏日漫长黄昏渐渐消逝的光芒。18世纪20年代一本旅游指南的作者称，“圣洛朗集市不愧被列为巴黎最大的娱乐场所之一”，集市里总是挤满了人，尽管集市除了周日每天都开放，不过他还是建议一周去两次就足够了。[5]18世纪60年代，喜歌剧院搬迁，人们都去了更方便的圣奥维德和圣克莱尔集市，圣洛朗集市逐渐衰落。在革命结束前的最后10年，圣奥维德集市被烧毁后，这里又恢复了生机。

圣克莱尔集市于每年7月底在圣维克多街举行，为期一周；圣奥维德集市则于8月14日至9月15日在路易十五广场，即现在的协和广场举行。二者都吸引了很多动物展商前来，为集市增添了热闹的气氛。一位英国游客形容圣奥维德集市上的动物展位“组成了我所见过的外观最华丽的马戏团，而且非常独特——尽管（这些展位）是临时搭建的……但每个都装点着华丽的装饰品、丝带、观景眼镜、餐具、糕点，你能想象到的每一件东西都闪闪发光，虽然不值什么钱，但是用无数灯光照亮时，便给人带来一种节日的气氛”。[6]

另一个能观赏外来动物的地方是林荫大道，这是一条绿树成荫的宽阔街道，建在城市北侧的旧城墙之上。18 世纪 80 年代，林荫大道铺设了长椅和路灯，因此变得特别受欢迎，人们可以在此观看各种各样的娱乐表演。尼科莱的皇家大舞者上演幽默哑剧，奥迪内的暧昧喜剧社呈现儿童演员的精彩演出。大批观众慕名而来，一边散步，一边呼吸着新鲜空气，人们在酒馆和咖啡厅里狂欢，赌博，喧嚣，观看戏剧，在这不仅能看到令人惊叹的动物巡展，还能见证物理实验表演。

林荫大道旁有一座竞技场，斗兽表演是其中最受欢迎的节目之一，通常由公牛、鹿、熊、野猪和狼等动物带来血腥的搏斗表演。狮子也经常出现，还有老虎、豹子、一头北极熊，甚至还有山魈，它们轮流与鬣狗搏斗。尽管法国王室举办的斗兽表演到 18 世纪初已基本消失，但从 16 世纪末到 19 世纪初，这些由企业家私人经营（有执照）的斗兽表演一直蓬勃发展。[7]

我们可以从 1713 年的一份公告中了解到，经国王和巴黎警察总长许可，在巴黎东北部边界的圣马丁门举办了一场斗兽表演。[8] 在接下来几十年里，几乎没什么关于斗兽表演的文献记载。从 18 世纪 50 年代到 1776 年，圣马丁先生在巴黎西南部的塞夫雷城关举办斗兽表演。勒勒先生于1776年接手，并将表演地点迁至林荫大道北侧圣路易医院上方的一座小丘上。这里的门票价格比政府授权的剧院便宜，但对普通大众来说也不算低：平日正常价格从3里弗尔到24苏不等，在重要的节庆日里，价格会翻倍。[9]官方正式批准了这里的斗兽表演，但在18世纪80年代中期，当勒勒先生尝试引入西班牙式斗牛表演时，斗兽场被下令暂时关闭。马丁先生（可能是斗兽场在18世纪中期的经营者，或者他的儿子）重开斗兽场后，巴黎警察又在1790年试图将其关闭，理由是这种血腥的场面会败坏人们的道德（见第八章）。于是，马丁将斗兽场搬到城市之外，以规避这一禁令。在经历数次变迁之后，斗兽场于1833年彻底关停。

企业主和他们的动物

在众多动物展商中，既有知名企业家洛朗·斯皮纳库塔和勒勒先生，也有默默无闻的马丁·恩德里克。他带着一只猴子巡回演出，今天我们之所以知道他的名字，只是因为他出现在一份警方报告上。无论名气大小，动物展商都必须解决野生动物生活的实际问题和商业方面的问题，还要想方设法吸引观众。他们中的大多数人几乎没有留下什么痕迹，但他们生活的某些方面，却可以从自然史文献、传单抄本和警察记录的详细证词（由埃米尔·坎帕尔东收集出版）中勾勒出来。

与国王不同，动物展商没有自己的军队和代理商来为他们采购动物，但他们却能设法通过商业渠道获得数量可观的动物。遗憾的是，关于他们如何做到这点，我们知之甚少。看起来，他们并没将目光集中在某些特定物种上，而是在任何能够接触到动物的地方——通常是殖民地港口——挑选外来动物。由于巴黎并不是法国主要的港口城市，因此从马赛、勒阿弗尔、波尔多或者阿姆斯特丹等港口城市采购外来动物会更便宜，每天都有外国船只抵达，水手们会兜售他们的异国商品。[10]1710 年前后，马丁·恩德里克在土伦以 10 里弗尔的价格从一个动物商人手里买下一只猴子；对他来说，这是一笔不小的投资，但还是比在巴黎购买要便宜得多（见第五章）。这样的例子还有很多：有人从马赛买了一只锡兰来的大狒狒；有人在荷兰买了一头巡回展出的美洲水牛；有人在突尼斯买到一只据说是来自好望角的公羊；还有人在伦敦买了一只凶猛的麝猫，但不知道它最初来自哪里。[11]在少数情况下，人们将外来动物带到欧洲后，还会带着动物到各地巡展。[12]动物展商可能还会捡到被丢弃的异国宠物：索尔迪先生就放出风声，说“他愿意购买所有别人不想要的珍稀动物”。[13]

一旦将动物买下，接下来动物展商就必须考虑训练、喂养和运输等一系列问题。精致的运输方式甚至能增加动物的吸引力。1749 年犀牛进城时，宣传海报就流传开来，“必须用马车运送这只庞然大物，还要将马车遮盖起来。路况不好时，需要用 20 匹马来拉”。[14] 一只 7 英尺长的海豹被主人装在一个巨大容器里，每次它排便后，容器内还需更换清水。到了晚上，主人把水抽干，睡在这头光滑的野兽旁边。[15] 虽然我们不知道恩德里克是如何将这只名叫“小让”的猴子运回巴黎的（公共马车欢迎驯养的猴子吗？），但他俩一直在路上：从在土伦买下小让，到将它带回巴黎的 5 年时间里，恩德里克一直在法国南部巡演，一路到访马赛、阿尔勒、博凯雷、巴约纳、波尔多等地。起初，在训练猴子的同时，他还在一个巡回剧团的管弦乐队中承担演奏工作。他教会小让翻跟头，跟着鼓点跳舞，但这些常规把戏无法吸引观众，于是他花了 6 个月时间教这只猴子走钢丝，然后开始马戏表演。[16]

动物到达巴黎后，主人必须为其找到住处，并获得警方许可。动物主人通常会和价值高昂的动物住在一起，或住在它们附近。恩德里克在一个听起来没什么吸引力的商人仓库里有一个房间，邻近圣日耳曼露天市场。约瑟夫·曼弗雷迪和奥金贝尔·托斯坎一起买下几只动物，于是两家人一起在佩尔蒂埃码头上租了一家商铺，并为店里贴上墙纸，布置了椅子和长凳。店里展示曼弗雷迪的狮子和托斯坎的“稀有怪鸟”，赚到的钱两家平分。据我所知，这两对夫妇也住在店里（可能在二楼），但关系并不好：托斯坎开始劝说曼弗雷迪卖掉狮子，而且拒绝支付他那部分开支，甚至还威胁要杀死狮子。尽管我们尚不了解商铺里发生的其他事情，但情况听起来已经够糟糕的了：曼弗雷迪向当局告发托斯坎在从事无证拔牙的生意，而且他养的两只猴子也没有获得许可，由于没将猴子锁起来，它们已经咬伤了几个人。曼弗雷迪则说他总是对自己的猴子采取预防措施。[17]

对于动物商人来说，虽然狮子和猴子可能会制造麻烦，但至少这些动物的体格相对强壮，相比之下，购买体格脆弱的动物则是冒险的投资。大多数脆弱的动物都死了，比如洛朗·斯皮纳库塔的食火鸡，为数不多的文献记载让我们了解到这只可怜的食火鸡在生命最后几分钟的悲惨遭遇。这只食火鸡当时正在圣奥维德集市上展出，但由于一场纠纷，警察下令把它暂时交给马贩子迪舍曼先生照管。迪舍曼在他家院子旁的一个棚子里给它搭了一个小茅屋，并按其主人的吩咐，喂它一些面包、苹果和梨。然而，半小时后，这只鸟“从肚子里吐出了大量绿水，然后躺在地板上，颤抖着死去了”。迪舍曼担心主人会将它的死亡归咎于他，无法收取每天 12 苏的护理费用，于是赶紧把警察叫到家里证明他已经尽心尽力。[18]

为数不多的线索让我们得以感受动物展商与其动物之间的情感。与其他商业资产不同，动物可以成为人类的伙伴，激起人们对它们的喜爱和愤怒。根据克罗伊公爵的描述，海豹在与主人相处时表现得“无比温柔”，似乎在与他交谈。[19]猴子小让在让·瓦莱保护它免受主人殴打后表现出对他的喜爱。瓦莱是恩德里克的同伴，据他描述，他曾几次把小让从恩德里克手下抢走使它免遭殴打。根据警方报告：“这只猴子总是像狗一样把目击者（瓦莱）当作主人，这只猴子遭到上文提到的恩德里克殴打时，目击者总会安抚他，而且曾给他几次东西吃。”[20]

动物展览是什么样的？想象一下，一对夫妇决定拿出一整晚的时间花掉一天的工资到圣日耳曼集市上逛一逛。在集市门口，他们被宣讲员的讲解声吸引，宣讲员说今晚会展出一只从未在巴黎出现过的独一无二的外来动物，它的头长得像这种动物，脚长得又像那种动物，尾巴则长得像另一种动物。他们支付了入场费，是现在进去还是在外面逗留一会？动物是在舞台上还是在笼子里？他们能与公爵和伯爵夫人一同观赏，还是因为只支付了最低的入场费，只能站在后排位置，踮起脚尖也只能看到前排观众的假发？他们是否关心这只奇兽是真是假？

对那些只看得起一两场动物巡展的观众来说，很难在众多展览中做出选择。展商用“非凡”“无与伦比”“非常罕见”或“在欧洲从未见过”等词语来宣传他们的动物。[21]企业主向观众描述外来动物时，通常会将动物身体的某些部分与人们熟悉的动物作比较。例如，1749 年介绍犀牛的海报是这样描述的：它有大象一样的皮肤，驴一样的耳朵，能像鸭子一样游泳，性格和鸽子一样温顺。[22]也许这头犀牛更适合用一句简单却吸引人的话来描述：1755 年，在本场动物巡展中，索尔迪先生带来了一种“所有博物学家都不了解的”动物，长 2 英尺，高 15 英寸，长着狮子一般的鬃毛，尾巴有 31 英寸长。[23]广告单上写着“神话里的动物走进了现实”：有人认为犀牛“是杜撰出来的动物”；而鹈鹕，这种以撕开胸口用自己的血喂养幼崽而闻名的动物，“根据历史记载根本不存在，但你可以在圣日耳曼集市上看到它”，它刚刚被契克先生从土耳其带到了巴黎。[24]《圣经》中的动物也活了过来。一头“维鲁斯水牛”的主人认为这种水牛很可能就是《约伯记》第 40 章里提到的巨兽。[25]为了唤起观众的强烈好奇心，展商会用“无法描述”来形容他们的动物。[26]

展商在描述动物时不仅突出其独特性，而且还渲染动物的怪异：这是一头长着拖地胡须的野兽；它行动非常缓慢，需要 6 个月才能爬上一棵树。[27]大型动物的食量总是能令观众震惊：据说犀牛每天要吃60里弗尔的干草和20里弗尔的面包，喝14桶水和啤酒；来自北极的“两栖熊”每天需要吃35里弗尔的肉，夏季还需要20里弗尔的冰。[28] 描述一种被称为“秘鲁木魔”的动物时，展商将奇异、独特和虚构结合在一起：“它们的脸红得像火一样，耳朵像角一样尖，手臂是身体的两倍长，尾巴又长又宽，像蛇一样爬行，手指末端有爪子；总之，它们长得恐怖、怪异，以至于人们认为画家在画魔鬼时会以这种动物为原型。”[29] “木魔”只是动物展商发明或借用的富有想象力的名字之一。企业主还为其他动物起了类似的名字，别西卜（*belzebut*）、萨堤尔（*satyre*）、库库叟（*couxcousou*）和亚西尔瓦尼亚（*subsilvania*），观众被这些名字吸引，尽管不清楚会看到什么。但可以肯定的是，在巴黎附近的任何地方都没见过这些动物，因为它们来自西印度群岛、白俄罗斯、非洲的戈雷岛和“亚马孙山区”等地。[30]

根据现有的少量记载，大象和犀牛等大型动物看起来应该是被关在户外围栏中，人们需要付钱买观赏位置，而其他动物则被关在隔间里，用铁链拴着或锁在里面，一份同时代的期刊写道，隔间里“空间小、狭窄、光线不足”。[31] 封闭的展位或笼子可以保护动物免受天气的影响，也可以兼作马车，而阴暗的内部空间则是骗子的福音，方便他们用普通动物冒充奇兽。[32]

一些画作描绘了这些展位。我看到过的是动物画家让-巴蒂斯特·乌德里创作的两幅版画，画的是寓言“猴子和豹子”，收录在18世纪版本的拉封丹寓言集中（图3.1和图3.2）。寓言中两只美丽的动物争相吸引顾客：豹子绚丽的皮毛散发出的浮华魅力与猴子娴熟的跳圈表演对比鲜明（寓意：“哦，那些伟大的贵族，就像豹子一样，拥有的可不只是华丽的外衣！”）。[33] 在画中，豹子展位的外面飘着一条招摇的横幅，上面画着一只凶猛的野兽，即便不识字的人也会被吸引过来。虽然乌德里没有描绘人群，但狭窄的小巷和相邻的展位也让人联想到集市里的拥挤空间。豹子（看起来实际上是只老虎）被锁在面向街道的铁笼里，但这可能只是艺术加工（如果能从外面看到，为什么还要花钱进去看？）。另一幅画里是敏捷的猴子，展示了一处室内场景：猴子在简陋的舞台上表演，粗制木凳上坐着8名观众，高高的天花板上有个小洞用来采光。这两幅画反映了动物展览的两种形式。训练有素的猴子和凶猛的豹子，驯养的和野生的：展商倾向于向观众展示动物这两种极端的特性，两者都体现了人类对动物的绝对控制。“好”动物会学习并且服从；“坏”动物则被关在笼中。[34]

被驯服或学会才艺的动物证明了人类的控制和教学能力。人类可能只是为了方便，才会将这些动物关在笼子里。据说经过驯化的狮子、老虎和豹子可以像狗一样顺从，在描述中，

图 3.1　集市展位中的一头野生“豹子”（看起来更像老虎）。让 - 巴蒂斯特·乌德里为让·拉封丹寓言“猴子和豹子”创作的插图，摘自《诗歌寓言选集》，第 3 卷。班克罗夫特图书馆 #ff PQ1808，A1 1755（地下室）。加州大学伯克利分校班克罗夫特图书馆提供。

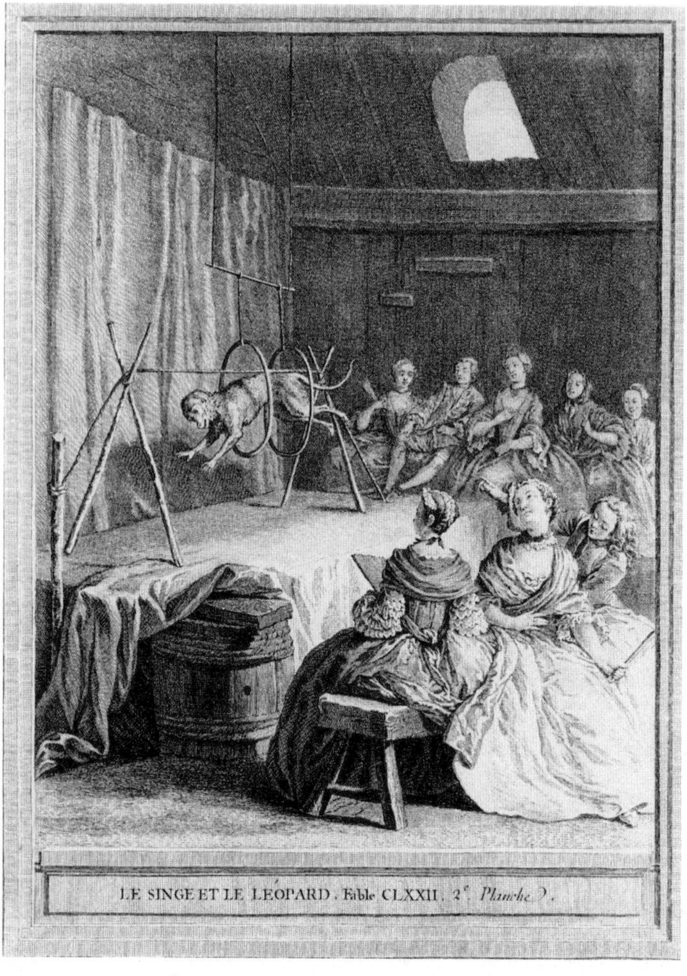

图 3.2　在集市上表演的猴子。让－巴蒂斯特·乌德里为让·拉封丹寓言“猴子和豹子”创作的插图，摘自《诗歌寓言选集》，第 3 卷。班克罗夫特图书馆 #ff PQ1808，A1 1755（地下室）。加州大学伯克利分校班克罗夫特图书馆提供。

神秘的“亚西尔瓦尼亚”极其温顺。1758年的圣日耳曼集市上展出了一只温顺得“令人惊讶”的老虎。根据宣传海报上的描述，这只老虎能读、会写，还会算数，能够分辨扑克牌和颜色，还能用爪子指出它们。[35]1775年的集市上，观众惊叹于一对凤头鹦鹉会按指令竖起羽冠，通过点头来回答问题（例如，1埃居等于多少法郎？），还能指出时刻以及人群的人数。[36]

驯兽师和他们驯养的动物玩耍，允许观众触摸或喂食。12英尺长的蛇缠绕在一位女驯兽师的脖子和手臂上，并根据指令亲吻她，“观众也可以将它们抱在怀里抚摸”。[37]这位女驯兽师还有只海豹，能像狗一样向克罗伊公爵伸出爪子。[38]被皮肤坚硬的犀牛舔到手时，人们惊奇地发现它的舌头像天鹅绒一样柔软。[39]蜜熊起初也喜欢用柔软的舌头舔人，但几个月后它舔完人就会咬一口。[40]驯兽师不断用棍子触碰鬣狗背部，让它竖起鬃毛，他还把手伸进它的嘴里，以展示其温顺。[41]尽管美洲水牛被关在一个大笼子里，头部被4根绳子扒着，但它还是允许驯兽师抚摸自己。[42]小男孩可以骑在驯服的美洲狮背上。[43]在众多动物表演中，最精彩的是一只黑猩猩，它会牵着观众的手一起坐在桌旁，用餐巾擦擦嘴唇，给自己倒一杯茶，加糖搅拌放凉后一口喝下，表演中它还吃了很多观众送的糖果。一年后，这只黑猩猩在伦敦死去。[44]

对于那些难以驯服的动物，展商则会向观众展示其凶猛乃至不可驯服的形象。“为了公共安全”，不得不束缚这些野兽，而铁笼或锁链的强度则被详细介绍，以激发观众对这些危险动物的幻想。[45] 贴在北极熊笼子上的一则韵文写道：

我总是身穿白衣

这身外衣是我唯一的东西：

大人小孩看到我都会开心

前提是我被关在笼子里。

多么壮观的笼子啊！观众从展商口中得知，这只“可怕的”动物被关在一个橡木箱里，周围有 1500 磅钢筋。[46] 有些动物会带来可怕的表演。布封和道本顿在《自然史》中描述了两只大猴子在笼子里发怒的场景：一只是狮尾猴（图 3.3），另一只是狒狒。它们龇牙咧嘴，不知羞耻地自慰，强行摇晃铁栏杆，这些场景足以吓到观众。[47]

在斗兽表演中，动物显露出嗜血凶猛的天性（由经过训练的狗挑逗），尽管束缚少了些，但观众仍可以在相对安全的环境中观看（图 3.4）。和圣日耳曼集市一样，动物格斗也在其他活动结束后举行：一般周日举办“普通”斗兽表演，遇到节日（如复活节、万圣节、圣诞节）则举办“特殊”表演。

图 3.3　圣洛朗集市上展出的狮尾猴（现已为濒危物种）。布封写道，尽管在这里它看起来举止温和，但它经常愤怒地摇晃笼子的栏杆，据说还发生过狮尾猴强奸妇女的事件。摘自布封等著，《自然史》，第 14 卷，插图 18。威斯康星大学麦迪逊分校综合图书馆系统特别馆藏部提供。

图 3.4　1805 年，巴黎斗兽表演海报，该季最后一场演出。海报左上角是“被高举的狗”——狗在烟火表演中被高举起来。底部的注解是：“业余爱好者可以带着自己强壮的狗参加比赛；但请告诉管理员希望他们的狗与哪种动物比赛。”巴黎市历史图书馆提供。

除了斗兽，当时警方批准的另一项活动是古典音乐表演，即圣歌会。克拉多克夫人是一名英国游客，当时巴黎每逢周日同时举办宗教活动和娱乐表演，这令她不安，她在日记中描述了这种奇怪的组合："宣传这个仪典（五旬节）的海报上使用了这样的词，'白天（巴黎）大主教在圣母院主持大弥撒。晚上则是圣歌会和斗牛表演'。"[48] 一本同期的旅游指南解释说："因为圣歌会不能满足每个人的喜好，再加上并非所有人都能理解，所以政府允许斗牛活动在庆典结束之日举行。"[49] 尽管这种说法暗示了阶级划分，受过良好教育的精英安静地听着音乐，而底层大众则冲着相互撕扯的动物大喊大叫，但观众的阶级划分并不那么清晰：许多观察家指出，很多上流人士热衷于观看斗兽表演。例如，1781 年一位评论家在观看一场斗兽表演时发现，观众里有很多"素质高、条件好的人士，有男有女，有老有少，还有军人、修士，总之就是那些所谓的良师益友，甚至还有孩子"。[50]

斗兽表演一般通过传单和海报宣传，《巴黎通告》从 1759 年开始、《巴黎日报》从 1780 年开始也都刊登过表演公告。其中一篇公告是这样写的："五旬节当天，在塞夫雷城关将举办来自非洲岛屿的母狮与猎犬的搏斗表演。这场精彩的战斗之前，会有一场欢乐的野猪狩猎，熊、狼和公牛的三方厮斗，一匹普鲁士小马带来的盛装舞步，还有雄鹿和雌鹿赛跑，等等。盛会将于5点整开始，在烟花表演中结束，届时将有一只斗牛犬被举起。”[51] “高举斗牛犬”是斗兽表演的特色之一，就是把一只嘴里衔着警棍的斗牛犬举到空中，即使周围充斥着烟火的爆炸声，它也能坚持不松开。[52]

从报纸上的公告中，观众得知复活节当天的斗兽表演会有特殊动物首次亮相：一头公牛将被送走，因为它精力充沛，杀死了许多昂贵的英国斗牛犬；一只来自波兰的最大、最凶猛的熊刚刚抵达巴黎；一只“美丽的老虎”；一只“巨大凶猛的非洲豹”，其锋利的爪牙和敏捷的动作足以使1778年的复活节斗兽表演变得血腥异常；还有一位“林中人——一只雄性山魈”。[53]《巴黎日报》上的公告写道：“山魈十分凶猛残忍，第一批攻击山魈的格斗犬有失去生命的危险。”1777年的复活节表演还展出了曾在圣日耳曼集市展出的北极熊。[54]

路易十五委托他人为舒瓦西城堡的餐厅创作了两幅动物格斗画作，很可能它们就以巴黎的斗兽表演为原型；画中展示了格斗犬撕咬猎物的牙齿和绷紧的肌肉，这些令人毛骨悚然的细节令观众兴奋不已（图3.5）。[55]模仿西班牙斗牛的斗牛表演昙花一现，因为不够刺激而没能获得观众的青睐；第一场也是唯一一场斗牛表演中，被派出的那头老牛由于事先被放血（以减少危险）而变得十分虚弱，它蹒跚地步入竞技场，“几乎毫无生气”。[56]

图 3.5　让 - 雅克 · 巴舍利耶（1724—1806），《被狗群袭击的非洲狮》，1757。这幅画受路易十五委托，为他在舒瓦西城堡的餐厅设计，画中的格斗犬可能模仿了巴黎斗兽表演中的格斗犬。法国亚眠皮卡第博物馆提供。

尽管门票价格翻了一番，但只有在特殊日子——圣母诞辰日、诸圣日、圣烛节（2 月 2 日）、圣枝主日、五旬节、圣母升天日——才会举行的斗兽表演仍吸引了大量人群。[57] 一位年轻的匈牙利伯爵于 1760 年至 1761 年到访巴黎，花了很多时间与科学界和法律圈子接触，他在日记中描述了这样一场格斗：

> 今天下午我去看了一场不同动物和格斗犬之间的斗兽表演。这样的娱乐活动只有在像今天这样的盛大节日才会举办：净化节。起初，一头狼与两三只格斗犬搏斗，但很快就被打败。接下来轮到一头熊上场，它更勇敢。然后是一头训练有素的公牛对阵一只格斗犬，它把格斗犬戏耍了一番。然后来了一匹马和一头鹿，它们只是跑来跑去，很是无趣。最后上场的是一头公牛，最终被格斗犬折磨至死。这场斗兽表演大概一个小时，最后三只格斗犬都死了。之后，他们用绳子吊起一只斗牛犬，并在它周围放起了烟花。可怜的斗牛犬转了一圈又一圈，直到表演结束。表演并不是很有趣，但每个外国游客都应该去看一次。最好的观看位置要 3 里弗尔，其他位置要便宜一些。表演露天举行，不过有顶棚可以挡雨。[58]

动物表演与宗教节日（斋日和大斋节）的联系可能被视为传统宗教仪式的延续，在这些宗教节日里，尤其是狂欢节，人们有饮酒狂欢、观看动物搏斗、装扮成魔鬼或野生动物的传统。然而，至少一个世纪以来，教会一直不鼓励带有异教色彩的活动，而巴黎政府允许和纵容动物表演，这表明它们并非民众自发的行为。可能政府将这种风险可控的活动当作“安全阀”，允许有潜在危险的群众定期适度地释放紧张情绪。[59] 如果真是这样，那么这种想法到 18 世纪末就发生了改变，当时一些评论家开始谴责动物搏斗的残忍，认为这些表演会引发而不是消除暴力（见第八章）。

观众，社会和科学

当时，人们只要听说集市上有动物表演的消息，便纷纷前去观看。很多大众刊物会报道集市上的活动，众多刊物中，有一本规模不大、价格便宜的刊物《集市年鉴》，专门报道这类活动，内容涵盖集市、林荫大道和斗兽表演，介绍动物表演的活动细节、有趣的逸事和简要历史。穷人和不识字的人可以通过海报、传单和公共宣传员了解这些外来动物的消息。巴黎的每个人似乎都被外来动物吸引，尤其是 1794 年的犀牛和 1771 年的大象。然而，不同的观众有不同的经历，并以不同的方式理解他们的所见所闻。上流社会将动物表演视为对社会的讽刺，博物学爱好者看到的却是科学上的奇物。一只伪装成异国动物的熊可能会让科学观察者恼火，却可以给娱乐爱好者带去欢乐。[60]

并不是所有观众都有机会坐到最佳观赏区。多花点钱才能获得展位和斗兽场前排座位，有时这些表演甚至专门为某些贵族举行。例如,《集市年鉴》曾刊登一篇动物表演的公告，在林荫大道每天都会展示“亚马孙山区野兽”，但周三除外，因为这天“由高级权贵专享”。[61]

今天深入人心的广告通常由笑话和双关语组成，而那时流行的则是以外来动物为素材创作的社会讽刺公告。模糊人类和动物的界限往往会产生幽默效果。比如，沙特尔公爵和他的朋友们打扮成动物园里的野兽，闯入了一场女士专属晚宴，之后就有人写了一段对话，提到要给丈夫们戴上嘴套。[62]1776 年，一本讽刺杂志模仿《巴黎通告》上动物展览公告的风格刊登了一则笑话:“巴尔迪尼先生刚到巴黎就举办了一场动物展览，展出 4 只驯养的野生动物：一只狮子、一只老虎、一只检察官和一只豹子。这种精彩展览在圣殿大道上随处可见。”[63]前一年，一本语言更加恶毒、含有色情内容的讽刺小册子上刊登了一份名单，在“圣日耳曼集市或巴黎可以看到的外来动物”中列出了一些最知名的社交名媛。阿尔努小姐是“一只非常顽皮的野兽，不分青红皂白地扑向每个人，而且无法被驯服；尽管它已经老了，但兽性仍未消失；幸运的是它的牙齿掉光了，这意味着只有接触了它的毒液或气味才会有危险”。上面还说德尔维厄小姐有一只来自西印度群岛的猴子，她很愿意向人们展示。“它非常活泼，非常迷人。它仪态端庄；虽然并不狂野，但也不认主：今天一个，明天另一个。它非常喜欢闪耀的宝石，奉上宝石你就可以得到它的片刻青睐……某种疾病使它无法生育，但它优雅的小伎俩弥补了这一缺憾。它一双纤手技艺精湛，叫人赞不绝口。”这部讽刺作品后来被改编成剧目，在林荫大道上的暧昧喜剧社上演。[64]

动物展览对于普通观众来说是个了解自然史知识的机会，对于博物学家来说则是发现新物种的机会。18 世纪后期，博物学家继续探究动物展览中的外来动物，展商也开始吹捧这些动物的自然史研究价值。这些价值不仅吸引了严谨的博物学家，也激发了大众的兴趣。类似的现象也发生在物理实验表演中，观众对着魔术表演大笑，被电流刺激得绷起身来，与此同时也了解了引力和电力的新理论。[65] 动物表演吸引了不同目的的观众，有严谨的博物学家，有试图参与自然史热潮的人，还有那些只想看看外来生物或者凑热闹的人。

为了争抢寻求自然史知识的观众，展商有时在介绍外来动物时，会用一些诱人的词语，如“尚不为博物学家所知”或“非常罕见，以至于在自然史词典中找不到它的名字”。[66]有些招揽则更加直接。帕多瓦尼先生在1777年携带24只动物举办了一场展览，他宣称希望“吸引自然史鉴赏家和爱好者的注意”。[67]同样，鲁杰里先生为1772年圣日耳曼集市制作的宣传单是写给“公众，特别是……博物学爱好者的”，其中有一段关于貘的描述，内容来自布封的《自然史》(因为这只动物刚刚死亡，所以只能看到它的标本)。[68]另一位展商拉图尔先生也引用了这位大博物学家的作品，确认他捕获的海豹就是布封所说的“海虎”；拉图尔声称这种动物最终会长到50英尺长，不过,《集市年鉴》质疑了他的说法。[69]

18世纪下半叶，博物学家经常光顾集市、林荫大道和斗兽场，以获得在其他地方无法了解的信息，对自然史感兴趣的广大公众也是如此。克罗伊公爵是一位狂热的动物观察者，他非常喜欢凡尔赛动物园，经常去集市上观察“外来动物”，并比较自己的观察结果与自然史文献中的内容。他详细记录了1771年集市里的大象、北极熊和其他动物,“以备撰写我自己的《自然史》，特别是当时布封先生病得很重”。[70]后来布封从肠脓肿中康复了，公爵也没有发表他的自然史著作。

布封自己也经常光顾集市和林荫大道，不过去得更多的则是他的合作者道本顿和插图画家，以及其他研究四足动物和鸟类的博物学家。这些专家在观察动物的同时还向它们的主人了解情况。历史学家低估了这些受欢迎的场所对博物学家的重要性，这也许是因为伴随展览而来的宣传总是过于夸张。[71] 布封确实曾批评一些展商的宣传信息不准确、哗众取宠，例如一只来自锡兰的暴躁狮尾猴，它的主人在宣传那只像大狒狒的猴子时，写错了它的名字和产地："这种情况经常发生，尤其是在熊和猴子的展览中，当展商不知道动物的产地和名称时，便会毫不犹豫地编造出奇怪的名字，因为无论名字是真是假，都不会影响他们的收益。"但令他惊讶的是，一种据说"尚不为博物学家所知"的动物——金卡熊（蜜熊）——对他来说也是个新物种。他不清楚这是一种南美洲动物，便采纳了其主人的说法，认为它来自非洲，可能以它居住的国家或岛屿命名。[72] 其他动物展品也提供了重要素材。除了狮尾猴和蜜熊，布封和他的合作者还在集市和林荫大道上观察到了一头犀牛、一头麋鹿、一对豹猫、四种猴子和猿、一头野牛、两只异国的公羊、一只来自卡宴的貂、一只鬣狗、一只麝猫、一头大象、一头海豹、鲁杰里先生的貘、一只老虎、一头来自马六甲的豪猪、凤头鹦鹉和洛朗·斯皮纳库塔的秃鹰。[73] 博物学家不仅观看动物展览，还会听饲养员讲述有关动物行为的故事（估计比动物名称和来源信息更可靠）：

养蛇人向克罗伊公爵展示了她如何去除毒液；莫迪从食火鸡的主人那里了解到它用脚踢踹以自卫；布封还从展商那里收集到了关于猫鼬、大象、海豹和鹦鹉的故事。[74]

博物学家通过观看斗兽表演研究动物行为，在搏斗中死亡的动物尸体有时会成为解剖对象。布封向圣马丁先生询问了狮子的寿命（圣马丁说有些狮子他养了长达十六七年）和吼叫行为（它们每天发出五六次吼叫声，但在快下雨时吼叫得更频繁）。这两只狮子，一只来自非洲，一只来自亚洲，由于价格不菲显然不能用来解剖，但圣马丁允许道本顿测量其中一只狮子。道本顿还记录了搏斗中 3 头熊的颜色差异；但为了进一步了解其内部结构，他和布封在勃艮第买了一只熊用于解剖研究。一位海军军官从加拿大带回了一只雌性黑狼，它过于凶猛，不适合做家庭宠物，于是被送到了斗兽场，博物学家因而有幸近距离观察它。每当有人靠近笼子，黑狼便嘶吼着向锁链扑去，导致博物学家无法测量其大小，后来这只黑狼在搏斗中失利，很快被送上解剖台。布封说：“（它）生性凶猛却缺乏勇气，尽管接受过训练，在搏斗中却还是因为懦弱败下阵来。”（图 3.6）[75]

博物学家认为，他们从娱乐性的动物展览中获取研究数据的过程，就像是从糠秕中筛麦子一样——摈弃夸大之词，保留经证实的观察结果。即便博物学家无须像法官一样严谨

图 3.6　黑狼在动物搏斗中被击败，随后由道本顿解剖。摘自布封等著,《自然史》，第 9 卷（1761），插图 41。威斯康星大学麦迪逊分校综合图书馆系统特别馆藏部提供。

求证，但他们所传递的动物行为研究结果在今天看来，往往仍然显得轻率或耸人听闻。例如，集市的海报上有一段对豹猫的描述，博物学家只做了些许改动便搬到了自然史著作中。《集市年鉴》里关于豹猫的描述很可能是逐字逐句从海报上摘抄下来的："豹猫天生奸诈，生性凶猛。1764 年在圣奥维德集市上展出了两只……它们忘恩负义，凶狠残忍，3 个月大的时候就咬掉了哺育它们的狗妈妈的乳头，吸干了它最后一滴血。雄性豹猫生性残忍，以至于根本不顾及（雌性豹猫）；雌性豹猫耐心地等待，直到它满足了自己贪婪的胃口。"[76] 布封关于豹猫的文章通报了这些事实，但略显平淡（幼崽们只是"杀死并吞食"了它们的狗妈妈）。[77] 瓦尔蒙·德·博马雷、迪歇纳、马凯以及绍里神父都在他们自己的自然史文章中或多或少地记录了这段豹猫的故事，绍里在文章最后还增加一点道德评论，在描述了雄猫进食完毕之前不让雌猫进食的情况后，他说："在这方面，和豹猫一样的男性不在少数。"[78]

虽然博物学家认为集市里的动物展览和斗兽表演可以用于科学研究，但他们经常和几家期刊编辑抱怨展商总是夸大或美化动物，有时甚至伪造外来动物。1698 年英国医生马丁·利斯特参观圣日耳曼集市时批评道：

> 我对一个摊位老板的无耻感到惊讶，这个摊位上摆放

着一些印第安野兽的图片，名字都很难听；这些图片展示了4种动物，但我只看到了2种，而且都是很普通的品种，一只豹子和一只浣熊。我问那家伙为什么骗人，难道不怕被人责骂吗。他极其自信地回答说，这是画师的错。他请了两位画师为浣熊画像，但他们都画错了。不过，（他说）虽然画作设计得不好，但它们还是起到了美化摊位和招揽顾客的作用。[79]

随着18世纪继续向前，人们更加重视教育和实用性，想要获得可靠信息、厌恶虚假信息的人对江湖骗子越发不满。博物学家勒·瓦扬嘲笑那些容易受骗的巴黎人，与其浪费钱去看一种名叫“甘甘”的动物（实际上只是骆驼），还不如把钱投资在自己的教育上。[80]一位瑞士博物学家于1781年写信给《巴黎日报》，揭露在圣日耳曼集市上展出的一种稀有、独特、未知的动物“鞑靼的塔拉拉”存在造假行为。他抱怨说，他花了一周的工资，看到的却是一只穿着衣服、做着“恶心抚摸”动作的无毛熊。他希望他的揭露能让其他人避免再上当受骗。社会评论家路易-塞巴斯蒂安·梅西耶以塔拉拉为例，感叹说可能要好几年时间集市上才会出现真正值得博物学家关注的动物。[81]

《集市年鉴》《先驱》和《外省通告》揭露了动物展览中

存在用普通动物假扮外来动物以及给外来动物错误命名的情况，并且根据博物学家的著作，纠正了错误的命名，给出了正确的介绍。《先驱》上的一篇长文指出，1773年圣日耳曼集市上展出了许多外来动物，吸引了很多博物学爱好者前来参观。然而，人们发现展位狭小昏暗不利于观察，锁链限制了动物活动，但至少可以观察到它们的大小、形态和外观，这总比什么都没有好。这篇文章描述了十几个物种，纠正了对一些动物尤其是美洲狮的错误描述，文章指出“我们详细介绍了这种动物，便于人们准确识别；那些展商宣称它是一种怪兽，对它的介绍荒谬可笑，以至于人们没能从博物学家总结的四足动物名册中找到它”。[82]

同时代的评论家指出当时的民众普遍轻信动物展商的虚假宣传，上述这些批评只反映出部分情况。历史学家阿莱特·法尔热指出，这些批评反映的更多是精英阶层对流行文化的态度，而不是人们的轻信，轻信是个模糊的概念，也适用于精英阶层的许多信念，比如相信豹猫真的会吸血。[83]事实上，许多观众看起来并没有感到上当受骗，反而把斗智斗勇当作集市乐趣的一部分。一些逸事表明，当他们（或者最好是其他人）发现自己被骗时，往往表现出钦佩而不是愤怒。据说，当人们发现在黑暗的笼子深处咆哮的凶猛动物实际上是人假扮的后，扮演者给他们留下了深刻的印象。[84]还有一个故事体现了江湖骗子思维敏捷，讲的是在圣奥维德集市上，一位受过良好教育的年轻人仔细打量了一种可怕的动物一分钟，然后喊道："嘿，那只不过是一头猪！""先生，"动物主人回答说，"你过去一定养过猪吧，要不然你们怎么这么熟悉彼此。"[85] 启蒙运动的支持者有理由怀疑，对许多展商和观众来说，动物展览的娱乐性要优先于教育性。

评论家指责展商哗众取宠、传播错误信息，批判斗兽表演宣扬残忍、煽动民众情绪，建议将其改造成更具教育意义的场所。梅西耶评价斗兽表演其实就是让动物相互撕咬，这样人们就可以享受折磨动物带来的感官刺激："嗯！只有在最神圣的日子，教会才允许举办这种恐怖的庆典！对于维护公共秩序的警察和自诩人道的巴黎人来说，这是多么可耻的野蛮行为啊！"[86] 一本旅游指南称其为"值得屠夫观看的壮观场面"，是"恐怖和残暴"的地方。[87]1780 年版的瓦尔蒙·德·博马雷《自然史词典》评价道："没有血腥场面的动物表演更适合性格温和、追求人道的观众。"[88]《集市年鉴》称这种格斗为"血腥杀戮"，同时问道："难道就没有更合理的娱乐方式吗？为了研究动物在战斗中的自卫方式，可以效仿其他国家，让动物只打斗一分钟。"[89]1781 年，评论家在给《巴黎日报》的一封信中也建议对动物做些更有意义的研究：

> 人类拥有训练动物的技能，对动物有绝对的统治权，可以利用动物来消遣娱乐，但不能让它们相互撕咬残杀。我在大城市里见过猴子打灯点烛，狮子用爪子扑灭蜡烛，大象用鼻子拧开瓶塞把酒倒进嘴里等各种各样的表演。如果一个人想利用公众的好奇心，训练最聪明的动物，那就让他建立一个工作室，一个马戏团，训练动物表演各种各样的把戏和滑稽动作。人们便会被吸引而来，在那里消遣一刻钟。[90]

与此同时，欧洲出现了一种普遍的趋势，即不再公开展示动物和人类的痛苦和死亡，这便导致了19世纪动物保护运动的兴起。这既出于人道主义动机，也出于政治动机，所以这些对暴行的批评往往针对下层阶级。基思·托马斯评价道："对动物的喜爱与保护常常伴随着对下层阶级的厌恶。"[91]

犀牛和大象

无论是受过教育的上层贵族，还是无知的下层百姓，所有巴黎人都被两头到访巴黎的动物访客吸引，它们分别是1749年的犀牛和1771年的大象。人们对这两种动物的不同看法，向我们展示了仅仅22年间发生的巨大变化。1749年犀牛到达巴黎时，自然史刚刚开始流行。犀牛在当时非常稀有，坊间流传着各种关于犀牛的奇闻，这其中大部分是从古代流传下来的。大象的到来同样搅动了一些古典传说，但它更受博物学家的青睐。此外，大象被赋予了更多的政治象征意义，体现出当时人们越来越倾向从暴政隐喻的角度来看待外来动物。

这两种动物与许多其他外来动物不同，在古典和近代历史中都已为人所熟知。每个人都知道两种巨兽之间的传奇恩怨。人们推测，犀牛用它的角抵着大象的下腹部，而大象则用自己的庞大身体发起报复，倒在犀牛身上并压死了它。[92]据报道，1517 年，葡萄牙国王曾试图挑起一场巨兽之战，结果却虎头蛇尾，不了了之（两只巨兽喷着鼻息摆好姿势，但大象随后逃跑了）。[93]1793 年，一头犀牛曾到过伦敦，但从未到过法国。在查理曼、路易九世和路易十四为人称颂的统治之下，有很多头大象到访过法国，但最后一头大象于 1681 年死亡。

护送这头年轻雌犀牛环游欧洲的荷兰船长道维·茂特首先前往凡尔赛，等待国王的接见。他被拒之门外，于是在城里的一家小旅馆安顿下来。几天后，宫廷成员前来拜访，国王也来了。在向王室表达敬意之后，茂特带着犀牛前往巴黎参加圣日耳曼集市，此前有传言说，如果茂特船长报的价格没那么离谱，国王就会为皇家动物园买下这头犀牛。[94]

宣布犀牛抵达巴黎的海报成功引起了轰动："先生们，女士们，以国王和警察总长先生的名义通知你们，最近有一只名叫犀牛的动物来到了这座城市，在此之前人们一直认为这种动物是虚构的。"海报上描述的犀牛特征，保证会引起震撼：它具有异国情调（来自阿萨姆），外形怪异（耳朵像驴，皮肤像贝壳一样坚硬，像鸭子一样会游泳），战斗力惊人（大象的死敌），体型巨大（重5000磅，宽12英尺），天生凶猛（会啃咬大象的肚子），但被驯养后像鸽子一样温柔（两岁时像狗一样在房子里跑动）。[95]

编年史家巴尔比耶预测这位荷兰船长会赚很多钱，因为大多数人都会争先恐后地去看犀牛。事实上，犀牛确实是当时最具吸引力的外来动物：一位戏剧家的作品在犀牛展览的同一时间上演，他抱怨说这个怪物抢走了他的观众。赶时髦的人可不会放过这股新鲜劲，催生出一阵"犀牛热"，诞生了许多诗歌、犀牛状发型、雕塑和以犀牛为底座的花式钟表（图3.7）。[96]

在好奇的围观者中，有博物学家和学者，他们以前从未有机会看到活的犀牛。解剖学家彼得吕斯·坎珀在莱顿时，为这头犀牛绘制了画像并制作了一个泥塑模型。道本顿和动物画家让-巴蒂斯特·乌德里都在巴黎参观了犀牛。布封当时正忙于出版《自然史》前三卷，似乎并没有来参观。15年

图 3.7　青铜镀金犀牛钟（巴黎，约 1749 年）。虽然是在犀牛到达巴黎时生产的，但这件钟以丢勒 1515 年的木雕为蓝本制作。纽约苏富比拍卖行提供。

后出版的《自然史》第 11 卷收录了这头犀牛的版画，它是根据乌德里绘制的犀牛等身油画雕成，书中还记录了道本顿的解剖研究，同样基于这头 1749 年到达巴黎的犀牛。然而，布封描述犀牛的大部分资料都来自博物学家詹姆斯·帕森斯对 1739 年到访伦敦的犀牛的观察记录。[97]

令人惊讶的是，仅在集市开幕一个月后，关于犀牛的第一份学术作品就以宣传手册的形式出版了，并在展位入口处出售。这本匿名小册子共 30 页，以信件的形式呈现，收信人是伦敦皇家学会的某位朋友，它为那些想要研究犀牛的人填补了知识空白；字典、百科全书和自然史手册的时代还需要 10 年才能到来，当时关于犀牛的知识人们确实无处可寻。[98] 这本手册的作者后来被确认为索邦大学图书馆馆长拉德沃卡神父，他通过观察，评估了荷兰船长道维·茂特的描述、旅行记录以及古典文献中犀牛传说的可信度。尽管他采纳了犀牛饲养者的一些说法——犀牛性格温和，能像鸭子一样游泳，喜欢用鼻子和嘴吸烟草——但他还是质疑并纠正了其他说法。他的测量结果表明犀牛的体型比报道的要小，他认为犀牛的叫声听起来更像奶牛的喘息声，而不像小牛的尖叫声。他认为犀牛喝水时其他动物会恭敬地站在一边的说法是个谣言，但大象和犀牛之间尽人皆知的恩怨是可信的，因为有报道称，阿比西尼亚的耶稣会成员经常看到大象被犀牛刺死的景象。然而，他无法证实普林尼的说法，即犀牛在岩石上磨角是为了战斗做准备。巴黎的这头犀牛经常在一块木板上磨角，但馆长认为这只是一种“本能动作”，因为它显然不是在准备与大象战斗。最后一点，犀牛太大了，在撞上大象后，它不可能被大象压扁。[99] 布封的《自然史》中没有提到拉德沃卡的宣传手册，但另一本由著名演讲家博马雷编写的自然史百科全书，几乎逐字逐句地抄录了拉德沃卡的《关于犀牛的一封信》。[100]

接下来引发轰动的是一头年轻的公象（本书开篇提到的那头大象），这是自 1668 年以来在巴黎出现的第一头大象，1771 年这头公象在圣日耳曼集市上展出，1772 年在林荫大道上展出。就像它当年在街道上的表演一样，这头大象在集市上也用灵活的鼻子拿起酒瓶，拧开瓶塞并喝完一瓶酒。另一头年轻的母象在 1773 年展出，但《先驱》指出，母象可能不会受到太多关注——大概是因为人们已经没了新鲜感。[101]

与 1749 年犀牛初到巴黎时人们对犀牛一无所知的情况不同，人们在 1771 年观察这头大象之前可以提前了解一下大象的知识：布封在《自然史》第 11 卷中详细描述了大象的历史。《外省通告》建议人们去看大象之前先阅读便携版《自然史》中对大象的介绍；特别是那些认为大象外形丑陋不值得欣赏的纨绔子弟更需要了解大象相关的知识。《先驱》还推荐读者进一步阅读布封或博马雷的《自然史词典》。[102]

布封在1771年参观了公象，1773年又参观了母象，并在1776年发表了一篇补充文章记录观察结果。文章讲述了他从饲养员那里得到的信息，证实了雌雄大象之间的行为差异，以及大象那出了名的正义感：

> 就像所有物种一样，雌性比雄性更温和；这头母象甚至对陌生人也有好感；相反，雄性往往很凶猛。我们在1771年看到的那头公象比母象更骄傲，更冷漠，而且远不如雌性容易驯服……它甚至试图用鼻子抓住靠近它的人，还经常抢走观众的口袋书和帽子。饲养员甚至不得不针对公象采取防范措施，而母象则欣然服从各种安排。它唯一一次感到不高兴是在它被装上旅行马车的时候。母象拒绝登车，唯一的方法是用锥子戳它的屁股……它对刚刚糟糕的经历感到恼火，但在狭小的笼子里无法转身，唯一的报复方式就是用鼻子吸满水，一股脑全都喷在那个用锥子戳它的人身上。[103]

大象并没有像犀牛那样环游欧洲各国，但一份出版的印刷品上有恭敬的诗句，将它描绘成忠诚的臣民：

离开亚洲我并不悲伤
离开祖国我并不遗憾
为了最强大、最受爱戴的国王
为了永远生活在他的治下。[104]

这首匿名诗很可能由官方渠道传播。毫无疑问，路易十五国王很高兴收到来自印度的贡品，毕竟英国人在不久前刚刚将法国人赶出了印度殖民地。

和犀牛一样，大象也引发了人们为其创作独立出版物：《大象回忆录》。但这两个作品在风格和基调上有所不同。相比于《关于犀牛的一封信》,《大象回忆录》以第一人称撰写，遵循了一种非常流行的体裁。这种体裁源自孟德斯鸠的《波斯人信札》，这类作品的叙述者还包括一位易洛魁人、一只猴子以及其他许多人，书中的外来者对法国社会评头论足。为了与该体裁保持一致,《大象回忆录》的内容也具有批判性，同时也更具感性色彩。这本回忆录囊括了自然史信息和经典作品中的大象故事，它还有《关于犀牛的一封信》这部作品中不具备的内容：大象被描绘成一个高贵的野蛮人，发表了挑衅法国社会的言论。大象叙述者提道，他在巴黎时一直观察并学习人类："我能骄傲地说他们付钱才能看我，而我免费就能看到他们。"他声称大象会在国王面前屈膝，但不会对暴君低头，而且大象一直是理性的，不像某些人类那样。他希望通过撰写回忆录，使人们相信简单、谦虚、自然的习俗比人为的习俗更可取。大象本身离开自然环境就不能很好地生存。它们只在森林深处交配。当大象被圈养时，“个体虽然是奴隶，但物种保持独立，拒绝为了剥夺其自由的暴君的利益而繁殖”（显然“大象”读过布封的作品，这句话就摘自那里）。[105] 这部作品的基调与 18 世纪后期许多流行的自然史著作相同，将有关大象的事实和观察结果同政治社会评论相结合，我们将在本书第六章中展开这部分内容。然而，这种批评的基调却遭到了《先驱》的一记耳光，该刊反对书中对“可敬国家”的讽刺。[106]

在露天广场和林荫大道，外来动物和巴黎人迎来了与野性和异国情调的邂逅。它们还充当了道德教育、社会讽刺和政治批评的工具。这些动物只是供人们观赏；而另一个群体——捕鸟人——则给巴黎人创造了购买外来动物的机会。

第四章　捕鸟人行会

1749 年 6 月一个星期天的早上，42 岁的制盒大师让 - 巴蒂斯特·戈特罗在经过塞夫雷街和珠宝商街拐角时，发现一大群人聚集在三瓶酒馆外。他停下来询问怎么回事，有人告诉他，一群捕鸟人行会成员正在阻止其他人卖鸟。他走近后，看到一个瘦高的男人推倒了一名捕鸟人，并嚷嚷着让他的儿子也过来帮忙。他认识这捕鸟人，他名叫弗朗索瓦·贝尔坦。贝尔坦被好几个人压在身上，要不是同伴加布里埃尔·亚当来救他，他“可能已经死了”。亚当本人也挨打了——戈特罗说他看到亚当脖子上的伤口还在流血——好在捕鸟人这边来了更多增援，大概 15 分钟后，打斗结束了。[1]

贝尔坦和亚当以殴打罪起诉了袭击他们的人，那人是个中年补鞋匠，名叫皮埃尔·贝尔纳·蒂利耶。在审讯过程中，蒂利耶讲述了这场打人事件的另一种版本。他告诉国王的顾问，那天早上他和儿子带着一只笼子去酒馆，笼子里装着 5 只大喙麻雀，他们打算把这 5 只麻雀卖给某位布歇小姐。他们和装饰纽扣商朋友卡拉班，还有其他几个人一起喝了几杯。亚当、贝尔坦和其他几个捕鸟人也在酒馆里。蒂利耶的儿子怪罪亚当叫他父亲“蠢驴”，还说了其他侮辱其父亲的话；亚当用拳头回击，于是双方打了起来。蒂利耶抗议了亚当和贝尔坦受伤的说法，宣称他们几乎没有受伤，而他的“头却被打破了”。他的朋友卡拉班没有参与打斗，负责看守鸟儿，他作证说蒂利耶是唯一流血的人，蒂利耶在酒馆内的混战中摔倒并撞到了头，然后被撞倒在街上的水沟里。[2]

审讯人员审理此案时向蒂利耶和卡拉班提出的问题不仅围绕着谁打了谁，更关注谁的错误更大。蒂利耶承认有时会在周日和节假日卖鸟，顾问问他“是否有权从事鸟类销售”。蒂利耶声称他曾两次向担保人（被推选的行会官员）付款，以获取继续经营“无关紧要”的生意的许可。[3]事实上，打完架，他去了他认识的另一个捕鸟人的商店，那人名叫沙托，他把那 5 只麻雀卖给了他。卡拉班也兼职卖鸟，有人问他是否知道巴黎有一个行会专营这种生意。卡拉班回答说，他其实并不是做这一行的，只是为了好玩而买入，然后再把它们卖出，通常卖给其他捕鸟人。他偶尔也从加布里埃尔·亚当那里买长尾小鹦鹉。

这场争端是困扰捕鸟人行会的典型问题，所谓的行会指的是工匠与商人的联合会，而捕鸟人行会是巴黎各种行会中规模较小、知名度最低的（图 4.1）。[4] 捕鸟人行会拥有出售鸟类和小动物的特权：想买金翅雀、金丝雀、鹦鹉或猴子的巴黎人，或者只是想看看异国动物的巴黎人，都知道要去亚当或贝尔坦等人的商店，这些商店挨着塞纳河上的梅吉塞里码头，就在西岱岛上的司法宫对面。和其他行会一样，捕鸟人行会通过行会章程内的售鸟特权与王室建立联系。行会为国王的动物园和鸟舍供应动物，并承担礼仪职能，提供在王室典礼上放飞的上百只鸟儿。

18 世纪的政治动荡和经济发展打破了行会的垄断和特权地位。造成这种巨变的部分原因是改革旧制度运动，它影响了所有行会；另一部分原因则是商业革命促使越来越多的外来动物进入法国。捕鸟人把握住这一时机，除了传统本地物种，还储备了金刚鹦鹉、非洲火雀和卷尾猴，并把它们出售给博物学爱好者。与此同时，捕鸟人发现他们与蒂利耶和卡拉班等个体企业主的竞争越发激烈。尽管加布里埃尔·亚当和其他好斗的捕鸟人针对个体企业主采取了法律诉讼甚至殴打等手段，但未经授权的销售仍是 18 世纪后期争论的中心问题之一。皇家动物园、街头集市和展览的历史揭示了稀有外来动物的命运。而纵观行会及其成员的历史，我们可以看到日益增长的小型外来鸟类和动物的贸易——大多数由海员带回法国——并见证旧制度结构与商业增长之间的冲突。

图 4.1　1774 年，一位出售金丝雀的鸟商。这幅插图展示的可能是一位行商，而不是捕鸟人行会成员（捕鸟人是不能在街上卖鸟的）。节选自插图“牡蛎商人和鸟类商人，1774 年”，作者未知。卡纳瓦莱博物馆。© 巴黎市立博物馆照片库。皮埃林提供。

行会特权与责任

作为众多官方行会之一，捕鸟人行会接受一套由国王授权并经巴黎高等法院批准的法令和条例的管理。这些法令是行会作为共同体的基础。这些共同体是法国旧制度下的法人团体，这种机构通过履行既定责任换取国王授予特权。行会多种多样，各所大学、巴黎的市民阶级、航运公司等都有行会。尽管少数行业免费开放，而且巴黎某些地区的“特权”工人不需要加入行会，但大多数技术工人均属于巴黎大约 120 个行会之一。从理论上讲，行会向公众保证了所销售或制造的产品的可用性和质量，并为其工匠成员提供金融、社会和法律服务。[5]

鸟类售卖是一种与面包烘焙或木桶制作截然不同的行业；该行业的特权可以追溯到 1402 年的一项法令，这表明法国有将鸟类作为宠物饲养在笼中的悠久传统，也表明捕鸟人在仪式上扮演着重要角色。该行会隶属于王室政府分支部门河流森林局，该部门负责监督伐木、狩猎和捕鱼等活动。行会章程定期更新，涵盖内部运作、买卖行为、对王室的责任，以及适用于外国鸟类商人的规则。[6] 同其他行会一样，这个行业往往是家族式经营的，因为儿子和女婿均可不经过学徒期就成为师傅；其他人则需要经过 3 年的学徒期，并支付更多的费用。遗孀可以接管丈夫的生意，也确实存在这样的案例。行会由3名担保人管理，任期2年，每年需要拜访每位师傅2次，以确保其遵守规定。

在巴黎及其附近地区，只有专业捕鸟人才有权出售鸟类和其他小动物，制作鸟笼和捕鸟陷阱；而且这种贸易受到各种限制：禁止在皇家土地和筑巢季节（从3月中旬到8月中旬）捕猎，禁止在街头贩卖，禁止将雌鸟充作雄鸟出售（后者因羽毛更加艳丽、叫声更加响亮，价格更为昂贵）。除了经营店铺，捕鸟人还可以在周日和节假日上午10点至下午1点30分，在兑换商桥和与之毗邻的悲惨谷出售商品，但庄严的节日除外，如圣诞节、复活节、施洗者圣约翰节，以及禧年纪念日和游行日。[7]

捕鸟人行会的章程也约束着行商的活动，他们到达巴黎时应严格遵守规定。首先，他们必须在上午10点到中午这个时间段到巴黎高等法院的大理石台（河流森林局特别法庭）展示他们的商品，届时法官将决定他们需要缴纳多少税款以及他们的鸟类可以卖什么价格；这些价格必须贴在笼子上。在鸟类出售之前，国王陛下的鸟舍管理者（由担保人通知他们）会挑走最好的那只。然后每位担保人也从每个笼子里拿一只鸟。之后，商人首先将鸟卖给巴黎市民阶级，然后卖给捕鸟人，最后卖给普通大众。[8]与捕鸟人一样，行商同样不许将雌鸟充作雄鸟出售。他们还被要求把病鸟放在单独的笼子里，这样买家就不会受骗购买不健康的鸟。行会章程禁止捕鸟人在这些商人进入巴黎前拦截他们从而以更便宜的价格买断这些鸟。

为了换取特权，行会必须履行其职责。其首要职责，是3名担保人在新国王加冕时前往兰斯，加冕仪式期间他们要在大教堂放飞400只鸟，“作为欢乐和自由的象征”。新王后抵达巴黎时，基督圣体圣血节以及其他重要场合，也要放飞鸟类（图4.2）。内科医生兼鸟类学家皮埃尔 - 让 - 克洛德·莫

图4.2　为查理七世进入巴黎而放飞鸟类的捕鸟人，他们在履行行会职责。微型画，摘自《昂盖朗·德·蒙斯特勒莱编年史》，法国国家图书馆，拉瓦利埃库藏，第20361号，16世纪的服饰。

迪·德·拉瓦雷纳在《分类百科全书》的“捕鸟人”词条中解释了这一仪式的象征意义。在加冕典礼期间放飞鸟儿，他写道：“似乎表明我们的国王被视为解放者；实际上，正是国王将我们从野蛮的封建政府中解放出来，而统领我们的君主在目睹了为他的荣誉而举行的这一仪式后，很快就证明了他在道德意义上可以并理应享有这种仪式，就像我们的历任国王一样，都最热衷于其臣民的幸福和自由。”[9]

1779 年 2 月，为了庆祝王后玛丽·安托瓦内特分娩，捕鸟人在巴黎圣母院放飞了 400 只鸟，履行了他们对王室的义务。尽管仪式以传统的象征意味为特色，但王后决定举办一场创新活动，以体现改革精神。作为庆祝活动的一部分，她在巴黎圣母院安排了一场 100 名“贫穷守贞的女孩”与 100 名“正直工匠”的集体婚礼。[10] 这一事件并没有逃过社会评论家的讽刺；其中一首诗在巴黎广为流传，其灵感就源自对婚姻纽带和放飞鸟儿的讽刺：

在巴黎圣母院
100 只鸟摆脱束缚；
同时，100 个女孩和 100 个男孩
坠入婚姻的陷阱。[11]

除了仪式，君主们还想要拥有属于他们自己的稀有鸟类，比其他人的要更加稀有。因此，国王不仅可以优先从行商手中挑选鸟类，他还在众多捕鸟人中指定其中一位担任国王的捕鸟人。17 世纪末，国王的捕鸟人住在圣安东尼街，店外有一个金字招牌，上面写着“国王陛下的鸟、鹦鹉和猴子的总督、导师和管理者”。[12]

1762 年，安格 - 奥古斯特·沙托和他的儿子安格成了国王的捕鸟人，因此获得了超出普通行会成员的特权和职责。皇家授权令指出，沙托和他的儿子被选中是因为“他们掌握不同种类的异国鸟类和动物的知识，知道如何喂养和保护它们”。这个头衔赋予他们“自由进入王国所有港口、城镇、地区和沿海区域的权利，以便通过共同协议购买外国鸟类和动物，进而优先选择那些适合国王陛下的动物园和鸟舍的鸟类和动物”。通常情况下烦琐的海关规定也被简化：

> 国王陛下命令各省、镇和地区的长官，各省和行政分区的所有长官和专员，以及所有法官、市长、市政长官、镇长和所有其他官员，允许上述沙托父子携带为国王陛下的鸟舍和动物园购买的鸟类、动物和谷物自由通行，不得干扰。同时，国王还命令为他们提供帮助以促成贸易。

1782年，安格-奥古斯特·沙托去世后，他的女婿热拉尔·奥古斯特·巴斯特里耶获得了国王的捕鸟人头衔，4年后，沙托的儿子安格续签了授权令。[13]

1776年，基于旧制度机构设立的行会规章制度突然瓦解。同年2月，财政总监杜尔哥被商品应该自由流通的论点说服，废除了所有行会，让它们在自由市场上竞逐。在一片抱怨声中，国王又在6个月后恢复了大约一半的行会，但包括捕鸟人行会在内的部分行会仍然"自由"且不受限制。现在，任何人只要在河流森林局登记注册，就可以成为专业捕鸟人。有限的法规禁止捕获鹌鹑、鹧鸪和野鸡蛋，限制在国王或贵族所有的土地上捕猎，但对未登记的人并无处罚。

尽管已经不再受行会规章制度限制，这些捕鸟人仍不得不继续按照"古老的习俗"为每次加冕仪式及其他皇家仪式放飞不少于400只象征自由的鸟儿。[14]1779年，捕鸟人为玛丽·安托瓦内特提供了6个月的鸟后，在写给河流森林局的请愿书中抱怨了这一新制度，他们详细描述了行会改革以来发生的各种"无限制"滥用行为。捕鸟人要求任何希望从事这一职业的人，必须在河流森林局总部宣誓，否则罚款100里弗尔并没收其商品。[15]请愿书一开始先赞扬国王如此关心人民的幸福，他希望每个人都能发挥自己的才能，而不需要再额外花钱购买从事某项行业的资格，但也指出捕鸟人这个职业必须与其他已经解除限制的职业区分开来；国王当然不希望人们在禁令期间或未经允许从国王的土地上收集鸟蛋。此外，如果该行业可以自由加入，就无法要求其成员支付各种节日放飞鸟类所需的费用，而市政官和担保人自己也负担不起。换句话说，只有在一个受管制的社会中，才能迫使人们为象征自由的鸟类买单。

贩鸟的生意

对行会结构和变革有了大致了解后，现在让我们来仔细了解一下捕鸟人，以及他们的商品、顾客和竞争对手。重现捕鸟人的日常生活和商业实践受到留存资料的限制：大部分内容基于法律记录，辅以期刊上的通知和广告，以及自然史文献中提及他们的内容。法庭文件（来自河流森林局）揭示了行会的一些基本特征以及困扰它的冲突类型。许多争端和其他行会类似——成员不缴会费，为选举师傅和担保人争吵，维护与相关行会的边界（比如车工行会，他们也制作鸟笼，这侵入了捕鸟人的地盘），以及一般的不当行为和吵闹（例如，加布里埃尔·亚当未受邀请闯入一场晚宴，砸碎了所有的盘子）。[16]不过，也有一些像本章开篇所说的案例，讲述了这些捕鸟人卖什么种类的鸟，他们的库存如何变化，他们面临着无证卖鸟人的何种竞争，以及一些关于捕鸟人本身的情况。期刊上的通知和自然史文献上的评论提供了捕鸟人商品、商业行为和客户的更多信息。

捕鸟人行会规模很小：在整个 18 世纪，行会师傅的数量一直不到 50 人（相比之下，18 世纪中期有 580 名面包师和 2500 名布商）。[17]1746 年一份名单列有 38 名师傅和 3 名遗孀，会议一般有 25 到 30 名师傅和遗孀参加。[18]几个家族和个人主宰着行会，例如，布列纳家族，18 世纪早期的代表人物是让，18 世纪中期是他的儿子勒内，18 世纪末是他的孙子让·勒内。然而，新的家族姓氏不断出现，这表明行会继续招募外部成员（不过有些可能是女婿）。由于大多数商店都由家庭经营，所以捕鸟人行会没有学徒和师傅之间的纠纷，这类纠纷在大的行会中经常爆发。

我发现大多数捕鸟人都住在梅吉塞里码头或附近区域，这是塞纳河右岸一个繁华拥挤的地区，距离圣母院不远。今天那里还有宠物店，周日早上，游客和城市里的鸽子聚集在一起，呆呆地看着人行道上的笼子。然而，与今天不同的是，在 18 世纪，大多数捕鸟人可能会租下他们店铺所在的小楼，住在楼上的房间里。[19]

收入和教育水平间接表明，与其他行会相比，捕鸟人在这两方面都处于较低水平。根据文件上的签名我们可以估计出，参加会议的捕鸟行会师傅中有二分之一到三分之二识字（尽管其中一些人平时几乎从不用笔，只能颤抖着用大写字母拼写自己的名字）；这个比例反映出他们在当时的行会成员中文化水平较低。[20] 一位著名的捕鸟行会师傅安托万·瓦兰于1785年去世后的财产清单显示，他的生活水平虽算不上贫困，但也没有达到面包师和其他大型行会顶级工匠的生活水平。瓦兰的确拥有一面镀金镜框的镜子和一只装在金盒子里的表，但到18世纪末，越来越多的下层民众也拥有这样的东西。[21] 这份财产清单有6页，看起来像由一位忙碌的公证人快速写成，为我们提供了了解捕鸟人住所和商店的难得机会。[22]

在经历了一些争议之后，瓦兰在18世纪60年代成了捕鸟行会师傅。1763年，几位捕鸟人起诉反对他加入行会，因为他在完成3年学徒期之前就非法经营自己的商店。自认作“巴黎市民”的瓦兰表示，他愿意捐出300里弗尔换取入会资格，一些会员觉得有必要接受他的提议，因为行会资金最近被盗了。[23]1768年，瓦兰成了一名担保人，并积极参与行会事务。到1785年去世时，他被授予“捕鸟人阁下”称号——事实上，他与普罗旺斯伯爵（路易十六的弟弟，人称大亲王）达成某种协议，提供鸟类换取这个头衔。他和妻子热讷维耶沃·万格育有3个孩子：一个女儿嫁给了画家雅克·杜瓦尔，一个儿子是一所绘画学院的学生，还有一个女儿嫁给了一名金属铸造工，但后来去世了。

当公证人来到瓦兰位于梅吉塞里码头的住宅时，他注意到这里有 3 个房间，还有一间阁楼、一间地窖和几间储藏室。他的家就是他的商店，到处都是笼子。卧室里有几样常见的家具——两张漂亮的床和一张简陋的床，一面镀金镜框的镜子，几把椅子，蓝白相间的棉丝窗帘——还有瓦兰的工具：9 个金丝雀笼，几个鹦鹉架，一个捕鸟器和十几个笼子。商店后面的房间是瓦兰一家在壁炉边做饭和吃饭的地方，里面有一张桌子和 7 把旧草椅、一个衣柜和两个餐具柜、盘子、亚麻桌布、黄铜烛台、装在金盒子里的表、一对银扣和 15 瓶红酒。此外，在一个非常拥挤的房间里，有一个装满笼子零件的柜橱，5 间鸟舍，36 个鸟笼，装满鸟食的盒子，红色的鹧鸪蛋，还有一只在板条箱里小猴子。我们无法判断这只猴子是在火边取暖的商品，还是家庭宠物，或者两者皆是；但可以肯定的是，这家人一定以某种方式与它交流过。住宅顶层的储藏室里有专门用来关鹦鹉、金丝雀、松鼠和鸽子的笼子，还有几个用来装诱饵（鸡油菌和仿真饵料）的笼子，这表明瓦兰一定自己抓过鸟。在街边开的商铺里，到处都是叽叽喳喳的叫声：公证人数了数，有 10 只鹦鹉，3 只长尾小鹦鹉，1 只公鸡，5 只鸽子，1 只珍珠鸡，1 只中国野鸡，2 只鹌鹑，1

个装满鸭子和母鸡的大鸟舍，金丝雀笼子（里面有金丝雀？清单上没说），43 个不同大小的笼子，4 间鸟舍，还有几个储藏箱和笼子。

瓦兰商店里外来物种的数量和种类，反映出买卖的鸟类和小动物种类以及获取方式的变化。尽管没有 18 世纪早期的清单可供比较，但当时本地物种可能占更大比例。早些时候，许多（尽管可能不是所有）捕鸟人都会自己捕获本地鸟类。而随着 18 世纪的推进，越来越多的人选择从其他人那里购买鸟类。与此同时，捕鸟人开始饲养越来越多的外来物种——首先是金丝雀，后来是来自西非、美洲和东印度群岛的鸟类和其他哺乳动物。

在加冕典礼期间，捕鸟人必须在兰斯大教堂收集并放飞 400 只鸟，他们的捕鸟技能发挥了很大作用。在巴黎举行的仪式上，每位捕鸟行会师傅和遗孀都要提供一定数量的鸟，这些鸟很可能是买来的而不是猎捕来的（捕鸟行会师傅经常因为没有提供足量的鸟而被罚款）。[24] 但是这些鸟既不能从巴黎带到兰斯（它们无法存活），也不能在兰斯购买（没有货源），所以在仪式前几天，捕鸟人不得不在当地捕捉它们。18 世纪以来，1722 年和 1775 年这两次加冕典礼之间的对比表明，在巴黎的捕鸟行会师傅中，捕猎是一项日渐衰落的技能。在两次加冕典礼之前，整个行会开会决定由谁和三位担保人一起去兰斯捕猎。1722年，行会推选纪尧姆·拉库尔、皮埃尔·勒孔特和雅克·朗迪耶为猎人。三人中有两人是行会中相对突出的成员：纪尧姆·拉库尔和皮埃尔·勒孔特都曾在1698年担任过担保人。1775年那次推选很简单：行会选了两个不知名的捕鸟人，皮埃尔·巴弗和安托万·肖蒙，对于他们的描述是“行会里仅有的猎人”。[25]

捕鸟人宁愿去乡下买鸟，也不愿亲自捕猎。当他们从乡下返回后，他们应该把这些鸟分给所有的捕鸟行会师傅：行会是个共同体，不是一个只顾自己囤积货物的个体商人的集合。17世纪中期，诺埃尔·庞沙尔迪得到许可，从巴黎出发旅行20里格（约50英里）去购买金丝雀、金翅雀、红雀、苍头燕雀和鸫；在满足了国王鸟舍的需求后，如果他带回的鸟超过84只，就要将多出来的分给其他人。[26]在18世纪，我们发现捕鸟人的足迹远至法国东北部的皮卡第和苏瓦松。[27]剩下鸟类的分配一般在行会办公室进行，但过程并不总是顺利的。1697年，一位捕鸟行会师傅的遗孀玛丽·拉辛因“暴力”和不尊重担保人而被罚款。1720年，布里埃家族和罗西尼奥尔家族就是否应派布里埃或他的儿子去索要应该分给他们的椋鸟爆发了一场争执。[28]有时，捕鸟行会的师傅们会忘却集体精神，妄图将所有鸟据为己有。其中一个被捉到的人是前担保人雅克·拉贝，他被罚款20里弗尔，因为同行发现他在金翅雀筑巢季节非法购买了 13 到 14 打金翅雀，并在晚上偷偷运回商铺。[29]

1721 年发生了一起更严重的事件，担保人向河流森林局投诉，行会中有三四个成员违反章程，赶在行商把鸟带到巴黎之前，跑到城外从商人手中买鸟；然后他们又以高价卖给其他捕鸟人，并未将鸟交给行会办公室分配。担保人抱怨说，让少数人从他们的恶习中获利是不公平的，大多数捕鸟行会师傅都不会这么做。这种情况是由 1709 年毁灭性的冬天之后鸟类资源普遍缺乏造成的。担保人还指出，这种做法阻碍了鸟类数量的恢复（行会的职责之一是保护鸟类资源），而且由于没有经过担保人的检查（行会的另一个职责是保证选购高质量鸟类），这些鸟类的质量很低。担保人警告说，这种大规模恶习“影响十分恶劣,（并且）能够毁掉整个行会”，请求下令 10 年内禁止任何人在城外买鸟，违反规定的人将被罚款 50 里弗尔。[30]

不断增长的外来物种贸易

随着近代早期殖民地贸易的发展，巴黎商人开始出售咖啡、糖、茶和印度纺织品等进口商品，而捕鸟人也开始出售他们在港口城市或行商那里购买的外来鸟类和小动物。当时的商人带着笼子，里面装满嘈杂的鸟类和活泼的猴子，在崎岖的道路上旅行数日，但这些贸易记录内容有限，因而无法从中了解商人的感受。

管理外来物种贸易的公告可以追溯到最早的对外贸易时期；1618 年的法规明确规定了谁可以进口外来鸟类，这些鸟类抵达巴黎后如何分配，以及收取多少费用。这些法令或多或少都有一个明确的关注点，那就是国王想要为自己挑选最好的鸟儿。例如，1618 年的一项判决允许“巴黎的鸟贩、国王的鹦鹉饲养员”皮埃尔·科松前往鲁昂、圣马洛、勒阿弗尔德格拉斯和迪耶普购买金丝雀，条件是他必须首先为国王的鸟舍供货，“这样国王的鸟舍就不会像过去那样得到其他城市选购后的残品”。[31]

虽然在 17 世纪末和 18 世纪初的进口记录中有鹦鹉、长尾小鹦鹉以及其他非洲和美洲鸟类，但当时最常见的进口鸟类仍是金丝雀。在巴黎富人阶层中，收购稀有鸟类成为一种时尚，他们还繁育、杂交了部分鸟类，导致价格飙升。18 世纪下半叶，人们有更多鸟类可供选择，并且来到巴黎的异国鸟类越来越多，价格上涨和收购稀有鸟类的流行趋势有所减弱。[32] 在所谓的“金丝雀泡沫”期间，捕鸟人度过了一段艰难的时光；他们既要与每年在巴黎开两次店的瑞士商人竞争，也要与巴黎本地的动物贩子竞争。

这一阶段早期，金丝雀实际上是从加那利群岛出口到法国的。1618年，一位葡萄牙商人带着1200只金丝雀在圣马洛登陆；他在南特和雷恩卖掉了四分之三，把剩下的金丝雀带到了巴黎。[33]但在17世纪的某个时期，来自蒂洛尔和瑞士的鸟商开始饲养和繁殖金丝雀，并将它们送到欧洲各地。每年春季和秋季，他们带着几百只不同羽色的金丝雀来到巴黎，在圣安东尼郊区街的白球旅馆安顿下来。他们翻新了旅馆一侧的房间，铺上了特殊的地板，还放置了瑞士风格的烤箱。

1696年，瑞士鸟商的到来引发了巴黎金丝雀爱好者的骚乱。3个瑞士商人在一份请愿书中解释说，在前往巴黎的路上，他们遇到了约瑟夫·施托尔和琼·施托尔，这两位准备回国的同胞倾诉了他们刚刚在巴黎遇到的麻烦。施托尔一家说，他们向市政当局申请经商许可后，一群人跟着他们来到旅馆，并强烈要求要么一次性购买几十只鸟，要么只买雌鸟，要么让商人把货物带到市中心。第二天这些人又回来了，强行闯入旅馆后，“咒骂并威胁要杀死所有鸟儿”。有些人没有付钱就带走了鸟；另一些人则从特殊的灰白色金丝雀身上扯下白色羽毛，然后试图以较低的价格按常见的灰色金丝雀来购买（当时常见的金丝雀是灰色的，而不是黄色的）。当时天气寒冷，施托尔一家又遭受到无理骚扰，他们要求把金丝雀的价格定得比过去高一些，并警告如果再来骚扰他们，就把金丝雀带到那些能得到更多保护和更好设施的国家去。河流森林局官员规定的价格（一只灰色雌鸟 50 苏，一只白色雄鸟 22 里弗尔）低于瑞士商人的要求，但官员们制定了秩序规则：在出售过程中必须有一名警卫在场，房间里一次不得超过 2 个人，每人最多只能购买 8 只鸟。他们再次强调，这些鸟必须向大理石台申报，国王有优先选择权，其次是巴黎市民，然后才是鸟商。[34]

并非所有人都认为瑞士商人是饱受不公待遇的受害者。在 1705 年发表的一篇关于金丝雀的论文中，作者描述瑞士商人贪婪且狡猾。他写道，如果你向他们展示金钱，他们便会谦逊有礼；但如果你不买，只问问题，他们会非常粗鲁地对待你——从而应了那句谚语：没钱，就没瑞士人。作者指责瑞士商人不关心这些鸟儿在出售后是否死亡，但他们出售这么多对金丝雀并不明智，因为巴黎人已经开始自己繁殖金丝雀，再也不用等着从外国人手中买了。[35]

由于市民阶级先于捕鸟人挑选异国鸟类，两者之间产生冲突也就不足为奇。1692 年，市民阶级对捕鸟人提起集体诉讼，起因是有一次捕鸟人从裁缝让·米科莱那里抢走了 80 只金丝雀，除了三四只存活下来外，其余的都在看管时死了。市民阶级宣布他们有权拥有、喂养、饲养和繁殖“他们喜欢的金丝雀和其他鸟类”，并禁止捕鸟人进入他们的房子打扰他们。这些捕鸟人被罚款100里弗尔。在后来的一场诉讼中，捕鸟人宣布他们愿意接受市民阶级先于捕鸟人24小时购买鸟类，以及他们饲养和出售鸟类的权利，但继续要求禁止市民阶级在自家卖鸟，或为了卖鸟而买鸟，因为“这构成卖鸟行为”。[36] 捕鸟人将持续努力，以维护自身特权。

除了金丝雀以外，为了获得其他品种的奇异鸟类，捕鸟人有时会前往港口，为此他们需要特别许可。例如，1720年，一位捕鸟行会师傅获得了一份前往勒阿弗尔的许可：

> 今天，1720年11月18日，一位住在圣日耳曼欧克塞鲁瓦教区悲惨谷码头的巴黎捕鸟行会师傅克洛德·卡尼来到办事员办公室，宣布他要离开这座城市，为了鸟类销售业务前往勒阿弗尔德格拉斯购买鹦鹉、长尾小鹦鹉和其他外国鸟类……
>
> （签名）卡尼[37]

除了金丝雀，商人还将其他奇异鸟类带到了巴黎。17世纪80年代，一位荷兰商人在成功为国王的鸟舍供货并接受了担保人的参观访问后，获得了两次出售鹦鹉的许可。[38] 在外来动物进口大幅增长之前，只有少数零星文件记录了这些贸易；所以我对18世纪后期异国鸟类的来源知之甚少。但是，我们仍旧可以从这些记录中得出一些信息，例如收购鸟类品种的多样性，市场如何变化，以及外来动物的涌入如何引发诸如蒂利耶这样的个体企业主之间的竞争，而某些特权群体，像巴黎市民阶级却并未受到影响。

以红雀为例，100 多年的销售表明，随着 18 世纪到达巴黎的异国动物越来越多，其价格也逐渐降低。1682 年，法国仅次于王室、最有权势的家族的首领孔代亲王，经过长时间的谈判，从一位捕鸟人手中买下了一只红雀和一只猴子。维克图瓦修道院院长充当了中间人，他从巴黎写信给住在尚蒂伊庄园的亲王，告诉他有一个捕鸟人向他展示了一只特别的鸟，一只刚刚从西印度群岛运来的“弗吉尼亚雄鸟”。这只鸟全身羽毛呈火红色，头上长着羽冠和红喙，毛色艳丽，性格活泼，比例匀称。捕鸟人向他保证，这只鸟叫声如夜莺一般美妙——不过他只听到过鸟儿发出的悦耳哨声——而且它的寿命很长。捕鸟人还出售了一只温顺的年轻母猴，修道院院长认为这只母猴可能会让亲王饲养的年长公猴活跃起来；如果两只猴子能生育后代，岂不是一件乐事？修道院院长在下一封信中详细描述了交易过程。捕鸟人最初要价 25 路易（600 里弗尔，相当于一个工匠两年的工资），但院长说服他把价钱降到了鸟卖 10 路易，猴子卖 6 路易。尽管价格仍然很高（10 路易可以买 5 张写字台），院长还是同意了，因为他不想冒险输给一个意想不到的竞争对手——德·克雷基先生，他喃喃地说愿意花 12 路易买这只鸟，第二天就把它带到凡尔赛（大概是献给国王）。院长再次强调这只鸟不仅魅力十足而且容易养活（“不像笼子里的金丝雀那么麻烦”），还补充说明 6 路易对这只猴子来说不算贵，因为它对你言听计从，而且不咬人。[39]17 世纪晚期，捕鸟人主要为亲王等上层贵族提供昂贵稀有的宠物。

一个世纪以后，对巴黎人来说，红雀不再是稀有的奢侈品。除了在战争期间，跨大西洋贸易受阻，其他时间里它们经常出现在捕鸟人商店里，购买红雀的方式也通过《巴黎通告》中的广告广泛宣传。[40] 在放开对行会的管控之后，捕鸟人甚至失去了独家销售红雀的特权。1788 年，一位咖啡馆老板在《巴黎通告》上发布广告：“现销售 10 只红雀，羽毛鲜红，头上长有 1 英寸的羽冠，喙上有黑色的冠；它们的叫声十分动听，而且能很快学会管风琴演奏的旋律。”[41] 两年后，固定价格捕鸟人宣布以 72 里弗尔（3 路易）的价格出售一只红雀。[42]

红雀只是捕鸟人出售的众多外来鸟类之一。捕鸟人深知异国情调对消费者的吸引力，所以在广告中经常提到商品来自国外。[43] 由于贸易路线、耐寒性以及客户的偏好，最常见的异国鸟类是鹦鹉、长尾小鹦鹉和小型非洲雀。莫迪在《分类百科全书》中指出，他在捕鸟人商铺里见过 15 到 20 种不同类型的鹦鹉和长尾小鹦鹉，它们来自非洲、南美洲和加勒比地区（他将其中 7 种描述为“常见的”），还有来自非洲的梅花雀、蓝饰雀和维达鸟，来自北美的蓝鸦和彩鹀，以及来自东印度群岛的爪哇雀。[44]

捕鸟人尤其喜爱寻找那些外形美丽、会模仿人类说话、安静不好斗的鸟类品种。来自西非的灰鹦鹉最受欢迎，因为它们善于模仿，而且是亲密的伴侣。捕鸟人还看重那些能卖高价的独特或稀有品种，比如布干维尔曾试图从蒙得维的亚带回国的那种鹦鹉，通过在羽毛根部注射颜料，这种鸟长出了五彩缤纷的羽毛。[45]巴黎最著名的捕鸟人安格 - 奥古斯特·沙托，也是国王的捕鸟人，除了常见的鹦鹉和雀类，他还出售凤头鹦鹉、维达鸟、蓝松鸦等各种各样的鸟类。[46]他的商铺里饲养着一只非洲冠鹤，又称皇家鸟（与国王的捕鸟人相称），每当顾客进店，它就会攻击顾客。[47]沙托的特权帮助他收集了这些令人印象深刻的鸟类。18 世纪 80 年代，他的儿子扩大了经营范围，保留了梅吉塞里码头的商店，还在邮局街开了一家动物园。除了宠物笼鸟，沙托及其儿子和女婿还供应用于狩猎和大型庄园装饰的野鸭、天鹅、孔雀、野鸡、鹧鸪和珍珠鸡的蛋，既有本土品种，也有异国品种。[48]

除了鸟类，捕鸟人还出售其他小动物：《巴黎通告》里的广告列出了懒猴（一种狐猴）、温和的卷尾猴、绿猴和獴狐猴（来自马达加斯加，一种狐猴？）、白腹卷尾猴、白眉猴和印度猴（一对）。[49] 布封曾在黎塞留街上一家捕鸟人商铺中见到一头罕见的蜜熊。[50] 沙托的商店出售松鼠和一种温和无味的“英国老鼠”，他的儿子出售美洲小山羊，女婿出售一种听起来很有趣的动物：“产自巴西的名为帝国象鼻虫的昆虫”（可能是一种大象鼻虫）。[51]

多种多样的异国动物吸引了博物学家来到捕鸟人的商铺。捕鸟人本应该被记录在自然史和鸟类学历史中，实际上却并没有留下多少痕迹。莫迪经常光顾捕鸟人的商店，布封和他的合作者盖诺·德·蒙贝利亚尔也是捕鸟人商店的常客，尤其喜爱光顾沙托的商店。有时，博物学家只有“在捕鸟人商店里”才有机会观察到活的小动物。[52] 莫迪会向沙托询问各种动物的饮食和寿命。尽管莫迪称赞沙托是一位杰出的鸟商（“法国最杰出的捕鸟者”），但有时也不赞同沙托的某些饲养方法；莫迪认为如果沙托尝试用大米替代鸟饵来喂养爪哇雀，它们应该会活得更久。[53] 布封从“非常聪明的捕鸟人”那里得知，用象牙制成的假蛋替换金丝雀每日下的蛋，将所有蛋集中到最后集体孵化并不是一种好办法。[54] 蒙贝利亚尔在试图区分黄雀和朱顶雀时，把一张朱顶雀的图片给一位“经验丰富但学问不多的捕鸟者”看，捕鸟者成功认出了它，并解释说这两种鸟类的雌鸟十分相像。沙托还向他提供了关于蓝鸦和蓝饰雀的信息。蒙贝利亚尔说:“我们对（蓝鸦）历史”的了解都归功于沙托，他称赞沙托还提供了如何在塞内加尔捕捉蓝饰雀以及这种鸟的换羽和寿命等信息。[55]

捕鸟人十分清楚博物学爱好者以及像莫迪这样的知名人士都对不寻常的动物感兴趣。沙托利用自然史的热潮，在宣传中强调动物的科学价值。1773 年,《先驱》在引言部分刊登了一份沙托商铺的动物清单，夸赞店中鸟类的稀有、美丽和歌唱能力，同时也致力于吸引那些对鸟类知识更有兴趣的人:“店中每一种鸟……都有不同特征，博物学家会津津乐道……我们将简短介绍这些鸟，并附上沙托先生为博物学爱好者提出的报价。”[56]5 年前有一份类似的清单将沙托的收藏称为“生动有趣的奇观”，这些异国鸟类激发了爱好者和科学家的共同兴趣，引发了他们对外国鸟类和“我们本土”鸟类之间迷人差异的思考。这篇文章共列举了沙托先生收藏的 22 种动物，如果读者想了解其中一种名叫鼯鼠的动物，推荐参阅博马雷的《自然史词典》。[57]

捕鸟人在一定程度上促进了公众对外来物种的兴趣，同时利用了这种兴趣推销商品。这样一来，外来物种的大量涌入有利于捕鸟人的生意，与此同时，行会之外的人也更容易获得并销售外来动物。18 世纪下半叶，捕鸟人一直在寻找那些试图绕过他们垄断的人，尽管情况对他们有利时，他们往往对违法行为视而不见，蒂利耶和卡拉班的故事正表明了这点。他们经常扣押未经授权的货物，一再要求重新确认他们的特权地位。在请求扣押商品的请愿书中，捕鸟人抱怨非法贸易对他们的生意造成了严重影响。1750 年，一份写给河流森林局负责人的请愿书描述了可怕的情况：他们声称，由于“数量众多”的未经授权的人在所谓的特权场所、公共集市、街道上公开叫卖——有个人甚至就在捕鸟人商店门口做起生意来——直接导致捕鸟人商店销量大幅下降。捕鸟人指出，这些未经授权的商人有一个优势，他们与行会成员不同，不需要支付会费和其他费用。这种情况不仅损害了行会的生意，也损害了公众利益，因为这些个人商贩出售的商品质量低下，而公众对他们无能为力。[58]

河流森林局的官员通常允许捕鸟人扣押那些在街上只是想赚点小钱的个体商贩的非法商品，但他们显然也担心这样会侵害那些信誉良好的个体商贩的利益。1767 年，当捕鸟人不断要求下达允许他们扣押无证商人商品的一揽子命令时，河流森林局官员宣布，他们必须先提供违法者的姓名和地址。[59] 不管是否得到许可，捕鸟人都会在街上搜寻那些无证经营者。有一次，他们从伊基尼翁的约瑟夫·斯托尔手里没收了三只加勒比绿鹦鹉和一个鸟笼，还有一次，他们从一个拒绝透露姓名和地址的“红衣男子”手里拿走了一只亚马孙鹦鹉，还煽动了一场类似于蒂利耶和卡拉班那样的打斗。[60]

动物展商也给捕鸟人带来了额外的烦恼，他们很容易从展示动物变成销售动物。1769 年，让·勒内·布列纳和安托万·瓦兰听说林荫大道上的动物展商让 - 马里·格诺维奇在他的展位非法出售鸟类。他们去调查时，看到他试图以 14 路易（天文数字一样的价格）将一对稀有鹦鹉卖给一个女人。第二天，捕鸟人“成群结队”返回，试图扣押鹦鹉，但格诺维奇拒绝了。警卫将他带到当局面前时，他却说他只是在展示那些鸟。[61]

不管捕鸟人的态度多么强硬，面对大规模经济和社会变革也仍旧无能为力，他们的垄断地位随着 1776 年行会的自由化以及殖民地贸易和外来商品的增加而逐渐削弱。不过他们确实勇敢地试图坚持下去，例如，1779 年，一位鸟商指控一群捕鸟行会师傅试图伪造并提前签署授权扣押他们商品的文件，以迫使他和其他新商人破产。[62] 小型鸟类和动物的贸易增长程度在《巴黎通告》的广告中显而易见。起初，从 1772 年开始，安格 - 奥古斯特·沙托是唯一在商报上刊登广告的捕鸟人。1776 年他去世后，他的儿子、女婿，还有捕鸟人路易·勒古贝开始登广告，但登广告的还有一位叫沙瓦内的先生，他打的广告比任何捕鸟人都多。他一开始自称旧货商，后来又自称做室内装潢。他曾两次称自己为捕鸟人；但也许有人阻止了他，使他不敢再用这个头衔。[63]沙瓦内专门经营鹦鹉和长尾小鹦鹉——他曾经以2400里弗尔的价格出售一只温柔、独特、能说会道的鹦鹉——但他也列出了一大堆其他待售物品，让这些鸟看起来就像高档消费品："18只不同品种的鹦鹉，它们都能说会道；2只金刚鹦鹉，其中一只尾巴长达26英寸；四季皆宜的连衣裙；来自波斯的床上用品和漂亮床单。"[64]1782年之后，美国独立战争结束，奴隶贸易和加勒比地区贸易蓬勃发展，大量鸟类伴随着货物运往法国；《巴黎通告》中出现大量鸟类广告，我们在其中发现一个假发制造商提供大量来自塞内加尔和加拉姆的活鸟，一个制帽商为来自黄金海岸的30种鸟做广告。出售鸟类的广告越发常见。[65]

与集市上的一些展商一样，在18世纪的巴黎人中，捕鸟人与外来动物有着最直接的联系：他们与外来动物生活在一起，依靠它们获得收入，为它们而斗争，利用它们作为宠物以及科学标本来吸引顾客。在他们的商店里，鸟类和小动物具有商业物品和生活伴侣的双重身份。18世纪以来，来自乡村的动物逐渐减少，异国动物成为主流商品。通过捕鸟人以及越来越多有魄力的商人之手，异国动物从商店进入私人住宅。

第五章 受宠爱的鹦鹉

捕鸟人和其他商人经手了大量异域珍禽异兽，国外回来的旅行者随身带回来的也不少，因此它们成为 18 世纪法国（以及其他参与外贸的国家）家庭中受欢迎的宠物也就不足为奇了。历史学家清点和分析了革命前巴黎日常生活的各个方面，如衣服、家具和食物，但对于宠物，无论是外来的还是本地的，至今尚未有过细致的研究。[1] 然而，当我们翻看这段历史时，就会发现它们无处不在。金丝雀的数量之多，以至于有时人们只能通过它们会唱的歌声来辨认丢失的鸟儿。1783 年 6 月的一个早晨，一只金丝雀从德佩雷先生那逃了出去，它擅长的歌是“哦！妈妈，请听说我”。[2] 鹦鹉在城堡和工匠家里咿咿呀呀地叫着；猴子跳上公主的餐桌，睡在小女孩的床上。它们也出现在文字中，从讽刺诗到自然学家的书里都能看到它们的身影。与长期驯化的宠物（比如狗）以及集市和动物园里的动物相比，异国宠物常常会激起人们许多不同的想法。其昂贵消费品的身份及其与女性的联系引发了批评性的评论，这与同时代人对不断变化的社会和性别角色的关注相吻合。猴子和鹦鹉的模仿能力为讽刺作家提供了素材，但也激发知识分子思考人类和动物领域之间的界限。最终，它们在壁炉旁和主人心中的地位引发人们思考驯化和依恋的问题：动物对人如此，人对动物亦如此。

为了了解异域宠物和它们主人的日常生活，我查看了关于他们的书籍、信件、回忆录、绘画、版画以及期刊;《巴黎通告》售卖和失物招领栏目的信息量尤其大，从 1745 年到 1778 年 12 月，该刊双周发行，之后改为日刊。[3] 大多数售卖广告是关于马和马车的，但从 18 世纪 70 年代开始，广告栏通常每月会出现几条宠物信息。比较典型的广告文案是这样的:“年轻漂亮的亚马孙鹦鹉，非常温顺，正在咿呀学语，价格为 96 里弗尔。有意者请咨询小奥古斯丁街的谢拉尔骑士先生。”[4] 失物招领启事最早出现在 18 世纪 50 年代，在 1777 年成为固定栏目。这个栏目发展得非常好，以至于从 1788 年 10 月开始，编辑开始对每条启事收取 3 里弗尔费用（它们之前和售卖信息一样免费刊登）。因为规模太大，已经快要占满整份报纸了。[5] 最常见的遗失物品有当时正流行的便携式消费品——表、口罩、雨伞、鼻烟壶——但也有逃跑的鹦鹉和金丝雀，偶尔还会有猴子。《巴黎通告》读者众多，影响力很大，甚至在 1780 年圣洛朗集市上的一出戏中，出现了这样一幕：一位编辑被人群包围，要求在他的新闻版面上刊登广告——其中包括一个丢了鸟的小女孩。同年还出现了一整版仿冒的《巴黎通告》，上面有一则讽刺性售卖广告："非常漂亮的绿色鹦鹉，目前只会说'先生请上来，付钱，吻我，然后离开'；它将来应该还能学说更多的话。价格为 1 路易（24 里弗尔）。有意者请联系费利克斯小姐家，地址为穷人圣朱利安街，门上有画眉标记。"[6]

《巴黎通告》中的启事和广告显示了哪些类型的动物可以作为宠物，它们主人的身份（通常上面会有主人的姓名、地址和职业），它们值多少钱，以及哪些特征为人们看重。巴黎人以有趣的方式将这些动物融入他们的文化；但在探讨这些话题之前，让我们先看看这些家庭，了解一下与异国动物一起生活的日常。

异域的珍禽异兽

金丝雀

金丝雀是一种介于本土动物和外来动物之间的鸟类。比较准确的说法是，它们的名字来源于另一种家养动物——狗。金丝雀的故乡加那利群岛以欧洲探险家在那里发现的一种独特的狗（*canis*）命名。16 世纪，金丝雀在欧洲被驯化；到了 17 世纪，意大利和德国的饲养者都繁育出了不同的羽色品种；到 18 世纪，法国人也开始饲养金丝雀。[7]许多评论家认为，其他野生物种最终会走上同样的道路。

金丝雀很漂亮也容易照顾，感情丰富，还能学会唱歌；这些特点，再加上价格适中，使它们成为深受欢迎的笼养鸟。前一章曾提到，巴黎市民阶级对繁殖花色品种的热衷导致金丝雀的价格在 18 世纪初高涨，不过在 18 世纪后期价格有所下降，普通品种的金丝雀相对便宜。金丝雀的主人有一本便利的饲养手册——由埃尔维厄·德·尚特卢所写的《金丝雀新论》，这本手册在 1705 年首次出版后又被多次重印。埃尔维厄是巴黎的木材检查员，也是“孔代亲王夫人的金丝雀总管”。书中列出了在巴黎可以买到的各种羽毛类型的金丝雀及其价格：从 3 里弗尔 10 苏就可以买到的普通灰色金丝雀到 25 里弗尔高价的迷人柠檬黄色黑冠金丝雀，品种繁多。稀有杂交品种可以卖得更高。除了提供价格方面的建议，埃尔维厄显然更希望能够革除一些饲养金丝雀的坏习惯。他认为价格虚高令人厌恶，鄙视地谈到一窝金翅雀与金丝雀杂交的品种卖出了 500 里弗尔的价格。他还反对贪婪的收购，警告说养太多鸟儿很难妥善照顾，建议饲养数量不超过五六对。[8]从售卖广告中可以看出，人们常常饲养大量金丝雀；经常在同一时间出售几十只，有时候还会有一整笼的金翅雀和朱顶雀。[9]

埃尔维厄提出了一系列照顾金丝雀的规则：不要喂营养太丰富或太差的食物；不要在一个笼子里养太多只；每天换水；不要教超过两首歌曲（一首前奏曲和一首氛围曲），否则它们会混淆；每天教它们不超过5次。细心的主人还应该注意区分鸟的性情，他提出：金丝雀有4种不同性情，每一种都需要不同的照顾方式。例如，性情忧郁的鸟儿如果弄脏了脚，往往就无法安稳地栖息；它们的脚应该用唾液而不是水来清洁，如果水太冷，可能会导致鸟儿死亡。事实上，如果有人碰巧得到一只忧郁的金丝雀，最好把它处理掉。[10]

尽管金丝雀的歌唱天赋是它们的主要吸引力之一，但它们模仿语言的能力也很受重视。A. M. 科莱先生丢了一只会吹曲调的鸟，它经常重复这句话："科莱，我的朋友。"1782年，一位理发师有一只语言天赋很高的鸟要出售，他声称这只鸟"说话非常清楚，甚至还能念出路易十六、王后和王储的名字"。[11]

许多感伤的诗篇都赞美了金丝雀的温柔魅力，布封在《鸟类自然史》第4卷中给予了它们最高评价。布封解释说，金丝雀比夜莺更好，因为它既能说话又能唱歌，不那么自负，而且它学习我们教的东西，而不是随心所欲地歌唱。金丝雀"甚至有助于提升我们的幸福感；因为它给所有年轻人带去享受，给隐居者带去快乐；它给无聊的修道院增添了魅力，给天真和被囚禁的灵魂带去欢愉；而在饲养过程中，我们可以近距离观察它们的爱情，它们成千上万次唤起了忠贞心灵的柔情。它行的善和秃鹰作的恶一样多”。[12]

鹦鹉

鹦鹉，像金丝雀一样，因其外形和声音而受到珍视，但有些品种在模仿人类语言和其他声音方面天赋更高。鹦鹉的高价不仅来自这种能力，还来自它们的稀有性和异国血统。尽管早期有几次成功的尝试，但直到 19 世纪，鹦鹉才在欧洲大量繁殖；因此，每只鸟都在海外出生，从非洲、南美洲或其他遥远地方进口而来（图 5.1）。[13]

从《巴黎通告》中出现的鹦鹉逸事和“丢失鹦鹉”或“出售鹦鹉”的启事数量来看，它们在 18 世纪末已经成为人们熟知的宠物。1778 年至 1790 年,《巴黎通告》中有超过 150 条关于丢失鹦鹉和长尾小鹦鹉的启事，这个定量证据虽然有参考性，但难以解释。考虑到一定还有许多丢失鹦鹉的人没有刊登启事，而且大多数鹦鹉主人也肯定没有丢鸟，这意味着在巴黎有很多鹦鹉。[14] 定性的证据则更为明确，从自然史学家到讽刺作家都认为读者很熟悉鹦鹉。例如，1768 年的《先驱》上有一则捕鸟人沙托的启事，提到两只金刚鹦鹉是“体型最大的鹦鹉品种，已经广为人知，没有必要再描述它们”。[15]

图 5.1　路易十五的小女儿与一只艳丽的鹦鹉。阿代拉伊德·拉比耶-吉亚尔,《路易丝·伊丽莎白·德·法兰西遗像》, 1788 年。法国凡尔赛宫与特里亚农宫提供。

大量鹦鹉和长尾小鹦鹉出现在售卖广告中，但有几个物种占主导地位：最常见的是非洲灰鹦鹉，别称“雅科”，因为这是它最喜欢的发音，其次是亚马孙鹦鹉、金刚鹦鹉和绿色长尾小鹦鹉。[16]凤头鹦鹉偶尔也会上榜。除了按品种区分，鸟类通常还按它们的原产地（塞内加尔、西印度群岛、马加什岛）或它们的羽毛来描述——一般来说，越华丽越昂贵。在18世纪60年代，一位作者指出，华丽的猩红色金刚鹦鹉在贵族中最受欢迎。[17]

售卖启事中刊登的价格也不等（可能高于讨价还价后的成交价），有48里弗尔的“刚从勒阿弗尔运来，开始学说话的年轻亚马孙鹦鹉”，也有960里弗尔的“很会说话的漂亮鹦鹉”（表5.1）。我见过的最高报价由经销商沙瓦内提出，在一条启事中，他将一只“性情温和，独一无二，很会说话，头上有冠，脚像鸽子一样”的鹦鹉标价2400里弗尔。[18]鹦鹉的中位数价格约为96里弗尔，长尾小鹦鹉约为200里弗尔。最常被用来描述它们的形容词是“很会说话”“漂亮”“美丽”“年轻”“温柔”“稀有”。有时，启事中还会具体说明鹦鹉说的是什么语言，或其特别的模仿能力：在《巴黎通告》中出现了会说法语和葡萄牙语、法语和西班牙语、法语和布列塔尼语的双语鹦鹉；一只模仿狗、猫和鸡的鹦鹉；还有一只能模仿金丝雀唱歌。[19]

表 5.1 《巴黎通告》中鸟类和猴子的一般报价

价格（里弗尔）	描述	日期
48	年轻的亚马孙鹦鹉，刚到勒阿弗尔，刚会说话	1788.12.27
72	美丽的鹦鹉，能说会道，附带笼子	1790.3.13
72	美丽的鹦鹉，粉黑色脖颈	1784.11.24
96	漂亮的灰鹦鹉，刚会说话	1780.3.10
96	年轻的灰鹦鹉，很会说话、吹口哨，能学猫狗	1789.12.6
96	美丽的塞内加尔长尾小鹦鹉，非常温顺，脖颈色彩曼妙	1788.7.19
96	年轻漂亮的卷尾猴	1787.12.20
96	鼯鼠，附带笼舍	1785.7.30
100	美丽的蓝黄色凤头鹦鹉，很会说话	1787.10.9
120	年轻的亚马孙鹦鹉，很会说话	1787.10.2
144	美丽的绿鹦鹉，有黑红色条纹，能说会唱	1787.12.8
192	小猴子，非常年轻非常温柔	1789.2.7
240	美丽的鹦鹉，能说会唱	1785.11.26
240	漂亮的长尾小鹦鹉，15 个月大，色彩最亮最多变	1786.1.7
360	西印度群岛产漂亮绿色长尾小鹦鹉，黑脖颈，6 岁，非常温柔，很会说话	1784.3.6
720	漂亮的卷尾猴，3 岁，头顶黑色（或者换一只美丽绒毛头的或美丽环纹的）	1788.6.5
720	长尾小鹦鹉，能说会唱	1778.12.20
960	漂亮的长尾小鹦鹉，很会说话	1781.12.29

鹦鹉能为一个家庭增添关爱、幽默与品位。当然，其中的乐趣之一是教它们说话。有一本关于宠物的手册介绍了具体如何指导：课程应在晚上，在固定的时间，在这之前先给它们喂点用酒泡过的面包。在笼子上放一块布，调暗灯光，重复你想让它学会的单词或短语；然后，在灯光下，拿着镜子在鹦鹉面前说话，这样它就会认为是另一只鹦鹉在说话。[20]

莫迪描述了一只会说话的凤头鹦鹉给他居住的房子带来的活力。这只凤头鹦鹉喜欢和宠物猫一起玩耍，它想要嬉戏的时候就会叫猫的名字；如果猫在睡觉，它就会拉扯猫的尾巴或耳朵。当它们互相追逐或争夺玩具时，凤头鹦鹉会发出"快乐和欢愉"的叫声。[21]布封也曾试图解释为什么会说话的鹦鹉如此招人喜欢：

> 它可供娱乐，能分散注意力，使人愉悦；孤独时，它可作陪伴；想聊天时，它可以交谈，它会回应，它会呼唤，它会欢迎，它会发笑，它会有感情地表达，它会用一本正经的话逗趣；它随意说出几个有限的词，有时因其不协调而使我们发笑，有时又因其合理而使我们吃惊。这种没有思想的语言游戏有一种难以言表的诡异与怪诞，虽然和其他许多谈话一样空洞，但它总是更有趣。在模仿我们的话语时，鹦鹉似乎也继承了我们的某些爱好和习惯：它也有

爱恨；它有依恋，有嫉妒，有喜好，有任性；它会钦慕，会称赞，会鼓励自己；它会变得愉快或悲伤；它似乎被爱抚所感动；它给你深情的吻；在一所哀伤的房子里，它学会了呻吟；而且，它习惯于重复逝去亲人的名字，提醒敏感的心灵他们的快乐和悲哀。[22]

“不协调”的鹦鹉语言在拉瓦利埃公爵夫人的熟人间引发了热烈的笑声。她从一个有名望的朋友那里接手了一只满口脏话的鹦鹉，这些脏话是从经常出入该家庭的军人那里学来的。[23]然而，与鹦鹉在一起的生活并不都是欢笑和温柔；许多鹦鹉会咬人，破坏家具，大声尖叫，或者拒绝说话。在《分类百科全书》的鸟类卷中，莫迪指出了鹦鹉的几个不足之处。他建议将金刚鹦鹉放在前庭，在那里进出时可以顺便欣赏它们的美貌，还能与它们聒噪的声音保持距离。金刚鹦鹉和凤头鹦鹉都有破坏性倾向，可以给它们一些木头碎片发泄精力，它们会花一整天时间快乐地撕碎这些木头。不过，有些鸟永远无法成为令人满意的宠物。莫迪有一只来自圭亚那的蓝头鹦鹉，性格极度沉闷，不招人喜欢。尽管这只鸟非常美丽且稀有，但它总是显得很悲伤，从不说话，也不发出任何声音，要不是每天移动两三次来获取食物，可能会被误认作标本。[24]许多主人会后悔购买，或想要卖掉不需要的动物，有些人很可能认为他们的鹦鹉更像装饰品，而不是家庭伴侣。

猴子和其他动物

人们从来没有像饲养鸟那样广泛饲养猴子，但在18世纪后半叶，猴子也比较容易获得了。1752年，一本专门写猴子逸事的书中谈道，猴子当时变得很普遍，巴黎“相当多人的家里”都能看到它们。[25]当时有许多不同的品种，但现在很难辨别到底是哪些，因为当时人们对它们的描述常常含糊不清。在《巴黎通告》上出售的动物往往被简单地列为“猴子”，或按其原产地（塞内加尔、几内亚、马达加斯加）来区分。有一些品种现在可以辨别出来，其中最常见的是新大陆卷尾猴——有时被称为杂耍卖艺猴——和非洲绿猴。像鹦鹉一样，猴子也得进口，而不是在当地繁殖。不过，自然史文献和期刊也记载了一些猴子在人工饲养下繁殖的情况。一些作者认为，只要照顾得当，它们很快就会被驯化为家养动物。[26]

猴子的价格很高，但不固定，《巴黎通告》上的报价从96里弗尔到720里弗尔不等。实际销售价格可能低于要价，因为讨价还价再正常不过。十几岁的热纳维耶沃·德·马尔布瓦西埃描述了这一过程，某个午后她和家人正在林荫道上悠闲散步。他们在一队“行走的猴群”前停下，看中了一只特别迷人的猴子。商人要价 480 里弗尔，她母亲的朋友出价 240 里弗尔。她在给朋友的信中说："这本来是件很疯狂的事，但它真是太漂亮了！"[27]

从销售广告中使用的形容词来看，购买者主要是寻找非常温和或非常驯服的猴子，这当然是因为猴子有品行不佳的名声。年幼的和长得漂亮的也很受青睐，前者可能是因为年幼的动物更容易驯服。卖家有时会强调它们与人类的相似之处，或者它们有能力为人类服务。曾经有一位管家要出售一只"小体型品种的猴子，大约 10 个月大，棕色皮毛"，还有一则广告提到一只"阿拉伯猴子，体型大，非常温顺，可以家庭饲养"。[28]

许多猴子的主人很珍爱他们的宠物，因为它们有丰富的感情和滑稽的动作。不过，有些人认为它们既肮脏又恶毒。奥伯基希男爵夫人访问巴黎时，在餐桌上遇到了一只猴子，这让她很不高兴。看完歌剧后，她受邀参加王后的女伴希迈亲王夫人家中举办的一场聚会。希迈亲王夫人的卧室旁有一间房子，里面住着她最喜欢的一只猴子和一只小狗。当男爵夫人和亲王夫人等一行人还在剧院时，猴子从房间里逃了出来，它重新装满了狗的水盆，然后来到女主人的化妆台前。它喷上香水，身上涂满了粉，还抹了胭脂和美人痣，"学着见过的女主人的样子；只不过它把胭脂抹在了鼻子上，把美人痣点在了额头中间……突然……在吃饭时候，它走进餐厅，带着这副装扮跳上桌，奔向它的女主人”。男爵夫人在回忆录中说，虽然这只动物看起来非常有趣，但她并不赞成在室内养猴子。[29]

尽管金丝雀、鹦鹉和猴子是最受欢迎的外来动物，也是旧制度时期巴黎文化舞台上为数不多的常规演员，但是人们也会饲养或尝试饲养其他种类的动物作为宠物。比较受欢迎的物种还包括吃种子的小型鸟类，例如爪哇雀和非洲文鸟。[30]贵族们通过联系旅行在外的朋友或花大价钱，积累了大量稀有和不寻常物种。庞蒂耶夫尔公爵获得了一只东印度鸟，它的羽毛非常吸引人：头部和背部是黑色，胸部是赭黄色，尾巴上长着长长的蓝黑色羽毛。这只鸟飞走后，他在《巴黎通告》上刊登了最早的失物招领启事之一，称“这只鸟非常罕见”，并向发现者提供合理的报酬。[31]蒙米拉伊侯爵养了几只仓鼠（当时还没有成为常规宠物），而其私人动物园的来访者还会惊奇地发现一只倒挂在树枝上的树懒，它长长的指甲缠绕在树上。[32]其中一些动物，实际上是笼养的野生动物，肯定主要是作为奇观来饲养的，而不是宠物。例如，马尔桑伯爵夫人把一只来自马达加斯加的“老鼠”养了3年，但它总是咬人，一直未被驯服，而且只在晚上才敢从笼子里出来。[33]

笼子和看护人

1778 年 10 月，一名工人找到了一只鹦鹉，他表示很乐意接受奖励，并希望能补偿他不得不为这只鸟购买的笼子。笼子和链子是驯养半野生动物所必需的，但其大小和样式取决于动物的种类和主人的能力。[34] 体型小的鸟可以关在一般的笼子里，也可以几十只一起关在较大的建筑物里。有些人将鸟舍安装在窗台上，宽敞的室外鸟笼在贵族中很受欢迎；巴黎旅行指南中还曾描述过一些这样的鸟笼。[35] 鹦鹉的笼子很大：一则关于金刚鹦鹉笼子广告称其尺寸为 5 英尺 ×3.75 英尺 ×2.5 英尺，或者相当于现代家用冰箱的大小。鹦鹉有时不关在笼子里，而是用链子拴在鹦鹉架上，而猴子则用附有铁球的锁链来束缚（图 5.2）。有些笼子非常精致：鸣禽的笼子可能有喷泉、小雕像、盛放鲜花的容器，或者在下方放一个狗窝。一则广告中描述了“适合公寓或花园的漂亮鸟舍，有一个带柱廊的水塔、四道流水、数个瀑布和喷泉，以及 40 个雕像组成的骑兵营，这些士兵在鸟琴声中会排成两列行进”。猴子的居所也可以布置得很时髦：有一家糖果店曾将一只狨猴及其印度风格小屋和银链一起打包出售。便宜的花 72 里弗尔就能买到带轮子的鸟笼，适合养金丝雀、金翅雀和其他小型鸟；贵的价格则高达 4000 里弗尔，能买到 7 英尺高的鹦鹉

图 5.2　一只宠物鹦鹉在架子上与人对话的情景。作品名为“消遣”，由利内根据弗罗伊登贝格的作品创作，收藏于法国国家图书馆版画部，Oa80 rés plate 4。巴黎法国国家图书馆提供。

笼，上面有镀金黄铜装饰。[36]

一些动物明显表现出对笼子的厌恶。金刚鹦鹉和凤头鹦鹉在不情愿的情况下会尖叫或拔掉自己的羽毛。宠物经常从打开的笼门飞出，或挣脱锁链，搞恶作剧（图 5.3）。[37] 不过，表现良好的动物也可以有自由行动的权利：博马雷的灰鹦鹉和他一起在餐桌上吃饭，布封家的鹦鹉白天可以在室内自由活动。布封的白腹长尾猴经常挣脱长链子，但一旦被抓到，它会很配合地回来。[38]

就像野生动物对被圈养有不同的反应一样，人们看到笼子和链子后的反应也因人而异。这些截然不同的观点反映了一种文化上的拉锯现象，这种文化建立在权威的枷锁之下，但在这种文化中，自由正成为流行的论调。在对圈养的正面描述中，笼子被视为庇护所，保护动物免受严酷世界的伤害。这些描述往往会将笼子里的动物与脆弱的人类明确联系起来，通常是年轻女孩或妇女。在一首题为《自由的危险：写给年轻女孩的道德故事》的诗中，一个 15 岁女孩觉得自己被囚禁了，因为她的母亲既不允许她出去社交，也不允许年轻男子到家里来。一天早上，小朱莉的金丝雀边叫边挣扎着要从笼子里逃脱。“可怜的小宝贝！我把你囚禁起来了。”她叹息道。她觉得自己与这只鸟的处境十分相似，于是就放了它。这只鸟飞到屋顶上，但并没有过上幸福的自由生活：它马上就成

图 5.3　一只白面卷尾猴，现场还有断掉的链子与恶作剧的结果——破碎的罐子和乱七八糟的纱线团。摘自布封等著,《自然史》，第 15 卷（1767），插图 9。威斯康星大学麦迪逊分校综合图书馆系统特别馆藏部提供。

了邻居家猫的美味佳肴。[39]

与这些正面形象相对立的是对笼子铺天盖地的批评，这些批评既针对现实的笼子，也针对隐喻的笼子。一本流行的自然史文献将鹦鹉描述为装饰我们家园的美丽鸟类，但同时也指出："尽管如此，我们还是应该注意，它只有在外面（大型鸟舍中）才是真正的装饰品。所有室内圈养鸟或小笼中的鸟都不快乐，因此对任何有人性的人来说，也不是愉快的体验。"路易 - 塞巴斯蒂安 · 梅西耶轻蔑地谈到那些把宠物关在笼子里的工匠，"仿佛是为了让它们分担自己被奴役的乏味生活"。[40] 第七章将更全面地探讨动物和奴役的象征意义。

在 18 世纪晚期，许多非常昂贵和不寻常的动物仍然是富人的专属宠物，但经济地位较低的人，甚至是梅西耶提到的工匠，也比以前更容易获得外来宠物。几天内，《巴黎通告》上就刊登了两则"丢失鹦鹉"的启事，这充分说明了饲养宠物的人范围非常广泛。其中一则由一位木匠发布，他把宠物简单地描述为"一只左脚跛行的灰色鹦鹉"。第二则启事涉及一位高等法院荣誉顾问，他家跑丢了一只"漂亮的苹果绿鹦鹉，以脖子上的一个圈为界，头部红色，喉咙以下黑色，红喙，绿色长尾巴"。[41] 历史学家记录了 18 世纪法国奢侈品"向社会下层流动"的趋势，奢侈动物也不例外。[42] 丢失鹦鹉和长尾小鹦鹉的人的职业清单，上至权贵（奥尔良公爵的管家）

下到平民（包括一位马鞍匠、一位面包师和四位咖啡馆老板，表5.2）。面包师和咖啡馆老板可能确实相当富裕，但即便如此，这份名单显示，外来宠物已经远远走出了贵族圈子。

男人、女人和孩子都养过外来宠物，有时还会在它们身上倾注大量心思和时间。在《巴黎日报》刊登的一封信中，一名男子向其他爱猴人士寻求建议，想知道如何治疗他心爱的猴子咬尾巴的毛病。两周后，编辑回报说，读者提出了各种纠正方法，包括把它送回故乡，鞭打它（据说这种方法对鬣狗有效），让它改吃素食，以及给它喂大量的蜗牛。[43] 另一封写给该报的信讲述了一位妇女在她的鹦鹉被洪水淹没后，花了两个小时进行口对口人工呼吸的故事。[44] 一位假发制造商的小女儿有一只宠物猴子，每天晚上都睡在她的床脚。[45]

从热讷维耶沃·德·马尔布瓦西埃写给朋友阿代拉伊德·梅里昂的信中可以明显看出，两个女孩和她们的宠物关系亲密。热讷维耶沃有几只金丝雀、一只金翅雀和一只卷尾猴，而阿代拉伊德也有一只猴子、几只金丝雀和一只长尾小鹦鹉。热讷维耶沃替阿代拉伊德照顾鸟儿时，会给它们喂小片的食物，和长尾小鹦鹉说话，并一直教金丝雀唱歌。她写道："我每天都反复教它，如果它没有进步也不是它的错；它非常努力。"当阿代拉伊德的猴子布吕内病入膏肓时，热讷维耶沃每隔几天就会问候一次，她在一封信的结尾说："我亲吻你们，

表 5.2 《巴黎通告》上寻找丢失鹦鹉或长尾小鹦鹉的人的职业

职业 / 称号	登报日期与广告页码
演员	1788.11.12　1628
面包师	1782.8.2　1784
公寓老板	1783.4.16　920
制箱师	1788.5.6　1301
商人	1788.7.19　2061
纽扣商	1788.8.19　2347
咖啡馆老板	1788.9.12　2531
	1786.6.10　1540
	1786.7.31　2035
	1787.6.3　1579
木匠	1787.8.3　2164-2165
酒席承办商	1782.7.15　1636-1637
奥尔良公爵的管家	1790.5.23　1428
建筑书记员	1789.9.8　2576
钟表匠	1787.10.4　2732
	1789.5.28　1592
政府专员	1784.10.26　2819
皇家邮政信使	1788.7.19　2061
水运局局长	1786.6.9　1540
布商	1779.6.17　1340
金匠	1788.7.31　2116
	1783.10.19　2512
	1785.6.6　1528

续表

职业 / 称号	登报日期与广告页码
	1786.6.19　1725
杂货店主	1788.6.7　1628
鱼商	1785.9.20　2524
高等法院荣誉顾问	1782.7.19　1669
律师	1780.1.3　21
	1787.10.12　2803
公证人	1788.2.24　548
	1788.7.18　2053
香水商	1783.1.20　164
药商	1787.10.14　2828
税务局长	1779.1.1　75
马具商	1781.6.21　1441
	1781.12.19　2909
文具商	1781.1.13　99
外科医生	1781.9.12　2119
	1786.10.7　2652
砖瓦商	1780.2.17　381
醋商	1783.7.15　1723-1724
壁纸商	1783.9.5　2339
小麦商	1778.1.18　925

你和布吕内。”[46]父母和教育工作者可能曾试图阻止孩子贪求外来生物，但是效果不明显；有一本（显然由成年人写的）儿童读物的小主人公告诉他的老师，“如果鹦鹉不那么脏，那么坏脾气，那么吵，我会疯狂地喜欢它们”。[47]

照顾宠物是一项繁重的工作。它包括准备食物（通常是面包糊，与鲜肉或虫子混合，供食虫动物食用），清洁笼子和食盘，确保动物不会太热或太冷（这往往意味着需要将它从一个房间移到另一个房间），以及在它生病时准备和实施救治措施。在富裕家庭中，这些任务往往落在仆人身上。然而，依靠仆人也有不尽如人意的地方，粗心大意的雇员会因过失导致的灾难而受到责备。例如，那只被救活的鹦鹉据说是因为仆人把它留在花园里透气而被卷入了洪水中。[48]

1780 年，一封写给《巴黎日报》的信警告说，有些仆人不仅粗心大意，而且心怀恶意。这位署名达雷的作家讲述了这样一件事：为了避雨，他走进了圣日耳曼郊区街一家卖鸟的商店。过了一会儿，他看到一个仆人提着一个笼子进来，里面装着死金丝雀，并对商人说：“这只鸟不能唱歌了。再给我一只吧。”笼子里的那只是雄性金丝雀，看起来像是被猫咬死的。达雷确信，这个仆人是想偷梁换柱，瞒着女主人，找一只长得差不多的，替换掉死掉的这只。可是他只看雌性金丝雀，而不是价格更高、会唱歌的雄鸟。达雷问他如何向女主人解释这只鸟不再唱歌了。仆人答道："我会说它正在换毛。"然后他就离开了，到另一家商店去找更匹配的。达雷震惊地和商人讨论他刚刚目睹的流氓行为，可是商人告诉他，这不是什么新鲜事，这种事情每天都在发生。她说，仆人还会用训练有素的金丝雀换取更便宜、未经训练的金丝雀：他们会把 3 到 4 里弗尔的差价装进自己的口袋，然后扭断新鸟的脖子（大概是为了伪装成自然死亡）。达雷在信中说，这件事不仅对那些像他一样喜欢养鸟的人是种启发，而且他认为一定要提醒"一半的巴黎人提防另一半人；也就是说，主人要提防仆人，或者诚实的人要提防无赖"。[49] 仆人可能会被安排做那些照顾宠物的脏活，但他们中的一些人找到了办法，让主人付出了代价。

然而，当宠物死去时，并不是一切都无可挽回了。宠物主人可以通过一种 18 世纪和 19 世纪大部分时间里很常见的做法来减少损失：把宠物做成标本。许多动物标本制作人会在期刊上刊登广告。大多数广告针对的是那些想将动物放进博物陈列柜里保存起来的人，但也有一些可以提供宠物保存服务。一位名叫博杜安的女士在 18 世纪 60 年代经常在两份期刊上登广告，她的动物标本和博物标本生意看起来很兴旺，她承诺自己制作的标本可以保存 50 年以上。她有一则广告，开头就呼吁失去宠物的主人："有些家养动物的离去让我们感到痛苦；我们希望至少能保持它们的形体。”[50]18 世纪 80 年代，斯特拉斯堡的弗罗马若·德·韦拉克斯先生在写给《巴黎日报》的信中描述了他发明的一种新保存方法，声称这种方法可以将鸟类保存几个世纪，价格从 36 到 150 里弗尔不等。他后来报告说，在随后收到的订单中，有一位女士要求保存心爱的长尾小鹦鹉的遗体。不幸的是，他无法为之准备合适的场面，因为她送来的鸟儿缺少了一些重要的羽毛，而且他在斯特拉斯堡也找不到长尾小鹦鹉的假眼睛。他要求所有给他寄来鹦鹉、长尾小鹦鹉或其他外来（异国）鸟类的人，确保鸟儿不缺少所有重要的羽毛。[51]

奢侈品、性别和模仿：宠物主人的肖像画

当一个女人把她死去的鹦鹉送到斯特拉斯堡，想让它变成一个不朽的艺术品时，她的行为是否表明了人与动物之间感人的牵绊？还是说，这更像是一件蠢事，单纯是为了给大价钱得来的显眼财产续命？在《人类与自然世界》一书中，基思·托马斯宣称，在 18 世纪晚期的英国，人们普遍对动物抱有同情心，因为此时人类感觉对自然的统治地位已经稳固，而且安全地远离了荒野。赫斯特·黑斯廷斯也记录了 1750 年以后法国对人道主义态度的转变——或者说在口头表达上对

人道主义态度的转变。[52] 我见到过许多表达对宠物强烈喜爱的文字，这似乎印证了这些关于 18 世纪后期人们对动物态度的概括性说法。但大家都知道，煽情的语言甚至行动可以用来掩盖卑鄙的动机。18 世纪末期，批评家开始质疑这些宠物主人的诚意。在写给期刊的信中，在逸事、诗歌和讽刺诗中，批评家指责人们——尤其是女性——伪善和过度感情用事。这是启蒙思想家和其他人，针对贵族和君主的过度挥霍行为（包括动物园）、针对奢靡浮夸之风发起的广泛的抨击的一部分（见第二章）。当抨击的对象是女性时，这些指责与更广泛的批评融合在一起，指责女性肤浅、花哨和轻浮。

当时，财富开始取代家庭背景来决定社会地位，显而易见，宠物渐渐变成炫耀性的消费品。它们可以被看作奢侈品，就像艺术品或精美的衣服和家具一样。人们看中的是它们所传达的信息，即其主人是个有能力的人。当时的肖像画证明，富人不仅喜欢炫耀精美的织物、家具和发型，而且还喜欢各种奇特品种的狗，以及宠物鹦鹉和猴子。外来宠物的价值既与稀有性有关，也与全球贸易的发展有关，像咖啡这样的外国商品一样，它们有一种特殊的魅力。丹尼尔·罗什认为，它们之所以受欢迎，是因为“它们具有异国情调，也因此代表着现代性和商业性”。[53]

路易 - 塞巴斯蒂安·梅西耶在《巴黎画像》第一章中写

道，在18世纪末的巴黎，外来商品泛滥成灾，在一个陈设讲究的家庭用餐，会让你有种漫游世界的错觉。你坐在铺着印度纺织品的椅子上，喝着用中国或日本瓷器冲泡的亚洲茶叶，用从秘鲁矿场抢夺来的银勺舀不幸的非洲人在美洲种植的糖，读着新闻报纸上世界各地的战争，“所有的东西，包括房子里的猴子和鹦鹉，都让你想起航海的奇迹和人类的狂热活动”。[54] 越来越多人像梅西耶一样，开始质疑消费增长的社会与经济后果，他们认为，昂贵的宠物是过度消费的表现之一，过度消费则耗尽了欧洲的贵金属，引发了战争，还加剧了贫困。[55] 外来动物常常与那些不顾后果的富人联系在一起，他们骑在同胞头上前进。例如，1787年《巴黎日报》上刊登的一封信写道，一个行人被一辆马车撞倒，驾车的是两个衣着浮夸的男人，一个穿得像金刚鹦鹉，另一个像斑马。[56]

虽然稀有宠物是借以嘲笑富人的方便工具，但它们也可以用来打击下层人的所谓贪婪。有一个广为流传的故事，也曾出现在戏剧舞台上，同时嘲讽了上层和下层。一个女人在和她的贵族情人去看歌剧的路上，看到一家商店里栖息着一只可爱的鹦鹉，它会愉快地和所有过路的人聊天。这位女士惊叹地说，她一定要拥有这只鹦鹉，而她的情人则承诺，无论花多少钱，都会为她买下来。第二天，他果然又来了，要花一大笔钱买这只鹦鹉。店主道歉说，这只鹦鹉是他妻子的，妻子对它很有感情，所以店主不敢卖掉它。妻子回来后，店主把这件事告诉了她。妻子把他痛骂一顿，说他和鹦鹉一起，只要一半的价格，她都愿意卖。而店主被妻子这种不领情的态度激怒了，拧断了鹦鹉的脖子，扔进了汤锅里。[57]

这个故事和其他许多故事一样，围绕着女性宠物主人展开。到目前为止，在抨击主人与动物伙伴的关系方面，女性受到的批评最多，而且从故事、插图，甚至一些自然史书籍来看，人们认为女性和儿童几乎总是家里的宠物饲养员。照顾宠物的书籍都是面向他们的，绝大多数故事、逸事和诗歌都以女性作为宠物主人；甚至有一个故事讲述的是，一位女性认为自己变成了一只鹦鹉。[58]我们不可能知道实际上有多少宠物主人是女性，但对女性宠物主人的描述显然与现实不一致。在回忆录、期刊收到的信件、自然史文献和其他资料中都提到了许多男性宠物主人，实际上，在寻找鹦鹉和长尾小鹦鹉的启事里，宠物主人或联络人只有大约三分之一是女性。[59]

作家将女性和宠物联系在一起，原因之一是主人和动物之间亲密的身体和情感联系会让人联想到浪漫和情色的意味。男性作家和艺术家倾向于将女性与宠物的关系描绘成要么充满情欲，要么充满敌意，这取决于宠物喻指的是男性情人还是极为强大的竞争对手。诗歌中描述了对宠物如雨点般的亲吻和金丝雀求爱的甜蜜；情人把自己想象成被带到美人唇边的金丝雀，或者被爱唤醒的鹦鹉。例如，有一首诗写道，一只鹦鹉在买它的老妇人面前像哑巴一样无动于衷，不论老妇人如何温柔地爱抚它；但当它看到她美丽的小女儿时，它马上就开口说话，勇敢地表达爱意。[60] 艺术家的创作也涉及了这一主题：让 - 巴蒂斯特·格勒兹的著名画作《为死去小鸟而伤心的少女》就是典型的例子。这幅画描绘了一位美丽的少女，她嘴唇丰满，衣着宽松诱人，悲伤地将头靠在手上，目光低垂；在她面前有一只失去生命的鸟儿仰面躺在笼子上。狄德罗对这幅画的分析可谓生机勃勃，他把女孩的眼泪解释成患上了相思病："我敢说，这个孩子是在为别的事情哭泣，这种痛苦！在她的年龄不会是为了一只鸟！"他轻佻地说："如果是我造成了她的痛苦，我倒也不会太难过。"[61]

有时候，她们的眼泪和亲吻确实是为了鸟儿而不是为了爱人，这也激发了一些诗歌的创作，比如有一首诗指责女性忽视了她们热忱的爱人，沉迷于鹦鹉、音乐、天文学和其他奇怪的想法。[62] 一则幽默逸事将这种观点发挥到了极致：一位时髦女士养了一只鹦鹉，她说她爱它胜过爱自己的生命，为了这只鹦鹉，她愿意献出自己所有的情人。当这只鸟飞走时，她非常悲痛，扯着自己的头发，放声痛哭："啊！我可怜的鹦鹉，只要能再见到你，我愿意付出一切。谁把你带回我身边，我就跟谁睡。”第二天，一位健壮的送水工带着她的鸟出现了，并说他在厨房听到了她的承诺，他是来领赏的。这位女士不愿意让一位送水工玷污这张接待过公爵、主教和高等法院院长的床，于是提出付给他钱。送水工要求她遵守承诺，于是她屈服了，叹着气说，好吧，他也是个男人，和其他人没什么两样。之后，她就跑去和她的鹦鹉团聚了，完全忘了自己为此付出的代价。[63]

许多评论家认为，人们——尤其是女性——饲养宠物更多是为了炫耀，或是为了花哨的玩乐，而不是出于真正的感情，他们将饲养宠物与肤浅生活方式的其他方面联系起来。讽刺作家卡拉乔利将矛头指向了女士的盥洗室。他写道，她化妆的仪式肯定是从猴子那里学来的，她花几个小时做头发、穿衣服、闲聊和谋划，而她的鹦鹉、金丝雀和狗也会陆续进来欣赏和亲吻她。卡拉乔利在他的《批评辞典》中继续嘲笑宠物，将卷尾猴描述为“人们为了炫耀而养的小猴子，或者因为它们与它们的主人很像”，而鹦鹉则是为游手好闲者准备的。年轻的纨绔子弟以教老伯爵夫人的鹦鹉说闲话为乐，他还提到学者们既不养猴子也不养鹦鹉。[64]一幅滑稽画作嘲笑了猴子的主人及其奇特的发型：画上是一位衣着光鲜的女士，她的长假发被火烧着，因为一只猴子爬上窗帘，打翻了蜡烛

（图 5.4）。梅西耶将宠物猴描绘成临时的时尚装饰品，并指出，在 18 世纪 80 年代，上流社会的女士把她们以前为之疯狂的猴子扔到一边，转而喜欢上了年轻的黑人奴仆。[65]

在许多广为流传的逸事和戏剧中，女性把宠物当作商品。有这样一个故事：一位年轻女子恳切地请求法官答应她一件事；法官最终同意了。结果发现这个女子是想从法官的鹦鹉身上取下一些羽毛，添加到漂亮的头饰中，因为这些羽毛的颜色正好与她的礼服相配。法官回应说，他要先问问妻子，因为她才是鹦鹉的主人。[66]在另一个被搬上戏剧舞台的宠物故事中，一个女人的两位情人一直在努力满足她的要求。她说服情人 A 给她买一只在布料商店看到的长尾小鹦鹉，又要求情人 B 去买演员阿斯特利养的那只有名的猴子。不幸的是，情人 B 无法说服阿斯特利把猴子卖给他，于是他从一家家禽店买了一只长得一样的猴子，这只猴子本来在店里给鸡拔毛。有一天，这位幸福的女主人把会拔毛的猴子和长尾鹦鹉留在了同一间屋子里……情人 A 确信鹦鹉的羽毛被拔光是情人 B 故意耍的把戏，一场血腥决斗接踵而至。[67]

卢梭崇尚自然胜过现代文明，在他的启发下，有些人认为闺房不仅仅是个铺张浪费的地方，甚至还可能对饲养在那里的野生动物有害。例如，博物学家勒·瓦扬在他的一篇南部非洲游记中，比较了在那里遇到的一群野生猴子与娇生惯

图 5.4　一位发型时髦的女士的高耸发髻意外着火。罪魁祸首是画面上方那只狰狞的猴子，它手里还拿着一支蜡烛。收藏于法国国家图书馆版画部，Oa20，第 12 卷。法国国家图书馆提供。

养的巴黎“退化”宠物猴，后者“在欧洲的奴役、恐惧和无聊中凋零，或者在我们女人的爱抚下窒息而亡，甚至被她们的糖果毒死”。[68] 所有宠物都被批评为奢侈品，但鹦鹉和猴子与本地动物不同，不仅因为它们是外来的，不在本地繁殖，还因为它们没有任何可用之处。狗经常被称赞为警卫、猎手和牧者，而猫则驱赶有害虫兽，但那些圈养在闺房里的宠物可能并没有这些功能。

一些批评者认为，花在宠物身上的时间和精力可以更好地用于更重要的目标或追求。对其中一些评论家来说，宠物似乎是一种浪费感情的宣泄方式，而这种情感本该指向人类。一本流行的自然史图书警告说，女性不应该只养一只金丝雀或“像坚果一样大小”的狗，因为她们对宠物的感情有可能超过对朋友的感情。一本讽刺词典将金丝雀定义为“一种来自加那利群岛的黄白色小鸟，不知是多少女性和修女的消遣品，她们往往宁愿看到死人，也不愿看到死鸟”。[69] 还有一些评论家建议把研究当作一种更有价值的追求。写给《巴黎日报》的一封信描述了一种能让孩子集中注意力学习的万无一失的方法：写信的人声称，他曾通过折磨和杀死一个小女孩的宠物鹦鹉来吓唬她学习阅读，然后得出结论说，世界上少一只鹦鹉，就能多一个贤惠的女人，这是值得的。在弗罗马若神父的系列教科书序言中，他推荐说，博物学非常适合女孩学习；它不仅是无聊和无所事事的解药，而且一旦女孩接受了教育，她们就不会再喜欢与狗、猴子或鸟交谈了。[70]

毫无疑问，所有这些冷嘲热讽所展示的，更多是人们对女性的普遍态度，而不是女性和宠物之间的实际关系。历史学家研究了关于女性消费者角色的争论，揭示出一幅复杂的图景，反映了人们对商业本身自相矛盾的看法。一些评论家争辩说，由追求时尚和与时俱进的欲望所驱动的消费有力促进了生产；另一些评论家则认为，女性贪得无厌的需求会带来堕落，分散男人对严肃事务的注意力，鼓励无节制消费。[71] 钻石项链事件是一个广为人知的丑闻，似乎支持了堕落影响力的观点。在这个事件中，一个年轻女子冒充玛丽·安托瓦内特，从一个暗恋王后的显赫贵族那里骗取了一条昂贵的项链。[72] 大众媒体上女性宠物主人的形象表明，对女性的批评观点十分普遍。

宠物，尤其是鹦鹉和猴子，也与另一种批评联系在一起，这种批评不着眼于宠物主人的行为，而是用这些流行宠物的模仿行为来暗指被模仿者的行为。这些类型的隐喻存在于许多语言和文化中——例如英语中的动词“to ape”（像猴子一样模仿）和“to parrot”（像鹦鹉一样学舌）——并且是巴洛克艺术中“猴戏画”的流行主题，但在 18 世纪的法国，它们具有特别强烈的意义。[73] 在这一时期的一些圈子里，人们对能言善辩的冒名顶替者的焦虑非常强烈——这种恐惧加上时尚人士盛行将鹦鹉和猴子作为宠物，使人们很容易将会模仿的动物类比成“小气绅士”或“小气小姐”（可大致将其译为攀附者，图 5.5）。越来越多的人可以获得这些消费品，并学会使用有教养的人的词汇，那么要如何区分名门和暴发户，如何区分受过传统经典教育的人和只会翻看某个专门领域词典的人？

谈到 18 世纪后期对模仿的表述，人们常常提到让 - 巴蒂斯特 - 路易 · 格雷塞的畅销诗《韦韦尔》。这首诗讲述了一群修女教宠物鹦鹉祈祷的故事。这只鹦鹉变得非常出名，河下游的另一个女修道院问是否可以把它送到她们那里。修女们把鹦鹉韦韦尔送上了前往南特的船。在航行中，韦韦尔发现它圣徒式的语言受到了嘲笑，为了融入船上的生活，它学会了像船夫一样说脏话。在它到达新修道院后，院长介绍它时，所有的修女都满怀期待地聚集在周围。它张开嘴，大声叫道：“天啊！修女们是不是疯了！”同时还夹杂着几个它刚学会的刻薄短语。修女们立即把它送回了原来的修道院，之后它被关在笼子里，没有食物，也不能去花园散步。然而过了一段时间，它又恢复了虔诚的谈吐，修女们为了庆祝它重获自由举办了盛大的聚会。这个可怜的被解放者，由于吃了过量的糖果，很快就死了。这首诗被多次重印，后来被搬上戏剧舞台。[74]

图 5.5　一只时髦的猴子：献给法国的小气绅士。这只猴子展示了当时最时尚的配饰：雨伞、怀表、手杖和皮手筒。收藏于法国国家图书馆版画部，埃南藏品，第 109 卷，#9571，Qb 1775。法国国家图书馆提供。

整个 18 世纪有关鹦鹉的逸事和诗歌，经常利用这种语言主题，讽刺其下掩藏的无知。格雷塞用绿鹦鹉韦韦尔毫无意义的圣母颂词来讥讽那些机械念诵宗教誓言的人，此外还有一些嘲笑无脑的社会闲话的逸事，例如这首“鹦鹉墓志铭”：

这里躺着雅科，它死于衰老
被它温柔的女主人温柔地爱着；
它从不开口，除了随声附和；
有多少人已经或者将要像它一样死去！[75]

模仿故事也可以作为一种幽默的方式，透过表象，揭示通常隐藏的社会或政治真相。有一首诗嘲讽了掘金者，讲述一个“攀附者”的猴子的冒险经历，这只猴子仅仅通过精心打扮和假装富有就偷走了主人的情人。在政治方面，巴黎流传着一则笑话，说腐败的财政总监泰雷有一只鹦鹉，只会说“住手，小偷！”1771 年，路易十五解散巴黎高等法院的动乱时期，一本匿名小册子出版了，其中有一篇讽刺面更广的文章。这个故事的主角是颇受欢迎的巴黎演员阿斯特利。在故事中，阿斯特利把他训练的猴子“雅科将军”打扮成一位法官，并把它介绍给人们。起初，这只猴子非常受欢迎，但当它开始发表比真正的官员更有智慧的言论时，它就被流放了。[76]

宠物和学者

社会批评家并不是唯一写到家养宠物的人，启蒙思想家和博物学家也观察和描述了这些动物和它们的行为。对于18世纪的博物学家来说，宠物是一个比今天更正当、更重要的研究来源，主要原因有二。首先，有时宠物是他们当地，甚至可能是整个法国或欧洲能见到的某一物种的唯一活体。其次，与现在相比，当时的博物学家对动物的驯化能力以及它在人类社会中的行为方式更感兴趣。[77]宠物的自然史也为博物学家的文章增添了更多与人有关的元素。通过观察到的动物，他们可以提及这些动物主人的名字，进而扩大受众范围，并让宠物主人享受到参与自然史项目的乐趣，看到自己的名字出现在文章中，他们宠物的魅力得以广为流传。

布封、道本顿和莫迪密切关注宠物，记录了他们自己、同事和朋友以及其他联系人观察到的内容。如前所述，莫迪从捕鸟人那里获得了很多信息。他自己也养了许多鸟，把它们养在自己的房子和花园里。[78]布封也有一个大型的私人动物园，里面有各种本地和外来哺乳动物和鸟类，而且通过与其他贵族的联系，他还接触到了一些不同寻常的物种。[79]他观察到布列塔尼高等法院院长德·罗宾在帽子里带着一只温顺的猫鼬；他还提到两只迷人的黑松鼠猴，一只属于蒙米拉伊侯爵，另一只属于布永公爵。公爵的猴子死后成为皇家陈列室的展品。道本顿目睹了蒙米拉伊的树懒紧紧抓住一张赌桌的边缘，慢慢爬到桌子下面，然后再也爬不上去。蒙米拉伊送给布封两只活的仓鼠，布永公爵给了他几只水豚，德庞斯夫人给了他一只来自印度本地治里的犀鸟，蓬帕杜夫人将她患有癫痫的绯红金刚鹦鹉、猴子和狗作为遗产赠送给了他。[80]

布封在文章中赞扬蒙米拉伊为推动博物学所做的一切，也感谢布永公爵的贡献，他写道："他对异国动物很感兴趣；很荣幸，有时他会叫我去看它们，出于对这项美好事业的奉献精神，他还给了我几只。"[81] 其他博物学爱好者也会用书信或笔记记录他们的宠物，布封经常大段大段地引用。他的妹妹提供了一些关于灰鹦鹉的观察报告，他的朋友，当地的父伊尼亚斯·布戈也提供了他的"黄头鹦鹉"笔记。[82] 在一篇关于凤头鹦鹉的文章中，有一段华丽的赞美就来自博物学家松尼尼·德·马南库尔撰写的一篇笔记。这篇笔记描述了一只鸟儿温柔的天性和可爱的习性，"目前在南锡给一位美丽善良的女士带去了欢乐"。[83]

《自然史》早期几卷的读者有时会寄来他们的观察记录，这些投稿发表在这个长达数十年的系列丛书的后几卷中。例如，法国科学院的库蒂夫龙侯爵就曾质疑布封关于水獭不可教育的论断，他报告说，自己在欧坦的一座修道院里经常和一只温顺的水獭玩耍。另一位读者养了一只驯服的蜜熊，他为只能寄来一封信而道歉："有几次我下定决心要把这只活物交给您，接受您的观察，但每当它轻轻抚摸我，在我身边欢快地玩耍，我就会被它的可爱举动诱惑，一直没有勇气与它分开。"[84] 因此，《自然史》至少启发了一些读者，让他们从促进自然史知识的角度来看待自己的宠物，而这个项目最终在某种程度上，成为布封和他的读者之间的对话。

宠物行为为博物学家提供了完美的讨论专题，以满足 18 世纪文学作品中经常提到的那个目标，即"娱乐与教化"。布封显然乐于描写可能为人们熟知的宠物的滑稽动作，以取悦和打动读者（例如上文引用的关于金丝雀和鹦鹉的描述）。然而，当作家屈服于有趣的宠物故事时，他们有时觉得有必要提醒读者他们的严肃用意。在洋洋洒洒地描述了一只凤头鹦鹉和一只猫之间的感人友谊后，莫迪解释说，他讲述它们之间的互动，只是因为"这似乎表明凤头鹦鹉已经习惯性地将猫的名字当作这只猫本身的代表，因此，这只鹦鹉的智慧已经发展到能将两个概念结合，将一个有形物体与某种发音联系在一起的地步"。[85]

对于宠物，特别是外来宠物的行为，博物学家和其他思想家最感兴趣的两个领域是依恋和模仿。人与动物之间的情感纽带这一主题具有功利的一面，因为它是驯化的一个重要因素，但它也提出了这样一个问题，即动物与人之间的依恋是否等同于人类之间的友谊。

一些博物学家对宠物为什么会特别依恋某些人感到好奇。莫迪观察到，鹦鹉似乎会喜欢某些人，而不喜欢另一些人。布封则描述了他家养的绿金刚鹦鹉、白腹长尾猴和狐獴的喜好，后者总是会咬它不喜欢的那些人。他写道，金刚鹦鹉会因为嫉妒而攻击女主人所关注的任何人，因为它“不想分享……它所爱的人哪怕一星半点的爱抚和关注”。[86] 依恋并不是一种神秘的特质，然而莫迪声称：动物喜欢那些善待它们的人，不喜欢那些虐待它们的人。布封的妹妹也为她的灰鹦鹉对一个厨房女佣如影随形的热烈爱意找到了实际的解释。她的结论是，这种爱更多地与可以从女孩那里获得食物有关，而不是与她的个性有关，因为当一个新女孩被雇用时，鹦鹉立即把这种情感转移到她身上。博物学家萨莱纳提出，鹦鹉更喜欢女性和儿童而不是男性，这不仅是因为它们能得到女性和儿童的爱抚，还因为与他们的声音音调更接近。[87]

依恋可能看起来像友谊，但布封提出，它实际上是一种低级的情感，因为友谊需要动物所不具备的某种精神元素。然而，如果说动物不能体验到真正的友谊，那么人类也可以对事物形成动物般的依恋，此时，他们由于盲目的感情而被吸引，这种感情是没有思想的。因此，他解释说，一个女人对金丝雀的爱或一个孩子对玩具的爱，与狗对主人的爱是同一种情感。不过，狗的情感更自然，因为“它建立在需要的基础上，而其他（女人和孩子）感情的对象只不过是没有灵魂参与的、无趣的消遣品。这些幼稚的习俗之所以存在，只是因为人们无所事事，它们的力量来自空虚的头脑”。[88] 如此看来，在布封眼中，多愁善感的宠物主人因为没能发挥人类的高级能力而降低到了宠物本身的水平。

像依恋一样，模仿行为引发了关于动物领域与人类领域之间差异的问题。一个奇怪的巧合是，18 世纪最常见的两种外来宠物，鹦鹉和猴子，都是模仿人类声音和动作的群体（这真的是巧合吗）。关于两者的主题都出现在许多关于人性本质的作品中。在约翰·洛克的《人类理解论》中，他讲述了一只鹦鹉在巴西与莫里斯亲王对话的故事，在解释为什么不应该把讲理性的鹦鹉与人类这种理性动物归为一类时煞费苦心。[89] 拉梅特里引用了洛克和一些其他证据，在《人是机器》中干脆取消了这种区分，宣布语言不是人与动物之间的障碍，而且猴子很可能通过训练学会说话。[90]

许多人反对这种观点，因为它在几个方面引起了一些令人不安的想法，从永恒灵魂的本质（据说为人类所特有）到人类统治动物的合法性。布封就是最强烈反对的人之一，尽管他对鹦鹉赞不绝口，但他也经常指出动物与人类之间的巨大差距。另一位是德皮奈夫人，她在《与埃米莉的对话》中以善于模仿的动物为例，鼓励儿童理解和使用只有人类才有的能力。这本书的开篇是埃米莉看着窗外说："妈妈，我的教义问答学得很好，我可以到你旁边学习吗？啊！妈妈，快来，快来，我听到了鼓声。猴子们正路过。"埃米莉看完游行后，妈妈问了她一连串问题，让她明白，虽然猴子长得像人，但它们是不一样的，因为它们不会思考。后来，她把孩子比作会模仿的猴子，并告诉埃米莉要像小猴子一样，但不要脑袋空空，要有健全的头脑，只模仿好的、合理的东西，不要模仿不切实际的愚蠢行为。在某次讲解不要在不理解含义的情况下模仿词语的课程中，德皮奈夫人也提到了鹦鹉。不过她强调，虽然人类和动物在智力方面有差异，但猴子和所有其他动物都能感受痛苦，因此人们应该善待它们。[91] 在许多关于动物，尤其是温顺动物的讨论中，这位作家在人与动物的智力实践方面挖掘了一条无法逾越的壕沟，但同时又搭建了一座连接它们感受能力的桥梁。

莫迪和布封在讨论模仿行为时都强调了人与动物之间的这道鸿沟。在描述完鹦鹉的能力之后，莫迪又补充道，它们并没有真正的智力，因为它们无法理解词语、动作和事物之间的关系。他请读者参考布封的观点，以更全面地讨论。[92] 尽管布封在《自然史》中的许多地方都谈到了人与动物的区别，但其中有两处最广泛的讨论是关于猴子和鹦鹉的。关于鹦鹉的文章以这样概括性的话开始：人类最欣赏那些“分享他的本性”的动物——猴子“通过其外形的相似性”，鹦鹉则“通过其语言的模仿能力”。由于这些相似性，人们通常认为这些动物在某种程度上介于人和野兽之间，但这是他们的误解；这些具有模仿能力的动物甚至不是最值得欣赏的动物。布封若有所思地提出，幸好大自然没有把语言和动作模仿的能力统一在一种动物身上，否则哲学家永远无法说服人们相信这种生物只是一种动物。动物，甚至是会模仿的动物，与人类不同的地方在于，它们是作为个体而不是作为一个物种来学习的。文明的人类社会能够通过文化知识的积累不断进步。模仿不是学习，因此，“无论是会做手势的猴子，还是能重复我们话语的鹦鹉，它们的智力并没有提高，物种也没有得到完善”。事实上，鹦鹉并不比其他的鸟更优秀，猴子也不是最接近人类的动物。[93]

如果与大多数人的看法相反，鹦鹉和猴子并不是最好的动物，那么哪些动物才是最好的呢？布封给狗、大象和令人眼前一亮的南美洲喇叭鸟打了高分（图 5.6）。以狗和大象为例，与难以驯服和令人反感的猴子不同，“善待它们，向它们传达温柔、细腻的感情，引导它们忠诚依恋、自愿服从、无偿服务和无限奉献，这就足够了”。尽管这些高级物种，作为一

图 5.6　喇叭鸟，一种容易驯服的南美洲鸟。一些博物学家提出这种友好的鸟类比狗更适合作为宠物和护卫型动物，因为它们不会传播狂犬病。摘自布封等著,《鸟类自然史》，第 4 卷（1778），插图 23。威斯康星大学麦迪逊分校综合图书馆系统特别馆藏部提供。

个物种，永远不会取得人类那样的进步，但它们能够通过与人类交往和受人类指导而变得高贵。[94] 布封和莫迪都赞美了喇叭鸟，这是一种来自南美洲的极其驯服的鸟，外形很像鸡，在圭亚那的一位御医德·拉博尔德曾介绍过它的特性。德·拉博尔德认为，驯服的喇叭鸟像狗一样忠诚；它们服从并追随自己的主人，看到主人会表现出喜悦，但会赶走丑陋或有异味的人，并咬伤离主人太近的“黑人”或其他仆人。它们召之即来，喜欢被抚摸，还能学会看守羊群。根据喇叭鸟对人类社会的本能，布封得出结论，喇叭鸟优于其他鸟类，就像狗优于其他四足动物一样。他和莫迪都建议在法国驯化这种鸟。[95]

就像进口和繁殖斑马的计划一样，用喇叭鸟来取代狗的想法没能成功实现。不过，这倒是启蒙运动后期的一个美梦——一种在原生栖息地从未被驯化过的美丽鸟儿，来到法国被培育成忠实、深情、有用的伴侣。

第六章　印刷品中的动物

除了观察和饲养，阅读也是一种接触外来动物的途径。来到法国的动物种类越来越多，同一时期航海文学亦大行其道，民众对异国情调和自然科学的兴趣一并蔓延，人们开始购买和阅读有关自然世界的纪实书籍。与此同时，人们也开始更加喜欢以动物为主人公的寓言故事和其他虚构作品，这些故事则改编自真实的动物行为，而非胡编乱造。然而，尽管对自然的看法（从现代意义上讲）越发科学化，但那些最受欢迎的作品，始终将动物事迹与人类关切联系起来，要么服务于收藏，要么影射社会，要么宣扬宗教或道德教训。动物故事的内容可能远超动物范畴；寓言故事并未消失，反倒在启蒙运动时期的法国改头换面。

18 世纪同时发生了两件事，一是民众对自然史兴趣的增长，二是图书、期刊出版的迅速繁荣，合法与非法（未经皇家审查员许可）出版物并行，1750 年之后尤甚。民众识字率也有所提高，到 18 世纪末，巴黎下层民众的识字率从 50% 提高到80%。一方面图书保有率提高，另一方面，即便人们不购买图书或期刊，也能同其他人一起参与阅读活动，加入读书俱乐部，在咖啡馆看报纸，或者听别人朗读——这是一种很受欢迎的活动，在沙龙里尤其如此。[1]

阅读被认为是一种情感活动，更类似于今天的观影。备受读者青睐的作者，其文字能引人流泪、发笑或唤起情欲。一些医生甚至警告说，阅读小说会危及年轻女性的健康。[2]一些读者在信件或日记中记录了他们的反应，例如，苏珊娜·内克尔深入剖析了她阅读布封作品时的感受。但由于大多数读者没有留下任何痕迹，以读者为中心的研究必须依靠其他资料来源。[3]广泛发行的杂志上的书评是有用的资料来源，因为它们表达了杂志编辑面向公众发表的看法。同样，在前版权时代非常普遍的节选和汇编，也反映了编辑和出版商的判断，指明了公众最想阅读长篇作品的哪些部分。图书的序言并不能告诉我们读者是哪些人，或者他们的反应如何，但序言的确能表明作者希望接触哪些读者。需要指出的是，我用“流行作品”来形容面向博物学家和学者以外读者的书籍；这些读者主要是城市中产阶级，不住在农村，也不是城里的下层居民。由于很难得到发行量数据，所以传播广泛的作品也并不一定总受欢迎。可能的情况下，我会将是否出新版或重印，或者将同时代评论作为作品流行度的指标。

动物文学作品迎合了不同口味，根据读者和类型可以作简单划分（有重叠）。第一种类型是在虚构场景中呈现动物。借助诗歌、寓言、乌托邦小说和讽刺小说，人们既能娱乐，也可以受到社会或政治教化。不过在18世纪后期，越来越多的虚构作品开始以动物主人公的可验证特征为基础。第二种类型主要面向那些希望思考宗教或哲学问题的人，他们将动物故事作为引子。在自然神学的传统中，很多图书专为儿童准备，用以解释上帝对自然界的设计，通常主要关注昆虫。一些哲学主题的作品也涉及相关内容，但往往采取明显的反宗教立场。动物服务于探讨它们与人类区别的哲学议题；许多作品讨论了动物灵魂的本质以及动物与人类相比较而言的幸福。第三种类型的作品迎合实用主义者的口味。出版词典和手册面向的是那些拥有博物陈列柜并需要指导的人；此外，还有关于兽医或农业方面的建议。在这些作品中，对植物和矿物的描述比动物更加突出，因为它们有更多实际用途。最后，许多读者希望读到百科全书式的作品，概览整个自然界。遵循亚里士多德、普林尼、格斯纳以及阿尔德罗万迪的传统，这类作品倾向于突出大型动物和鸟类，包括外来物种，远离明显的神学主题，并强调文学风格。18世纪下半叶，这些作品风靡一时，其中最突出的是布封和道本顿所著的《自然史》，以及大量节选和摘录。

动物小说

动物小说在 18 世纪文学界蓬勃发展。[4] 这些作品借鉴了早期的文学传统，如伊索寓言、《圣经》寓言、童话故事、动物寓言集和寓意画册等，这些作品都将动物故事与道德教化联系起来。寓意画册将动物的图片和有关其行为特点的故事搭配在一起，与特定的基督教意义相关联。例如，据说鹈鹕会撕开自己的胸膛，用鲜血喂养幼鸟，就像基督为他人献出生命一样。民间传说和寓言故事长期以来一直在价格低廉的流行小册子中流传，但在 17 世纪晚期，拉封丹和夏尔·佩罗将古老的故事改编成复杂的新版本，于是精英阶层中也出现了一批热情读者。佩罗的兄弟克洛德曾负责统筹科学院出版的《动物自然史实录》。而佩罗则在《鹅妈妈的故事》中让广大读者了解了狼与各种农场动物。拉封丹创造了一个野兽动物园，其中的故事到今天仍然广为人知。这些故事和它们的前辈一样，都以一种娱乐的方式来讨论道德问题。[5]

寓言是最受欢迎的动物小说类型之一。尽管评论家对寓言的确切定义存在分歧，但这个词一般用于指带有道德信息的短诗或小故事，而且通常以动物为主角。[6] 所有 18 世纪的寓言家，在创作时都受到拉封丹的巨大影响，后者有 11 本杰出的寓言故事书，分别出现在 1668 年和 1678 年到 1679 年。

虽然拉封丹创作了很多类型的作品，但他的寓言揭示了敏锐的世俗智慧，获得了最高的赞誉。狐狸奉承乌鸦，是为了让它吐出嘴里的一大块奶酪；蝉一味玩乐，欢快唱歌，而勤劳的蚂蚁则为冬天储存食物；披着羊皮的狼——大多数寓言都以动物为主角，却传达了对人类行为的洞见。拉封丹参照的伊索寓言、菲得洛斯寓言和比德佩寓言是这样的；作为范例的中世纪动物寓言集和文艺复兴时期寓意画册也是如此。没有人指望看到狐狸同乌鸦说话，因此，人们可能会惊讶于18世纪评论家在讨论拉封丹作品中的动物行为时，并没有将它们视为人类的替身，而是视之为动物。然而，对于今天和3个世纪前的读者来说，这些寓言的部分魅力在于对动物的精心描写，它们同时扮演着披着动物外衣的人类和披着自己外衣的动物。

拉封丹本人在《老鼠和猫头鹰》中提出了逼真性的问题。这则寓言中的叙述者在一棵被砍倒的树上发现了一个猫头鹰的窝，里面有一堆没有脚的胖老鼠：有先见之明的猫头鹰把猎物弄残，以免它们在被吃掉之前逃跑。这则寓言的脚注十分有趣，它模棱两可地写道："这不是一则寓言；这起事件虽然不可思议，几乎令人难以置信，但它确实发生了。我可能把猫头鹰的先见之明说得有点过头，因为我并不想在动物身上发现这样的推理能力；但这些夸张在诗歌中是允许的，特别是在我所创作的这类作品中。”[7]评论家帕特里克·丹德里认为，像这样的段落破坏了传统伊索寓言的严格讽喻本质：在拉封丹那里，动物既是真实的，也是讽喻性的。例如，蝉的“歌唱”，既是字面意义上昆虫发出的声音，也用来比喻人类浪费时间的行为。但像蝉一样，人类也会唱歌，产生带有旋律的声音，因此这个词通过这种共同的活动将人类和昆虫联系在一起。丹德里认为，在拉封丹的寓言中，尤其在后期寓言中，这种对人与动物本质相似性的强调是新特征，或者至少比他的各位前辈更强烈。拉封丹通过纳入与新科学相关的自然主义元素，重振了动物寓言的传统。[8]人类和动物的世界既不同又相似，它们在一支舞蹈中同时分裂和融合，赋予了诗歌生动的活力。拉封丹的继任者继续在这两个世界的边界上舞蹈，就像18世纪最受欢迎的博物学家一样。

18世纪出现了100多个版本的拉封丹寓言，但其他诗人并没有被吓倒：他们中有许多人不断创作新寓言书。有些作者依靠的是拉封丹使用过的资料；有些则借鉴了其他资料；还有些则从头开始创作诗篇。关于寓言的讨论也层出不穷，期刊上的评论按照几种标准来评判新作品，其中包括它们的教育功能，因为寓言已经成为幼儿教育的标准读物。哈丽雅特·里特沃指出，1750年以后，英国也涌现出大量儿童动物故事，与法国故事一样，它们也传达了许多类似的道德教育内容。[9]

虽然寓言被归类为文学而非科学，但18世纪关于寓言的辩论大多集中在动物的逼真性上。寓言中的动物行为应该与真实的动物有多大差异？让孩子们相信动物会说话不好吗？自然界是否为道德的真实价值提供了某种保证？在这个世纪对这些问题的不断讨论中，我们看到了自然主义的延续，这种自然主义已经渗透到拉封丹的寓言中，并与人们对自然史的普遍兴趣同步发展。寓言家本可以把动物仅仅作为道德的工具；我认为，他们没有这样做的事实反映了一种新的关切：在自然中为道德真理奠基。

这种自然主义不断增长，其表现之一是故事中纳入了早期寓言中未出现的新物种。伊索寓言和菲得洛斯寓言中涉及的物种范围很广，包括狮子和猴子等外来动物，但拉封丹还引入了其他物种，而18世纪的各位继任者则继续扩大了这个寓言世界的动物园。有一则寓言的主角是一只鹦鹉和一只长尾小鹦鹉，它们互相攀比起了羽毛；另一则寓言的主角是一只负鼠，它展示了母爱的典范形象；还有一则寓言的主角是一只树懒和一只猴子，它们各自说明了安静生活和积极生活的优点。后两则寓言的标题对应的脚注介绍了这些陌生的动物。负鼠被认为是"一种秘鲁狐狸（布封《自然史》第4卷）"，而树懒在布封的描述中是丑陋、缓慢、懦弱和愚蠢的（出处不明）。[10]但新物种也并不是惯例。大多数寓言都坚持使用人们熟悉的生物。新颖之处则在描述它们的方式上。

现实主义的问题在理论文章、期刊中的寓言评论以及教育专著中都有提及。乌达尔·德·拉莫特 1719 年关于寓言的论述影响了整个 18 世纪，他强调寓言应该建立在自然的基础上。他遵循自己的原则，写了一则寓言，其中提到小龙虾的腿能够再生，同时他还为这一新发现提供了证据。[11]他的一位后继者指出："形象越恰当、越自然，寓言就越完美。当形象是真实的，并且没有任何违背动物本能的地方，那么它就是自然的。"[12]《先驱》对 1762 年出版的一卷匿名寓言的评论文章表达了同样的观点。这位评论家指出，寓言家应该赋予每种动物其真实的（合理的）特征，并批评了一则关于燕子家庭的寓言，因为"燕子教孩子筑巢的说法并不真实"。《巴黎日报》的评论文章不喜欢一则以老鹰为主角的寓言，这只老鹰会读孟德斯鸠的书："寓言有其可信度，动物有其习性，必须仔细观察它们。"[13]

教育家也开始怀疑，寓言教给孩子的是不是有关自然的谎言。让-雅克·卢梭在小说《爱弥儿》中严厉抨击了这一点。他在风趣的对话中批评了拉封丹《乌鸦与狐狸》中的每句话，指出故事的寓意对小孩来说太过复杂，"虚荣"和"奉承”这些词语过时且不当，这个故事传达了有关动物行为的错误观念。卢梭指出，乌鸦和狐狸不会说话，即使它们会说话，也不能理解对方。[14] 历史学家罗贝尔·格朗德鲁特指出，反对将寓言用于教学的情绪始于1750年前后。例如，在1756年一篇讨论教育的文章中，皮卡尔代建议用布封的《自然史》取代寓言，他认为寓言中“充满奇迹和轻率的言行”。[15] 在拉封丹4卷新版彩色插图寓言集的征订公告中,《外省通告》赞扬了这部作品的教育价值：

> 促使作者以订阅方式推出这部作品的原因，是它对接受精英教育的年轻人很有用。我们努力使这些动物与该类型中最厉害的大师所画的原作相衬。这部作品中展现的众多动物的真实性，是为了使年轻读者不对这些动物的真面目产生错误的想法。这种基础的知识能够激发他们对自然史和绘画的兴趣。[16]

用寓言这一可疑媒介来教授自然史，不仅要囊括准确的插图，还要辅以口头描述。这正是格罗泽利耶神父的目标，他创作的寓言专门服务于教学。在他第2卷寓言故事的开头，他宣布打算在其中加入有关特色动物的信息，以便让年轻人了解一些自然史知识。“受到惩罚的鹦鹉”的注释向读者介绍了鹦鹉的长相，它们吃的是浸在葡萄酒中的面包，这种食物被称为“鹦鹉汤”，而且新大陆上目前已知的鹦鹉品种超过了 100 种。[17]

其他虚构作品也结合了人类社会的评论与外来物种的最新信息。例如,《大象回忆录》就结合了政治批评与对圣日耳曼集市上亮相的大象的科学描述（见第三章）。还有一部类似的作品，发表于 1781 年的《猴子的来信》。这篇短文是多产作家雷蒂夫·德·拉布勒托纳撰写的，声称来自一封信的草稿，信件作者是一位巴黎的伯爵夫人收养的人猴混血儿凯撒·德·马六甲，收信人是它的非洲猴子伙伴，信中谈论了人类世界中的各种不公平现象。该作品融合了自然史、小说和奇闻逸事的特点，同时还加入了社会批判元素。书中简要介绍了 24 种猴子，这些描述大多取自旅行游记。[18]

自然神学和哲学中的动物

克罗伊公爵从他刚刚建造完的葡萄园回来后，在一本别出心裁的博物类图书的启发下，于 1779 年 5 月 22 日在日记中写下一段话:“这是一个可爱的地方，风景优美，虽然我以前也做过满意的工作，但从来没有像这样愉快过。总计花费了 1700 里弗尔。我随身带着普吕什先生的书，在第 3 卷结尾处，读到人们应该如何利用大自然的奇观时，我感到很兴奋。怀着一种应有的感激之情，我感到我们应该对造物主的恩赐以及他给予我们的才能负责。多么美好的经历啊。”为了纪念这一时刻，他决定给普吕什神父送一块匾。[19]

对公爵产生如此大影响的书是《自然奇观》，首次出版于1732年到1750年。这部8卷本作品以通俗易懂的风格讲述了一位年轻骑士、一位伯爵和伯爵夫人以及一位修道院院长（以普吕什本人为原型）之间的对话。该书经常重印，并被翻译成多种语言，在整个18世纪都非常受欢迎，它以一种与世俗寓言不同的风格，向许多读者介绍了自然的乐趣。普吕什涵盖了自然界的3个领域，以及音乐和政治等主题，以证明上帝的存在与仁慈。在《自然奇观》的世界里，一切都有原因，尽管可能非常深奥。普吕什的目标读者是年轻贵族，借助动物向他们传授经验教训：他认为群居昆虫是勤奋的典范；驴子是有用的仆人，像农民一样无怨无悔地劳动，应该得到由衷的赞赏。[20]

还有一些作品同样采用神学方法，但更关注自然史事实。其中最重要的作品之一是雷奥米尔的《昆虫史记》，这是一本基于直接实验和观察的更具学术性的作品。[21]吉勒-奥古斯坦·巴赞从中节选创作了两部广受欢迎的作品:《蜜蜂的自然史》和《昆虫历史摘要》。受其影响,《昆虫史记》拥有广泛的读者群。皇家审查员赞赏了后者传达的“优秀道德品质”及其对年轻人心灵的潜在影响。[22] 昆虫身上那些不可思议的特征复杂且微小，在显微镜发明后才第一次清晰可见，自 17 世纪以来，它们一直被当作上帝创世的重要证据，直到 18 世纪，它们仍然是以神学为中心的图书的主角。[23]

许多儿童读物将自然界作为上帝创世的证据。例如，菲拉西耶的《青年之友》采用儿童文学喜欢的教义问答格式，这部雄心勃勃的作品涵盖宗教、商业、物理学、自然史、神话、年代学、地理学和法国史，共分两卷，旨在培养各阶层年轻人的公民道德品行。[24] 在关于动物的章节中，教师埃拉斯特向他的学生欧仁解释了上帝创世的奇妙之处。例如，他将秃鹰描述为地球上最大、最残忍的鸟类，可以用喙剜出牛的内脏，而且据说还会吞噬幼童。然而，智慧的上帝让它们一直保持数量稀少的状态。[25] 路易·科特写了一本专门介绍自然史的儿童读物，告诉读者他的目标是：

> 使他们（孩子们）幼小的心灵在很小的时候就对神圣的造物者产生最温柔的感激之情，总是兴致勃勃地欣赏造物主令人赞叹的作品，引起他们的好奇心，进而激发他们将来学习这门科学的愿望。这不仅能够满足年轻人对知识的天生渴望，而且，如果散步时所看到的物体都能引起他

们的兴趣，那么散步就会变得更令人愉快，更能有效地分散注意力，也更能让情绪平静下来。[26]

好奇的孩子会询问自然史的性质和目的，它与宗教的联系，人类与其他动物的关系，以及为什么昆虫是研究中最重要的一类动物。聪明的老师会解释说，昆虫最为普遍，也最容易研究，而且它们最有力地证明了上帝的力量，因为他有能力让这些小生物具备所有必要的结构和器官。[27]

这种自然神学传统自觉地反对更加唯物主义的世俗研究方法。例如，科特书中的一位儿童主人公问，为什么自然史往往更适合谦卑的人而不是学者。老师回答说："这是因为谦卑的人在研究自然时通常只想到上帝，而学者往往会掺杂人类自身关注的内容，渴望彰显和炫耀自己的学识，（以及）过度强烈的好奇心，想要揭开上帝隐藏起来的东西。"显眼巨兽的世俗崇拜者（布封是不言而喻的代表）与渺小虫子的谦卑观察者之间产生了争论，拉谢奈-德布瓦也加入其中。在《理性通用动物字典》中，他向那些娴熟描绘大象、老虎或豹子的人发起挑战，请他们试着描述昆虫那微妙的多姿多彩。[28]

沉浸在对自然的思考中，会让人止不住赞叹和钦佩上帝的创造力，但也会让人对动物和人类的本性产生不安的想法。在笛卡尔提出动物像机器之后，17、18世纪的思想家就一直在讨论动物是否有灵魂，它们是否能推理，是否能感觉到疼痛，以及它们是否比人类更快乐或更高尚等问题。《巴黎日报》上刊登的一些动物探索方面的信件表明，阅读这些话题的读者会用特殊的视角来看待动物，关注并传播与本能、美德或智慧有关的动物行为。[29] 这些话题也为取材于古代资料或游记的动物故事汇编提供了舞台。典型的代表作是轻松愉悦的《猴子和其他珍奇动物的历史》一书，书中赞扬了动物令人惊奇的推理能力。作者将猴子、大象、河狸、狗、鼠海豚、蚂蚁和鸟类的故事串联起来，这些故事都是从旅游文献中收集而来的。例如，他讲述了一只聪明猴子的故事，它是一位阿拉伯人的仆从。这只猴子被单独留在房子里，在那里看守一锅煮熟的肉。趁猴子不注意，一只猎鹰从烟囱俯冲而下，偷走了肉。思维敏捷的猴子爬进锅里，露出自己的屁股。当猎鹰想回来吃掉这块美味食物时，猴子抓住了那只鸟，砍掉了它的脑袋，把它扔进了锅里。之后，它比比画画地向主人解释了所发生的一切。[30]

寓言使用动物传达对人类社会行为的洞见和道德指导，自然神学和哲学作品在表达这些内容时则着眼于更抽象的问题：创造的奇迹或动物灵魂的本质。所有这三类作品都得益于人们对外来物种越发了解，不过，它们分别以符合各自目标的方式描述这些动物。而参考书作为另一种类型，则以不同的表现形式来呈现动物，来迎合更注重实用目标的读者。

工具书与参考书

18世纪的巴黎人需要实用的作品，他们为自己的博物陈列柜添置和鉴定奇珍异宝时，用得上这些书。例如，有人购买了一只色彩斑斓的鹦鹉，希望了解它来自哪片土地；或者，有人希望查询在集市上看到的一种动物的名称。为了迎合这一需求，许多参考书应运而生。[31]

学术性更强的作品，有迪阿梅尔·德·蒙索的《渔业通论》和布里松的《鸟类学》，它们更新了贝隆、龙德莱、雷和威洛比等动物学家的早期作品。布里松的书中事无巨细地列出了1500种鸟类的外部特征（大部分来自雷奥米尔的收藏），洋洋洒洒写了6卷，主要为其他学者或博物标本收藏家提供参考。作者本人在序言中宣称："这种千篇一律的描述方法让人感觉非常单调，这部作品并不是让人一次性读完的。"[32]其他手册则吸引了更广泛的读者。迪歇纳和马凯撰写的单卷本、按字母顺序排列的《博物学家手册》面向的读者是那些参观博物陈列柜或想自己组装它们的人。他们希望在提供指导的同时也能有娱乐性（这类出版物的标准做法），选择突出博物史中"最有趣和最有意义"的事实。这本手册在扉页上写着致敬布封，多次重印和更新。[33]

有一本书在知名度和覆盖范围上比其他书都要广：瓦尔蒙·德·博马雷的《自然史通用理性词典》。该书首次出版于 1764 年，被翻译、修订和重印（包括经作者许可和未经许可）了无数次。在对私人图书馆的调查中，丹尼尔·莫尔内发现这部作品是继布封《自然史》和普吕什《自然奇观》后第三受欢迎的科学类图书。尽管他在当时名气很大，但博马雷现在几乎很少被历史学家提及。[34] 雅克·克里斯托夫·瓦尔蒙·德·博马雷（Jacques Christophe Valmont de Bomare，1731—1807）出生在鲁昂。他不顾父亲让他做律师的意愿，在耶稣会学校接受教育期间对博物学产生了兴趣，在那里他学习了古典文学、药学和化学。1750 年，他来到巴黎开了一家药店，但他设法取得皇家委托，成为一名旅行博物学家，之后几年一直在欧洲各地游览。他参观了许多博物展馆，拜访了一些博物学家，并收集了许多标本，特别是矿物标本。1756 年回到巴黎后，他开始开设一系列非常受欢迎、经久不衰的自然史讲座，吸引了许多上流听众。[35]

讲座从 1756 年持续到 1788 年，每年都在博马雷位于维赫里街的小陈列室举行。18 世纪 50 年代，他在周四下午开课，并在周日和节假日下午 3 点免费开讲。从 18 世纪 60 年代早期开始，他开设了一门为期 4 个月的课程，每周举行 3

次，每次 2 小时，通常在 11 月或 12 月开课。有些年他还开设单独的特别课程，可能是面向精英人群的小班。1763 年，富家女孩热讷维耶沃·德·马尔布瓦西埃（第五章谈到过这位宠物爱好者）写信给她的朋友阿代拉伊德，告诉她自己计划参加一门课程，听起来像定制的，由他们自己选择学习伙伴。“我们想要和一些有学问的人一起参加（课程），我们会找一个大家都方便的时间，一起去见那个住在维赫里街的人，他很有名气（我不记得他的名字了），每周三次一起度过愉快的两小时。你能向你的母亲提议参加这个课程吗？如果她同意的话，我们商量一下开课时间、上课时间，以及老师的收费情况。我们会把一起上课的人员名单报给他，能一起去的话就太好了。”[36]

这些课程涵盖整个自然界。1777 年，发表在《巴黎日报》上的一份课程说明中列出的主题包括：在矿物王国中，涉及水、土壤、岩石、盐、金属、火山、化石等物质的形成和演变理论；在植物王国中，涉及农业和农村经济、根、树皮、茎、花、果实、种子、树脂、树胶、香料和药物；在动物王国中，涉及微生物、珊瑚虫、蠕虫、贝壳、昆虫、鱼、蛇、蜥蜴、两栖动物、鸟类、四足动物和人类。第二年，博马雷宣布从 3 月开始，课程还将包括户外散步。[37]动物，尤其是大型动物，在这一课程中只是次要元素，它偏重于可见和实用的东西。以矿物开端，以人类收尾，这与布封《自然史》中人类排第一的做法截然不同。

克罗伊公爵很欣赏博马雷的授课方式，他将所讲的每一件物品都摆在桌上：“自然界的一切都在你的眼前，通过你的手，进入你的大脑，再结合他那些充满活力、秩序和雄辩的解释。”[38] 这门课程也吸引了其他严肃学者的关注，其中包括一些西班牙的访问学者。不过，有一位西班牙学者谈道，这门课程“猎奇”性大于教育意义，因为它更多关注的是单个物体本身，而不是科学观点。有一些学生更关注其他学生，而不是石化。一份地下报纸的作者在1780年参加了第一次课程后，描述了那些“优雅女士”的特点，她们挤满了礼堂的前排，专心致志地听着讲座和演示。他对这些女性自命为学者的行为持批评态度，而且毫不意外，他认为除了教授的好记性，这门课程几乎没什么值得称赞的地方。他形容这次讲座令人不快、十分无趣，并批评博马雷态度冷漠、幼稚、自命不凡、举止狡诈，以及声音过于沙哑和阴柔。[39]

博马雷的5卷本《自然史通用理性词典》在1764年首次出版，完整地涵盖整个自然界，这也是他的课程教材。该词典受到普遍赞誉，并在1767年至1768年出版的第2版中增加了第6卷，1776年第3版增加到9卷，1791年第4版更是达到15卷。[40] 博马雷解释说，他选择使用字母顺序排列，不仅因为这样最实用，而且还因为这样可以模仿大自然那“崇高的无序”。不过，读者可以通过交叉引用，或者选择从一般到特殊的顺序，自创更有条理的研究方法。例如，通过阅读“自然史”“动物”“蜜蜂”“蜂蜡”“蜂蜜”等，读者能够整理出一份关于蜜蜂的完整论述。[41] 书中的一部分内容基于他自己的观察和收藏，还有一部分则取材于其他图书、期刊和学院实录。

尽管博马雷强调可行性和有用性，但他也希望吸引热爱享乐的社会人士。他在序言中阐明，他想要做到“有用、有教益、有趣”，并希望吸引不同读者：“学者会发现……他的知识和研究成果；对于社会人士来说，有时候大自然中的一切对他们来说都是新的，他们会从中寻找有用和有教益的娱乐；我甚至觉得这本书会被纳入出身良好的男性和女性的教育计划中。”[42] 因此，这些有教益的篇章中也经常包括一些丰富多彩的奇闻逸事。例如，在关于鸵鸟的条目中，博马雷不仅向读者介绍了鸵鸟的长相、食物（包括金属碎片）、如何捕猎鸵鸟以及它们的味道，还提到臭名昭著的罗马皇帝埃拉伽巴路斯曾经在餐桌上摆了600只鸵鸟的脑袋，只为吃它们的大脑。[43] 博马雷成为一位颇负盛名的人物，人们认为他激发了社会人士对博物学的兴趣。[44]

那么社会人士究竟该如何使用这本词典呢？其中一个功

能是作为乡村隐居的野外生活指南：1768 年的一位评论家认为，该书主要在乡村使用，那里的人们会更多地面对自然，而一篇针对 1791 年版的评论则预测，它将成为被革命赶出城市的人的“指南和朋友”。但在城市里，人们也经常使用它。克罗伊公爵在书中找到了他在集市上看到的浣熊、北极熊和其他动物的描述。一些读者把它作为制作博物陈列柜和识别标本的指南。热讷维耶沃·德·马尔布瓦西埃就是其中一位如此使用该词典的人，这位年轻女士也参加了博马雷的课程。在按照词典给自己的标本贴上标签后，她又把它借给了朋友使用。[45] 该词典帮助人们从获取知识中获得乐趣——对那些既有钱又有闲的人来说，这正是他们所需要的。

布封和百科全书传统

虽然有这么多不同类型的动物图书，但布封的《自然史》在受欢迎程度上仍然独占鳌头。它为读者提供了其他文本中无法找到的东西：其内容涵盖世界各地的最新的可靠事实，还穿插着各种适用于读者生活的观察记录和经验收获，条理清晰，通俗易懂，语言优美而富有诗意。它结合了小说的文学风格、自然神学的道德元素（除去了外在的宗教性）、哲学的大胆思辨、参考书的泛用性和实用性，以及旅行游记的异国情调。然而，它并没有完全取代其他作品。例如，博马雷的词典仍然不可或缺，特别是布封的《自然史》中关于鸟类的各卷直到18世纪七八十年代才出版，而且它还没有涵盖爬行动物、两栖动物和昆虫。

虽然《自然史》的地位独一无二，但它是从古典百科全书传统的根基上发展起来的。亚里士多德通常被认为是这一类型的首创者，他在综合自然史中融入了自然哲学。不过，大多数自然学家将老普林尼的《自然史》作为创作的标杆和试金石。18世纪，普林尼的作品仍然经常被引用，18世纪70年代还出版了重要的法译本。[46]16世纪，文艺复兴时期的博物家格斯纳和阿尔德罗万迪更新了自然百科全书的编写方法，包含了从新大陆新引进的一些物种。巴黎科学院在17世纪末和18世纪初牵头出版了一部动物自然史，即3卷本的《动物自然史实录》，但它缺乏普林尼那样的魅力，没能吸引到读者。[47]直到18世纪中期，古典主义仍与源自文艺复兴时期的百科全书式风格势均力敌，布封的《自然史》则体现了两者的完美融合。布封自称继承了普林尼的传统，这一点也得到了公众的普遍认可，因此，他后来被称为"法国普林尼"。[48]

从1749年前三卷首次出现在书店，到1789年最后一本增刊出版，公众对这部《自然史》的热情一直不减。甚至大量衍生品和模仿品也吸引到了大量读者。格里姆、孔狄亚克、孔多塞和雷奥米尔等批评家指责布封的作品脱离了坚实的事实基础，有太多虚无缥缈的假设和猜想，不过这些批评对普通读者影响不大，他们将布封捧上了神坛（图 6.1）。[49] 道本顿撰写了四足动物卷中所有关于解剖的内容，盖诺·德·蒙贝利亚尔和贝克森神父是鸟类卷的贡献者，但人们经常会忘了他们。到 1772 年，布封的风头可谓一时无两，《外省通告》认为很难评判《自然史》的新卷，因为并没有什么新内容："长久以来，只需要说明是布封先生的作品，哪怕只是简单提到他就足够了。大家把《自然史》这部作品读了又读：还有什么赞美比这样的事实更有价值呢？只要我们的语言能被理解，这部作品就一定会有读者，它被具备各种能力的人阅读，创造出如此多不断更新的、活生生的智慧。还有什么补充的必要呢？"[50] 这段对公众舆论的非凡致敬很好地说明了阅读布封的作品成了一种时髦，但并没有深入分析为什么它会赢得如此多的青睐。为此，我们需要看一看其他读者是怎么说的。

一些人阅读布封是为了了解自然界。各种期刊将布封作为权威引用，通过他来进一步了解在集市或林荫道旁展览的动物，许多教育家也建议学校使用他的书来教授自然史。[51] 热讷维耶沃·德·马尔布瓦西埃将之纳入自己的日常学习计划，她告诉朋友阿代拉伊德："今天没有老师（来家里）上课；在去看喜剧之前，我要一直像个小天使一样自学。今天上午，

图 6.1　博物学家布封被描绘成摩西，地球、动物、矿物和贝类的主人。N. 蓬斯按照 C. P. 马尼利耶的画作刻绘的版画。收藏于法国国家图书馆版画部，N2。法国国家图书馆提供。

我要读很多希腊文和很多布封的作品（这个无赖花了我8路易），还要给屈斯特小姐以及我的兄弟们写信。”[52]《自然史》还可以作为布置博物陈列柜的参考书和装饰品：约瑟夫·博尼耶·德拉莫松的博物陈列柜是巴黎最大的博物陈列柜之一，在一幅肖像画中，他在自己的收藏品前正襟危坐，腿上放着一册打开的《自然史》。[53]

对许多读者来说，布封最吸引人的地方在于其作品范围广泛，文风优雅，内容充满人文关怀，特别是关于历史部分的描述。众多推荐人对布封的胆识表示敬畏，他对整个自然界的描述和解读可谓不遗余力（人们常常忘记他其实只涉猎四足动物、鸟类和矿物，而没有涵盖爬行动物、两栖动物、鱼类、昆虫和植物）。推而广之，他的读者也可以说是纵览全球了。王室花园里竖立着他的雕像，上面最初刻着“他拥抱大自然的一切”这句铭文，诗人也喜欢用“神一般”这样的词语来形容他。范妮·德·博阿尔内写道：“他像天空一样广阔，像大海一样深沉。”诺加雷说：“您上攀天穹，下潜深海。”他的崇拜者认为，只有伟人才能承担这样伟大的课题；用德·博阿尔内的话说，相比之下，他的批评者是“冷酷的学究”和“无能的昆虫”——后者几乎是对雷奥米尔及其昆虫研究不加掩饰的嘲弄。[54]

为了彰显布封涉猎广泛，他的一些讴歌者甚至盲目地赞美他关注到了一些低等物种，而事实上这恰恰是被他忽略的内容。以下摘录屈比埃骑士的一首蹩脚诗：

他为我们描绘英勇雄壮的狮子，
气质高贵如兽中之王。
从威武的狮子到卑微的虫子，
他一视同仁，
他用如此壮丽的语言书写高大魁梧的巨象！
天上飞的，地下钻的，海里游的，
上天、入地、下海，他的追踪不遗余力！
他的刻画如此细腻！[55]

除了涉及范围广泛，布封的创作风格也获得了诸多赞誉。1753年他入选法兰西学院时，发表了《论风格》一文，阐述他对创作的看法，并迅速成为经典。[56]甚至连梅尔基奥尔·格里姆这样的布封理论批评家也承认："他的作品语言生动，形象地勾画出各种动物的肖像，读来令人愉悦。"而卢梭则称他为18世纪最伟大的作家。[57]他成了自然界的"画家"。维莱特侯爵在一首诗（好多首诗都表达了类似的情感）中称赞道："被他快乐的魔力／他调色板般的光芒所诱惑／我把他的作品反复读了20次。"[58]布封的读者很欣赏他对语言和谐的关注，他测试了每句话的节奏，在必要时会替换更长或更短的词语来让句子更和谐。[59] 例如，让丽斯夫人建议人们大声朗读对叫鸭的著名描述。她写道，读的时候能听见缓慢的音乐，“隐约、忧伤、沉郁”，仿佛置身于这种鸟栖息的广阔沼泽。[60]

如果布封没有加入另一个重要元素——人类的关切——来触动读者的感受力，仅凭生动的语言可能不会吸引人们去阅读树懒和天鹅的故事。内克尔夫人，原名苏珊·屈尔绍，是一位沙龙主办人，也是布封晚年的密友。她解释说，布封觉得描述一个地方或一种动物的文笔不够精彩时，就会加入拟人的元素，一个感官词语，或一种道德反思。她简明扼要地总结了《自然史》的这一特点：“动物看起来离我们很远，而布封先生的创作艺术就是不断把它们拉近。”她的意思是“拉近”它们与人类的关系：“布封先生谈到动物时，总是把我们带回到人的问题上来。这种情感联系对引起我们的兴趣非常必要，能够提醒我们——我们才是我们所有关切的中心。”[61]

内克尔夫人阅读自己最喜爱的作家的作品时，肯定会读精致的皮革装帧对开本，也就是今天大多数现代学者读到的那种样子。但布封作为18世纪末法国文学界轰动一时的作家，他的作品以多种形式呈现在读者面前。虽然，像热讷维耶沃·德·马尔布瓦西埃这样的贵族成员有钱购买，也有闲暇时间研读原版，但还有许多人做不到。出版商和作家发现了这个机会，推出各种自然史类作品来迎合这种需求，从原版的缩略版或廉价版，到将布封和博马雷的散文、游记和备受欢迎的文学作品拼凑在一起的汇编本，可谓五花八门。原版作品在不同编辑手中可能会有不同解读，而他们往往也不会注明来源。[62]由于布封为创造一种独特风格付出了大量努力，相比许多其他作者，他的文字被更完整地保留了下来。“人类有史以来征服的最高贵的物种”——对马的描述，这是第一篇动物条目的第一句话——已经在各种场合被引用了数百次，无论是否明确注明，都会让大家想到布封。时至今日，法国作家仍然会不断使用这句话，并认为读者知道它的来源。[63]编辑、节选者和评论家都会被这些富有诗意和感情的段落吸引，比起那些更偏技术性的部分，这样的文字在文化领域要突出得多。

据报道，3000 册《自然史》(1—3 卷)在 6 周内销售一空，随后出现的各种尺寸和价格的大量版本使这部作品得以一直流传，不过往往是以节选的形式。1767 年，布封向出版商庞库克出售了《自然史》的一个小版本，其中不包括道本顿的解剖学描述。[64]尽管一些有影响力的评论家宣称道本顿的内容比布封的内容更有价值，但很少有人阅读这些枯燥的细节,《外省通告》评论说:“似乎只有科学家感兴趣。”[65]另外三个小版本印刷完成时，已经有两个版本在荷兰出版，其中一个版本包含荷兰博物学家J. N. S. 阿拉芒的补充内容。两种版本的《布封伯爵全集》——十四卷四开本和二十七卷十二开本，都不包含道本顿的描述——在1774年至1789年出版。[66]

据一位工作繁忙的书目编制人说，布封去世后，各种面向儿童、公众或社会人士的摘录像“雪崩”一样纷至沓来，一直持续到19世纪。[67]最早的一本是乔瓦尼·费里·德·圣康斯坦编著的《天才布封》。初期的文本充斥着对布封惯常的赞美，赞扬他的才华横溢（比亚里士多德或普林尼天分更高），能够看一眼就理解自然界的一切；赞扬他的诗意风格，通过引人入胜的描写、令人愉悦的形象、高尚感人的情感、深刻的反思和崇高的思想，吸引人们的心灵和思想。针对布封风格的批评者，圣康斯坦反驳说，布封使最抽象的内容能够被最普通的人接受:“对于那些不熟悉这些崇高事物的读者来说，如果需要很努力才能读懂，那么他们会感到气馁，而布封用绚丽的色彩来吸引他们的注意力，难道不是必要之举吗?”他的书中汇编了如诗如画的描述和在沙龙中备受欢迎的段落，如“爱与自由！多么美好的祝福！”[68]

大多数引用布封的书都把它们与其他作者的摘录相融合。对于那些想要了解《自然史》概况的人来说，小版本或节略版的布封是不充分的；庞库克出版的十二开本版有十三卷，只包括人类和四足动物。雄心勃勃的编辑可以掠夺雷奥米尔写的昆虫，布里松写的鸟类，布封写的四足动物，以及博马雷写的其他内容，将它们放在一起，用一至两卷书来涵盖整个自然史。其中一本《自然史教程》的评论提道："公众一直在苦苦等待一部能包含自然史所有最有趣细节的基础读物，因为动物世界中的各种生物孤立地分散在不同词典和专门领域的著作中。"[69]

文本的选择取决于目标读者。作者将他们的作品用于教学，用于学习实用知识，用于快速入门，以便能够与学识渊博的人对话，或者仅供娱乐。因此，万德兰库尔推荐学生读《自然史》，因为它是"商业、经济和医学的基础，也是敏感而诚实的人所喜爱的一切快乐的源泉"。在选择"我们这个时代最好的作家"的摘录时，他把重点放在了"大自然奇观"的有用和常见的方面：学生要到以后才会接触到更抽象的因果概念。舍维尼亚尔·德·拉帕吕更注重社会用途，他表示自己汇集了大自然的各种主要现象，这些现象经常成为话题。因为要参与社会，"就必须成为所谓的有涵养的人"。[70]

从其他作品中截取和借用内容，也使作者能够在材料中加入自己的哲学或科学分析，而摘录的文字在新语境中会呈现新面貌。例如，塞韦连的《自然科学中人类精神的进步史》改变了四足动物的先后顺序，抛弃了布封以人为中心的设计，而采用了基于解剖学的安排。埃内贝尔和博里厄的《自然史教程》将布封的文字与维吉尔、普林尼和拉封丹的文字并列，展现了布封偏文学和田园的一面。[71] 绍里神父在《自然史概要》中阐述布封时则带上了自然神学的色彩，这是一部5卷本作品，从昆虫开始，以鸟类和四足动物结束。[72] 迪歇纳和勒布隆为儿童创作了《儿童画册》，分批出版，这套书将《自然史》中每种动物和鸟的插图都配上了简短描述。孩子们会将这些剪下来，贴到自己的剪贴簿里。医生皮埃尔-约瑟夫·巴绍以功利主义的方式对布封作品加以再创作，无耻地复制了大量段落，不过他一直声称自己的作品具有原创性，认为布封的作品“与我的作品没有关系，人们可以既读他的，也读我的，不会有重复的风险”。[73]

还有形形色色的其他作家也将布封的动物描写运用到作品中，在他们的影响下，那些本来可能接触不到布封作品的人也成了布封的读者。其中之一是雷蒂夫·德·拉布勒托纳，他是布封的粉丝，创作了《猴子的来信》一书以及诸多色情小说、回忆录和哲学杂谈。在雷蒂夫的乌托邦小说《南半球历险记》中，法国人维克多兰（用他发明的翅膀）飞到了南太平洋的一座小岛上，为了纪念他的妻子，他把这座岛命名为克里斯蒂娜岛，并在那里建立了一个理想社会。然后，他带着两个儿子（两人都娶了巴塔哥尼亚巨人）前往一系列岛屿，每个岛屿都居住着不同的人兽混血种族：象人、蛙人、马人、狮人等。在对每一个种族的描述中，雷蒂夫都紧紧参照布封的描述（布封在一个叫大巴塔哥尼亚的颠倒岛上以封布的形象出现）。维克多兰在这些岛屿上建立了殖民地，并从每个岛屿上选出一对年轻的混血儿，空运回克里斯蒂娜岛，在那里驯服、教化他们。[74] 虽然《外省通告》称这部作品是"可以想象到的最奇怪的作品"，充满怪异想法和怪诞图画，但也赞扬了作者渊博的自然史知识。[75]

尽管各有各的目的，但几乎所有这些编著者都选中了《自然史》中最引人注目的段落。在他们的助力下，书中大量短语被提升到文化箴言的高度。大众刊物也加速了这一过程，它们从这些摘录图书中选择摘录内容，用在评论文章中。然后，对许多读者而言，"布封"就成了一个能唤起生动画面的名字，而画面中往往还包含着与寓言一样的道德教训。

自然史和寓言

西方文明史学家通常将 17 世纪描述为过渡时期，在此之前的古代观念认为自然充满意义和寓言，在此之后的现代观

图 6.2　男女象人与试图捕获他们的长翅膀的人类战斗。摘自尼古拉-埃德姆·雷蒂夫·德·拉布勒托纳,《南半球历险记》,第 12 册。密歇根大学安娜堡分校特藏图书馆提供。

念则将自然视为蛮荒领域，需要冷静地调查和修正。这种现代观念有个非常极端的版本，查尔斯·雷文声称：“无稽之谈一点一点地被识破，寓言被推翻，迷信被揭穿，而由这些因素建立起来的世界观则变得支离破碎。”[76]

然而，对大多数人来说，寓言和象征并非只存在于文艺复兴时期。布封并没有消除动物世界的意义，其他人也没有。用 E. C. 施帕里的话来说，此时人们开始探索“自然与社会之间的滑移”，特别是在科普作品中。这种“滑移”在自然史和寓言之间的联系中体现得尤为明显。[77] 审视这些联系，可以了解启蒙运动中的人们如何在动物身上找到意义。

不过，人们必须小心对待寓言这个词。在 18 世纪的法语中，寓言既可以指虚假的报道，也可以指道德故事。布封等博物学家说他们要从作品中消除寓言，意思是要摒弃诸如目击独角兽之类的谬论，而不是拒绝从大自然中吸取道德教训。不过，在一些科学文本中，明确的道德教化的确减少了，这种趋势一直持续到 19 世纪和 20 世纪。然而，道德教化并没有从大众作品中消失（到现在也没有）：许多熟悉的物种继续与传统的教化联系在一起，从奴隶制到母爱等各种意义很容易被嫁接到新发现的物种上。在面向非大众读者的科学作品中，许多同样的联系被更巧妙地建立起来（现在仍然如此）。大自然仍然是经验教训的来源，但方式与早期不同。这种转变在寓言和自然史之间的关系中体现得最为明显。寓言和自然史的混合是双向的。寓言故事中包含了自然史的事实，而自然史，无论是展陈的还是印刷的，都一直不断调和着科学的演示或描述以及神话、寓言或道德要素。[78]

通过孔代亲王的动物园和蒙莫朗西公爵的博物展示柜，观众可以欣赏到熟悉的动物故事背景中形形色色的本地和外来物种收藏品。孔代亲王居住在尚蒂伊，这是位于巴黎北部的一大片庄园，奢华程度可与凡尔赛宫媲美。这位亲王以其艺术收藏、马厩、动物园和博物陈列室而闻名。1786 年，孔代亲王买下了博马雷的收藏品（以及配套的饲养员和导游服务）后，他的博物陈列室成为法国藏品种类最多的博物馆陈列之一，而他的动物园一直受到游客和旅游指南的好评，有人说它比凡尔赛动物园还要好。这座动物园建于 17 世纪最后 20 年，后来又加以扩建，这个用一系列围栏围成的庭院，圈养着各种动物。每个院子的中间都有一座洛可可式的喷泉，中心是一座动物雕塑，底座边上有一幅画，画的是同一种动物在拉封丹寓言故事中的样子。一位外省游客指出："在城堡里，就像在花园里一样，我们到处都能看到取自拉封丹寓言的动物，下面还配有诗句。他似乎是尚蒂伊最受欢迎的作家。"[79]

取自寓言故事的主题也为蒙莫朗西公爵藏品众多的博物

陈列柜增添了光彩。各种各样的收藏品分布在巴黎大宅的几间房内，玻璃展柜上方还摆放着古老的日本瓷瓶。这些藏品出自一位名叫德穆兰的动物标本制作师之手。1783 年，德穆兰在《巴黎通告》的广告中如此描述道："自然史展区由 16 个大玻璃柜组成，里面保存着西印度群岛和我们本土最美丽的鸟类，还有几只四足动物，其中包括一只具有酒神特征的老虎，它周围也布置着有类似属性的物品。所有这些动物都经过精心处理，以保护它们永远不受蛀虫侵害，而且每个柜子都标注了词语，以描述藏品所代表的道德品质特征。"[80]

在一本同时代的旅游指南中，对蒙莫朗西公爵博物陈列柜的描述中也提到了这只猫科动物（被认为是豹而不是虎），它和葡萄藤以及其他一些传统酒神标志共同放在一个大展柜中。据这本旅游指南记载，这里的所有标本都生动地排列着，并以符合其特征的姿态呈现。乌鸦与狐狸的寓言就在入口处的上方。一则脚注解释说："人们在柜子里看到的鸟类和四足动物由画家德穆兰先生布置和摆放。这位艺术家既有画家的天赋，又擅长制作各种四足动物、鸟类和昆虫等标本，因此，他能够描绘它们的性格，将它们塑造成寓言中的样子；这能够激发人们的兴趣，并为他所创造的群体注入活力。布封先生看中了他的才华，选中他来负责皇家自然史陈列室的维护和布置。”[81]

自然史著作的特点，是它常常结合有关动物的科学事实以及寓言式的道德内容或传统故事，这些陈列品也是如此。人们阅读寓言是为了享受诗歌的乐趣和道德的智慧，许多人阅读有关动物的纪实类作品也出于同样的原因。道德信息在这些作品中以多种方式出现。其中一种方式是将寓言与博物学家的描述放在一起，如埃内贝尔和博里厄的《自然史教程》。作者在序言中解释说，他们决定在适当的地方引用卢克莱修、维吉尔、瓦尼埃和拉封丹，用诗歌的魅力来调和“有些冷酷但必要的”事实。例如，关于大象的文章以拉封丹的寓言开始。在一篇文章中融合拉封丹、博马雷和布封，其效果是在整合所有这些信息的基础上，形成关于动物及其含义的某种评述。评论家似乎对这种混合式的风格没有异议:《巴黎通告》称赞它是一部寓教于乐的作品，大部分读者都能读懂，并引用了一些时下最受认可的作者。[82]

通过为特定物种及其行为赋予价值，道德经验也得以传达。例如，狗是好的，也是忠诚的，而狼是坏的，是会无端挑起争斗的。绍里神父描述了狮子对弱小动物的仁慈，随后又评论说，并非所有强大的动物都能把它们的力量用在对的地方。布封根据大象、狗、河狸和猴子的学习能力、社交能力和令人钦佩的性格特征，将这四个物种排在了最前面。其中，猴子得分最低，因为它们肮脏，且在性行为方面不端。[83] 好的动物往往会与相反的、邪恶的动物配对出现：狮子对老虎；狗对狼（或猫）；鹰对秃鹫。18 世纪后期，有一些作家，其中最著名的是卢梭，认为任何自然的东西都是好的。社会批评家用这个论点来指责那些过度追求精致生活以至于不再践行母乳喂养等自然（好的）活动的人。[84] 不过，并非所有人都同意这个观点。例如，在一封写给《巴黎日报》的信中，一位订阅者说，他看到一只燕子从另一只燕子的窝里偷泥巴，并询问为什么我们要把动物当作道德楷模。[85]

布封是一位新寓言大师。尽管他参与了一些老式的道德说教，把某些物种的地位抬高，供人效仿，或尖锐地评论某些物种，但他也使自然主义寓言的发展达到了顶峰。关于大象的文章就展示出了这两种技巧。继普林尼之后，布封称赞大象是动物中最好的。据布封介绍，大象的特性包括以下几点：在智力上接近人类；灵巧敏捷（会使用树干）；温顺；认识并依附于人类；服从于温和的管理但拒绝强迫；以热情、忠诚和智慧为人类服务；喜欢群居生活；有力量、有胆识、谨慎，即使在最强烈的激情中也始终温和，在爱情方面也能做到专一；即使生气也能认出自己的朋友；只攻击那些伤害过它们的人；记得住恩惠，也记得住伤害；吃素；受到其他动物的喜爱和尊重，因为它们不具有威胁性；最后，它们的端庄谦逊甚至超过了人类：它们从来不会当众交配，被囚禁时尤其如此。在道德尺度上，大象与嗜血的老虎处于相反的两端：

> 动物的体型通常与天性一致……老虎，身体修长，四肢短小，脑袋光秃秃的，双眼无神，血红的舌头总是伸到嘴外，表现出卑鄙邪恶和永不满足的残暴特性；它们唯一的本能就是无休止的愤怒，一种盲目的、无差别的狂怒，雄性老虎经常吞噬其亲生骨肉，甚至会撕碎想要保护幼虎的母虎。这种嗜血本性达到了极点，可谓六亲不认！只有在它们刚出生时就毁掉它们，才能消灭这种嗜血的天性。[86]

这样的内容似乎与文艺复兴时期的动物图书相差无几，为读者展示了道德典范，充斥着刻板印象，并让人们想起民间将物种对立起来的传统——一部分由上帝创造，另一部分由魔鬼创造。[87]这似乎有点奇怪，因为布封在其《论动物的本性》一文中贬低了那些把所谓完美的蜂巢共和国作为道德榜样的人。他写道，人们应该观察和描述蜜蜂，“但我无法忍受人们宣扬昆虫的道德和神学意义；这些是观察者自己赋予它们的奇迹，然后他们大惊小怪，好像奇迹真的存在一样”。

他在这一节的结尾说：“大自然本身还不够令人惊讶吗？还需要我们用一些不存在的、我们自己放在那里的奇迹来迷惑自己，而后故作惊讶吗？”在介绍大象时，他批评古人赋予动物美德的行为，比如对太阳的崇拜。然而，他继续说：“不要轻信古代的寓言故事，要摒弃那些仍然存在的幼稚的迷信虚构。但大象仍然有足够的价值，甚至在哲学家眼中，人们必须将其视为第一等级的存在。它值得被了解，被观察。因此，我们将努力公正地书写历史，也就是说，不去赞美或嘲讽。”[88]

布封认为，他对大象的描述是基于对其能力的准确评估，而不是赋予它虚假的奇迹。他认为，虽然有灵魂的人和没有灵魂的动物之间存在无法逾越的差距，但动物有记忆和思想，它们与人类一样，具有自然本能，而且被赋予了不同程度的情感（感官知觉）。因此，他们可以体验到物质身体产生的感情。这些感情包括恐惧、愤怒、勇气、爱、嫉妒和追求享受的欲望。通过教育、榜样、模仿和习惯养成，它们还可以培养出依恋、骄傲和野心。一个物种的情感越丰富，它就越接近人类，与人类相似的品质也越多。[89]

现在，我们就明白了为什么布封蔑视那些赞美蜜蜂的人，而他自己却毫不犹豫地赞扬其他动物的道德。蜜蜂的情感水平很低，因此不可能与人类有太多共同之处。大象则不一样，它是无灵魂的物质中最接近人类的，因此它们可以具有人类所有最高的物质特征。[90] 大象并不是简单地代表谦虚的一个象征或寓意——它们确实谦虚。

布封对不同物种之间共同特征的研究——例如人类和大象——是他整体哲学观的一个重要因素。在《自然史》开篇，他就指出自然史学家应该首先充分了解自然界各种不同物种的细节，然后将自己提升到更高的水平，对各种事物形成更全面的观点。[91] 布封所寻找的不仅是像谦虚这样的共同特征，而且还有一般行为模式或规律。例如，他注意到几乎所有物种的雄性在交配季节都很狂躁，而雌性在保护自己孩子时会变得凶残。[92]

内克尔夫人是布封最有头脑的读者之一，她非常欣赏这种在大自然中寻找真理的方法。在她的文章中，内克尔夫人赞扬了布封的描述，指出他与合作者盖诺·德·蒙贝利亚尔的描述截然不同，她批评后者虽然在人类和动物之间建立了联系，但缺少本质的比较。她对比了盖诺写夜莺的词条与布封写黄莺的词条：

> 夜莺这则词条最大的问题……是它所描述的更多是一个音乐家而不是一只鸟。相比之下，关于黄莺的文章……要短得多，因为对鸟的描述比对人的描述要少，但它的所有特点都很有魅力。布封先生让我们对这只小鸟一

直保持兴趣；他不断提醒我们人类，让我们对自己没有鸟类这样好的品性而感到遗憾。但在盖诺先生那里，我们只能看到鸟身上像人的东西：这不再是两者之间的联系，而只是鸟本身。[93]

从大自然中吸取教训的并不只有作家：读者也可以利用《自然史》中的原始材料，参与到人与自然和谐关系的构建过程中。内克尔夫人就是这样做的，她说，在布封的书中读到河狸只有在其他同类的陪伴下才能培养出本能时，她想到我们人类社会司空见惯的情况：有头脑的人之所以有头脑，是因为他们周围的人也都一样。[94]

布封对天鹅之歌神话的处理表明他能力非凡，能够在否定古代寓言的同时，保留和继承其抒情性。天鹅篇是沙龙阅读的最爱之一，它甚至开创性地推翻了天鹅临死前会唱美妙歌曲的传说。完成该篇前，布封经历了一次与肾结石命悬一线的较量，他在结尾处留下了一段极富表现力的文字：

此外，古人并不满足于让天鹅成为了不起的歌者；在所有因面对毁灭而战栗的生物中，只有它在最后的痛苦时刻仍在歌唱，用和谐的旋律宣告它最后的叹息；人们说，

> 天鹅在弥留之际，悲伤而温柔地告别生命时，它的歌声才会如此动听，如此感人……人们在拂晓时听到这首歌，此时风平浪静，甚至可以看到天鹅在葬礼上唱着赞美诗，随着旋律优雅地死去。在自然史的古代寓言中，这个故事流传最广、引用最多、认可度最高……请体谅古人讲述这些寓言的初衷：这些故事动人心弦；它们和枯燥乏味的真相一样有价值；它们是多情灵魂的甜蜜象征。诚然，天鹅死去时并不会唱歌。但是，当人们谈到一位伟大的天才即将陨落，谈到他最终的旅程和最后的爆发时，总会感慨地想起这则动人的故事：这就是天鹅之歌！[95]

为了赞美布封所取得的成就，屈比埃骑士在他去世后写下了这样的诗句：

> 那一天，我记得，他给我读了那段历史
> 那只悦耳的天鹅。我看到他眼中
> 闪耀着创作天才的光芒。
> 可不久他的生涯便要落幕，
> 而坟墓已经在他脚下撕开。
> 唉！在那致命时刻，他应该会对我说
> 死亡并不遥远，而他，像天鹅一样，

这个不幸的人也走到了他的最后时刻！[96]

布封谱写的自然史乐章打动了公众的心，他们感情细腻、求知若渴、崇尚实用。他的作品和其他有关自然史的图书和文章为读者提供了答案，帮助他们理解生活在人类世界中的各种新奇动物，以及他们自己的同胞。

第七章　大象奴隶

虽然在布封的文章中，天鹅之歌的美好神话以悲剧收尾，但他所表达的观点也是对同时代社会问题的回应：“无论是动物世界还是人类社会，暴力只会造就暴君，温和的权威才会造就国王。”[1] 虽然这句话应该是指天鹅在行为上比其他鸟类更优雅，但所有读者都很容易联想到围绕着路易十六暴政的种种争论。

许多博物学家在动物著作中加入了适用于人类社会的道德观或评价标准——在 18 世纪末，往往关乎暴政的本质等争议话题。在描述动物的社会结构时，出现了对政府形式和政治权力依据的质疑；在描述动物的家庭时，体现了对妇女社会角色的关注；在探讨自然的道德法则时，表达了对失去宗教基础的焦虑；在讲述征服野生外来动物的故事时，探讨了关于殖民主义和奴隶制的争论。这些作品在商业上的成功可能与它们对当前热点话题的关注有很大关系。

在此重点讨论这些问题中的最后一个，即关于殖民主义和奴隶制的争论。这个问题与法国外来物种引入的关系最为密切，并且为理解法国大革命期间人们对待动物的态度和行为奠定了基础。“动物奴役”的说法在许多自然史文本和其他有关动物的著作中都有体现，但其表达方式起初似乎令人费解；即使在同一篇文章中，人类对动物的统治有时受到赞扬，有时又受到批评。为什么会出现这种模糊不清的态度？这些动物与它们隐喻的人类群体有什么关系？分析这些语言，可以阐明那些表面上书写动物的作品为何处处体现着对人类问题的关注，展示人们如何从自然界寻求可应用于社会关系的法则，进而可以探讨有关动物奴隶与人类奴隶之间联系的部分矛盾观点。

人类作为合法主人

在 18 世纪的法国（和英国），大多数关于动物的著作采用的都是传统立场，即人类有能力也有权利支配自然界，并使其为人类所用。那些视《圣经》为权威的人经常引用上帝对亚当和夏娃的赐福作为依据，即“要生养众多，遍满地面，治理这地，也要管理海里的鱼、空中的鸟，和地上各样行动的活物”。大洪水过后，上帝给诺亚也下达了基本相同的命令，但要求所有动物都要敬畏他。自然神学家解释说，像第一对人类夫妇悖逆了上帝一样，动物则悖逆了人类。“如果亚当和夏娃没有犯罪，动物就不会失去控制，”在菲拉西耶的《青年之友》中，埃拉斯特向他的学生解释道：“他们对上帝的反抗导致了动物对人类的反抗。”但另一位作者则认为，不管昆虫有多讨厌，动物有多叛逆，“我们都可以通过研究和思考，发现所有这些东西的可用之处，并将最有害的东西转化为能为我所用的良药”。[2]

除了上帝的认可，一些博物学家认为由能力卓越的人类来支配自然是理所应当的。普吕什神父在《自然奇观》中提出，人类是唯一被赋予了理性的动物，因此他掌控万物，也能意识到这种行为的合法性：“（理性）告诉他，一切动物都是为他而存在的，它们是人类名副其实的奴隶；他可以占有它们的生命并享受它们的服务。动物为人类提供食物，为他看家护院，为他而战，为他耕田，为他挑起重担。”在布封看来，有意识的思想本身就足以将人与动物区分开来，并凌驾于其他动物之上：“正是因为其所具有的自然优越性，人类才能够称霸自然界；他的思考能力使他成为那些没有思考能力的生物的主人。”埃内贝尔和博里厄指出，随着人类影响力的扩大，越来越多的物种将被人类控制，最终整个世界将成为巨大的动物园和花园。[3]然而，能够管理他人的前提是有能力管理自己，因此，文明越不发达，管理其他物种的能力就越弱。例如，布封认为，美洲印第安人驯养的家畜少，就是因为他们文明水平低。在他对人类历史的假想性重建中，人类首先形成社会，然后驯服动物，之后才能开始建设文明。[4]博物学家引用了旅行者的报告，确定了几十个物种，例如喇叭鸟和斑马，作为待驯化的未开发动物资源。[5]

在这些文学作品的大多数读者眼中，人类对动物的掌控显而易见，每天都有动物为人类服务，有的在路上拉车，有的在沙龙里唱歌，有的在集市上表演，还有的在餐桌上提供营养。但是仍有很多叛逆的物种提醒我们不能自鸣得意。旅行游记中充斥着各种猛兽袭击人类的描述。集市上的展商也会强调他们的动物野性未驯，提示观众如果没有铁栏杆的约束，这些动物会野蛮地横冲直撞（见第三章）。

据传，18世纪60年代，法国热沃当就发生了这种可怕的突发事件。有报道说，一只鬣狗在街头展演时逃出了集市，攻击和伤害了很多人，其中大部分是妇女和年轻女孩。它会吃掉受害者的部分尸体，有时甚至是头部。后来又有报道说，这吃人的野兽是一头狼，而一位猎手将这个所谓的罪魁祸首射杀后，还把它的尸体带到凡尔赛宫展示给国王。[6]在这一事件的刺激下，诞生了一系列令人毛骨悚然的雕刻作品，同时也带来了商机：1782年，做烟草生意的富尼耶夫人向一些“猎奇的博物学家”出售了一批鬣狗标本，将它们描述为“热沃当怪兽”，适合用来装饰花园。[7] 各类报刊严阵以待，全程报道这次怪兽追踪和猎杀行动，并以这一事件为契机，针对时不时升温的“动物与人类的战争”展开哲学探讨（图 7.1）。[8] 人们惧怕“热沃当怪兽”，要求立即消灭它，但如果不是从这种野性的爆发中体验到一种别样的刺激，他们也不会想要在自家花园放置这些猛兽的复制品。这种对桀骜不驯的自然界的迷恋，也弥漫在各种自然史文本中。

图 7.1　啃食一个女人的热沃当怪兽。据说这只野兽（一只狼，最初被认为是一只逃跑的鬣狗）在被猎杀前吃了很多人。收藏于法国国家图书馆版画部，Jb mat 1a。法国国家图书馆提供。

动物受害者

18 世纪的作品，除了对统治和驯化的赞美之辞，还普遍存在一种矛盾的口吻——往往是在同一篇文章中——将动物描绘成人类的受害者，并对野生动物的自由和独立大加赞扬。对动物心怀同情的语言并不少见（例如，蒙田的散文就有体现）。[9] 但在 18 世纪后期，尤其在法国，这些语言呈现出一种独特的形式。18 世纪 30 年代，“动物奴隶”一词在普吕什笔下还是积极的描述性用语，之后却转变为批判性用语，这着实令人惊讶。自然史图书和文学作品中都描绘了动物被虐待的悲惨景象。最常见的画面有：家畜是过度劳累的奴隶，野兽被无情追捕，圈养动物成为怏怏不乐的囚犯。而那些还在抵制人类统治的物种往往以高贵的对手身份出现。

在布封《自然史》中关于家畜和家禽的部分，首先映入读者眼帘的几句话就表达了这些动物是受到人类剥削的奴隶：“人类改变了动物的自然状态，使它们服从于人类，服务于人类的需求：家养动物是我们的奴隶，供我们享受、使用、虐待、改变、迁移和磨灭天性，而野生动物则只服从于自然，除了满足本能和追求自由，不遵守任何规则。”[10] 布封提出，人类征服的第一种动物是狗，然后在这个忠诚仆从的帮助下，他开始奴役其他物种。布封提到的受人类奴役的动物包括马、牛、骆驼、金丝雀和猎鹰，他认为所有这些动物都改变了本性，退化了。[11]在审视人类所导致的这些变化时，他写道："人类暴政下，自然界堕落和混乱的程度骇人听闻；我们会发现奴役的圣痕以及锁链的痕迹；我们会发现，时间越久，这些伤口越深，越难治愈。"[12]

埃内贝尔和博里厄的《自然史教程》中充斥着更激烈的语言，生动细腻地描述了马、牛、羊和骆驼的悲惨生活，敏感的读者一定会为之落泪。在他们笔下，那匹可怜的马耷拉着脑袋，疲惫不堪地蹒跚着，几乎寸步难行，"这就是奴隶制和苦难的象征"。即便是牧场上的马，也有被虐待的痕迹，它们满身伤痕，脚上钉着蹄铁。唯一的解脱时刻是它生命的最后一刻，当残酷的主人不再需要它时，它会被带出去，死在它耕种了千万次的田地里。那一刻，它会安慰自己说："我的苦难结束了，很快我就会以另一种形态回到众生中去。我要变成蚯蚓和飞虫，这是两种相反的形态，但无论哪一种，都是自由的，我也会因此获得快乐。"[13]

大多数情况下，作家认为人类普遍对被奴役的动物受到虐待负有责任。但某些群体受到了特别的指责。在关于牛的文章中，布封将矛头指向了富得流油的地主。吃肉本身无可厚非——这对健康有益，而且更一般地说，毁灭是生命的必要条件——但有些人做得太过分。富人只知巧取豪夺，不懂休养生息，“以消耗为荣”，桌上摆满了足够几个家庭吃的食物：“他既虐待动物，也虐待人。”[14]

阿拉伯人也受到了谴责。布封在文章中描述了残忍的骆驼饲养技术，再次复现了人们刻板想象里中东社会残暴、专制的一面。他解释说，骆驼是人类最古老、最勤劳的奴隶。像马、狗、牛、猪和羊这些动物，在被养肥待宰的过程中，会有片刻快乐的时光，但骆驼不一样，它们的生活就是无休止的工作。它们在很小的时候就被迫背负重物，忍受极度的干渴；它们的驼峰和老茧就是“奴役的印记以及受难的圣痕”。[15]

家畜和家禽是受苦的奴隶，而野生动物也未能幸免，成为备受侵扰的土著。许多作者在文章中都讲述了人类与动物的战争，安托万·德·里瓦罗尔非常具有代表性，他直言不讳地总结道：“人类摧毁了一切。”[16] 那些在这种攻击中坚持下来的物种被认为具有悲剧性的高贵品质。布封在关于野生动物的论述中，赞美了这些仍然能够自由生活的物种，“我们称它们为野蛮的生物，因为我们还没有征服它们”。它们既不是奴隶也不是暴君，生活在和平之中，享有平等、自由和爱。难怪他们一看到人就会逃跑：

> 这些动物中，那些最温顺、最纯洁、最平和的，只好

远离人群，生活在荒郊野外。那些更桀骜不驯、更凶悍的，则躲到了森林里。还有一些，它们仿佛知道地球表面没有安全的地方，选择在地下掘穴而居，或者爬到最难攀登的高山之巅。最后，那些最凶猛的，或者说最高傲的，只生活在茫茫沙漠里，在热浪滚滚中称王称霸，即使如同猛兽一样的野人也无法在那里与它们争夺地盘。[17]

例如，鸵鸟逃进了沙漠，但即使在那里，人类仍然在搜寻它们的踪迹，贪图它们的蛋、血、肉和羽毛，盘算着把它们纳入动物奴隶储备中。[18]

批评家认为，动物社会的毁灭是人类掠夺的最严重后果之一。埃内贝尔和博里厄描述了一个令人心痛的场景，堪比垂死的马儿：在这个世上，有这样一些孤独、悲伤、胆怯的动物，就像逃避主人的叛徒一样，勉强维持着不稳定的生活，只在晚上才敢走出藏身之处，而其中那些凶猛的动物又会向胆小的发起“屠杀和毁灭”。[19] 为了获取制帽的毛皮，人们疯狂猎杀北美河狸，这是动物社会被毁灭的典型例证。布封指出，只有在它们不怕遇到人类的国家里，河狸才会聚在一起筑巢，“而这代表着……建立新兴国度的最初努力”。

相反，在那些到处都是人的国家，它们过着惶惶不可终日的生活。动物不再想要群居，一切发展都停止了，所有艺术追求都被扼杀了。它们不再考虑建设，更不会考虑舒适与否；它们总是被恐惧和生计压迫，它们只能努力活下去，只想着如何逃跑和躲藏。如果未来人类继续在大地上大量聚集、繁衍，那么看起来很可能，河狸将在几个世纪后成为历史，只能在寓言故事中看到它们的身影。[20]

博物学家还预言了其他物种的灭绝。他们发现渡渡鸟已经从地球上消失了，索纳拉曾预言在任何有“人类毁灭者”定居的地方，企鹅最终会被完全消灭，因为“只要是能消灭的，人类就不会让它继续存在下去”。[21]

对于崇尚自由和独立的动物来说，被囚禁的命运比不稳定的逃亡生活还要糟糕。塞韦连在报告中谈道，如果把猫和老鼠关在一个笼子里，猫会对老鼠不理不睬，他因此得出这样的观点：当被剥夺自由时，猫对自由之外的一切都很漠然。在雷蒂夫的《猴子的来信》中，那位人猴混血在描述他那些猴子兄弟时说道：“它们要么在自己国家的森林中自由自在地生活，要么在人类世界中沦为可悲的奴隶。”布封写道，金丝雀在被囚禁时会生病，它们无法满足本性中对爱的冲动，这是人类奴役金丝雀的最大恶行之一。他和道本顿为凡尔赛动物园里的野生动物描绘了一幅残酷的生活图景。埃内贝尔和博里厄斥责说，金丝雀和鹦鹉都不应该被关在小笼子里。[22]

尽管那个时代对驯化的态度非常乐观，但许多作者都指出了一个或几个永不屈服的物种。塞韦连认为老虎是唯一完全不可驯服的物种，而布封则认为有多个物种，如野鸡，即使从雏鸟开始饲养，也总是试图逃跑，只能把它们永远关起来。他声称，大多数鸟类总是想从我们身边飞走，回到大自然中，“以见证它的独立”。[23]有些动物赢得了尊重，因为它们宁死不屈。旅行者喜欢赋予这些敏感的物种以高尚的动机，例如加拉姆的白猴子，它们舍不得离开故乡。据说猩猩被锁起来时，也会因无聊和忧郁而死。[24]布封曾目睹他养在笼子里的一只黑鸭表现出类似的行为。即使追着撵、用棒子驱赶，这只黑鸭也不挣扎，只是安静地死去。“因此，奴役所造成的悲剧比我们想象的还要严重，”他推断说，“因为有些物种甚至连抱怨的能力都被剥夺了。”[25]有时，抵抗驯化指向了一种与阳刚之气有关的力量；相比之下，容易驯化的动物则被认为温顺且柔弱。[26]

布封提出，有些动物个体可以被驯服，但其整个物种却不能。大多数猴子和猎鹰就属于这一类，不过，最具代表性的是大象。[27]位于动物等级制度顶端的大象在《自然史》中占有特殊地位，在生命阶梯上，它宽阔的背部紧贴着人类（图 7.2）。布封有一段话经常被引用，他认为大象既有“河

图 7.2　布封写道："大象的体型超过其他所有陆地动物，在智力上接近人类，是物质实体中距离精神实体最近的物种。"摘自布封等著，《自然史》，第 11 卷（1764），插图 1。威斯康星大学麦迪逊分校综合图书馆系统特别馆藏部提供。

狸的智慧、猴子的灵巧和狗的敏感”，又有自己独特的品质。因为大象温柔、顺从、忠诚，一旦被驯服，就会紧紧依附于主人：它会关心主人、爱抚他，学习他的手势和声音，预知他的愿望，并迅速、谨慎、专心地服从所有命令。但是，尽管它乐于为主人服务，但“对处境的厌恶深深地埋在它的心底”；在人工驯养下，即便有强烈的激情，它也拒绝交配。“因此，人类对待它不同于其他那些没有意志的家养动物；它不是那些天生的奴隶，不能为了人类的用途来扩散、残害或增殖。就大象而言，只有个体能成为人类的奴隶，这个物种本身是独立的，并始终拒绝为了暴君的利益而繁殖。”大象拒绝完全服从，显示了其高尚品格。相比之下，有两个群体则表现得很糟糕：一类是像狗这样为人类放弃一切的奴性动物；另一类是没有足够权威来让大象臣服的人类。布封认为大象蔑视非洲人，因为他们没有能力驯服大象。[28]

布封对待大象的态度很难说清楚。他赞扬了它们的服从性，但也尊重它们的反抗精神。他似乎批评了人类对大象的剥削，但又对驯服它们的人表示尊敬。他暗示了对人类奴隶制的批评，但同时又诋毁非洲人。这些看起来矛盾的情况并非布封所独有，几乎所有动物文学都有这个问题。[29] 布封和其他人提出了另一种动物观，解释了其中的一些矛盾之处——也就是下面会讨论的“快乐仆从”的观点。但事实是，剥削动物的羞耻感和自豪感令人不安地同时存在。这种精神分裂的状况也体现在同时代描写土著民族的作品中，进而强化了动物和人类之间的相似性。后文还会讨论这一点。

无论自然史著作发生这种变化的主要原因是什么，有一点是肯定的——人们谈论动物的方式与社会和政治事务密不可分。因此，对“动物奴役”的批评在英国看起来比在法国要弱，因为法国的政治批评要广泛得多。[30] 在各种作品中，对受虐待动物的关注与对被剥削人群的同情齐头并进。

快乐的动物仆从

人们在讴歌动物野性的同时也赞美它们的顺从，为了部分解答这个谜题，一些博物学家提出了自己的答案：善良主人和快乐仆从模式。根据这个模式，只要主人善待它们，动物就会顺从。尽管可能要牺牲掉部分自由，但总体上结果是有益的。适度地喂食、人道地屠宰、温柔地牵拉、明智地驯养，以及仅在必要时狩猎，人们可以将残忍和剥削降到最低程度。[31] 这不仅会减少它们的痛苦，而且许多不幸的动物只要得到了更好的对待，实际上就会很满足，它们在人类的保护下甚至会比在残酷的自然世界中自生自灭更加快乐。

鸟类学家莫迪在一篇敦促驯化外来鸟类的文章中指出，

那些为了满足自己需要而追捕和伤害动物的人只能证明他有强大的力量，而那些征服和引进有用物种的人则展示了他的勤奋。[32]18 世纪 80 年代，没有必要争论勤奋比力量更有价值。布封描述了一个实现这种征服的例子。他写道，农民要驯服水禽，就会把它们的蛋带回自家院子。尽管一开始这些鸟依然野性难驯，但在交配后，它们就会依恋上初次相爱的地方，奴役也变得像自由一样甜蜜。它们的孩子是“天生的居民”，并不知道还有其他生活方式，因而“即便身为这个国家的奴隶，也会珍爱自己的出生地”。这一诀窍是让动物相信它自己想成为奴隶，这样在服从主人命令的同时，它也能享受到自由的感觉。布封以驯服红鹧鸪为例，对此详加说明。“有很多种方法可以驯服最有野性的动物，也就是最迷恋自由的动物，那就是根据它们的天性来对待它们，让它们尽可能多地享有自由。”动物与主人的关系必须基于同情和自愿，而不是需要、利益或顺从。如果受到限制，即使是在一个大鸟笼里，鹧鸪也会拒绝交配——就像大象一样，不愿“延续一个奴隶种族”——甚至会失去自我保护的本能。但是，如果它自愿依附于主人，并且知道自己可以随时离开，那么，鹧鸪和那个“知道如何让它服从”的人之间的关系便十分诱人，甚至算得上高贵。[33]

埃内贝尔和博里厄在《自然史教程》中描绘了类似的场

景，该书将改善动物待遇作为重要主题之一。他们在序言中提道，人类过快地改变和改造自然，会造成破坏，而谨慎、缓慢的变化则“有助于美化自然并帮助敏感的灵魂获得幸福”。[34] 野生动物看起来生活在令人羡慕的环境中，不受人类暴政的影响，而且它们的自由确实可以弥补许多痛苦。但总的来说，家养动物更幸福，尤其是在受到良好对待的情况下。如果它们为我们提供服务，以换取庇护、住所和食物，这对它们来说其实是个不错的交易：“任何被驯服和善待的动物都更喜欢（至少在一两代之后）我们人类的围场和公园，而不是深不可测的森林。”

作家提供了具体的指导来说明如何让动物仆从过上轻松的生活。应该给马尽可能多的自由，不要把它们关在肮脏的马厩里，而应该让它们住在“天空下，天空下”。当然，它们必须习惯佩戴马具；它们要放弃一部分自由，来换取“与我们一起生活并为我们服务的乐趣”。训练小马逐渐接触马具，它们最终会喜欢上工作。同样，牛也应该从小驯服，逐渐让它们适应人手的触摸和轻型锁链的束缚。可以奖励它们一点加盐的葡萄酒，因为“对牛和对人一样，酒能让它们习惯于奴役”。当它们服役的日子结束后，应该被安置到牧场，在被宰杀前享受短暂的自由。这看起来很残酷，但只要是抱着同情和遗憾，而不是为了满足奢侈的欲望，宰杀动物便合理合法。他们认为，这些方法不仅可以改善已经被驯化的动物的命运，而且可以驯化其他野生物种，如豚鼠、刺猬、斑马和猴子等。他们承认斑马很难驯服，并以批评的口吻评论说，斑马的顽固不化也许能使它们免于因美貌而注定的命运，因为“人类喜欢把那些兼具服务能力和迷人外形的动物变成他们的奴隶”。尽管如此，他们还是主张将斑马引入欧洲，因为“虽然它们热爱自由，但它们很温顺，只要好好对待就能征服它们”。莫迪在呼吁将南美的喇叭鸟引进法国取代狗的时候，也同样夹杂着一丝批评的意味。“如果人类需要依恋一种动物，向它倾注本该倾注在同类身上的感情；如果在其住所里要有一个忠诚、聪明、温顺、有爱的奴隶聊以慰藉”，他以怀疑的口吻开场，随后得出结论说，最好用一种具有一切相同品质但更安全的动物来取代容易患狂犬病的狗。[35]

混同动物与人类

上文考察的这些文本表面上都是关于动物的，却使用了与人类有关的词语。在今天的读者看来，谈论动物逃亡者、奴隶或仆从会让人联想到加勒比印第安人、非洲俘虏或法国农民，那么对18世纪的读者来说，他们对这些形象的联想肯定要更加生动。动物文学的这一特点引发了两个核心问题：作者如何评论人类社会？而这些文本中的动物是否单纯是这些评论的载体？

在一些文章中，动物被类比为人，而这并不意味着两个物种之间有任何基本的对等关系。作者使用动物演员主要是为了修辞上的需要，以表达对社会或政治的看法。许多以鸟笼形象为基础的诗歌和寓言都是如此，例如，当时有一本标题为《逃跑的鸟儿、孔雀和捕鸟人：寓言》的匿名小册子。这则寓言讲述了一个有钱人拥有一座装满小鸟的鸟舍，他对这些小鸟十分宠爱。他让他的孔雀看守鸟笼，而孔雀却把小鸟都锁起来，让它们劳作，并告诉主人这些小鸟很坏，很叛逆。鸟儿在它们的野生兄弟的帮助下逃了出来。主人雇了一个“捕鸟人”，想把鸟儿都找回来。捕鸟人保证，因为鸟儿爱他，只要不虐待它们，它们就会回来。担心有人没读懂言外之意，脚注又解释道：“有这样一座鸟舍，叫‘巴士底狱’，我相信它就像地狱一样可怕……啊，路易，路易！……不要只做你弱小子民的半个父亲，听听你所有孩子的哭声。拆掉那座地狱般的鸟舍，你不需要监狱。我们将在它的废墟上建造祭坛，向你表达我们的崇拜。”[36] 作者的意图显然是要发表政治评论，而不是敦促善待鸟舍中的鸟。

18 世纪最受欢迎的小说之一，让 - 雅克·卢梭的《新爱洛伊斯》中对动物与人的比较则没那么强的隐喻性。在结尾处，卢梭描述了一个乌托邦式的社会——克拉朗小镇，由圣洁的朱莉和她的丈夫沃尔马先生负责监管。当朱莉的前情人圣普勒来访时，他被带去参观小镇的各个地方和一些鸟舍。来到一片开阔的地方，郁郁葱葱的植被掩映着一汪宁静的水池，他看到成群的鸟儿飞来飞去，它们并不害怕他的到来。他发现这座“鸟舍”没有栅栏。沃尔马先生解释说，这些鸟儿自愿聚集在这里，因为它们得到了食物、水和筑巢材料，从不被打扰或猎杀，而且在人类的保护下，不会受到猫头鹰和其他敌人的侵害。只有 4 个人有钥匙可以进入这片树林，而在春天的 2 个月里，任何人都不允许进入。“因此，”圣普勒感慨道，“因为害怕鸟儿会成为你的奴隶，你自己反倒成了它们的奴隶。”朱莉回答说：“这确实是一位暴君会说的话，他认为只有削弱别人的自由，他才能享受自由。”虽然卢梭没有直接比较两者，但文中也谈到了与朱莉鸟舍中的快乐鸟儿相对应的人类，即克拉朗小镇里的仆从和工人，他们心甘情愿为出色的主人工作。在小镇里，既没有完美的平等，也没有暴虐的掌权者，而是一种管理和被管理的自然等级制度——这种快乐的仆从模式既适用于动物，也适用于人类。[37]这种比较与“逃跑的鸟儿”的寓言之间的区别在于，在卢梭的小说中，鸟类不单纯是人的方便替身；它们体现了卢梭一直以来对大自然纯真本质的认识。

在《自然史》和其他自然史文本中，关于动物仆从、奴隶和猛兽的讨论更巧妙地嵌入了与人类社会的比较，因为动物和人类世界是通过拟人化的语言而不是明确对比联系在一起的。这种更模糊的结构意味着更大的解释余地。这些文章很可能被解读为“逃跑的鸟儿”那样风格的寓言——因为，它们与人的相关性大于与动物的相关性。例如，克拉朗斯·格拉肯称布封对野生动物的赞美“实际上是对人类社会显而易见的批评”。[38] 但是，如前一章所讨论的那样，像内克尔夫人这样的读者认为这种比较基于人类和动物的共同特征，对两者都适用。许多人和布封一样，他们也认为动物也会有各种各样的情绪，既会嫉妒也会感恩。在这种比较中，圈养的动物，并不隐喻被囚禁的人类，而是会像人类一样遭受失去自由的痛苦。[39] 然而，字面意义和隐喻意义之间的界限是模糊的。当布封把天鹅比作国王时，他并不是说天鹅真的统治其他鸟类。但不太清楚的是，他和读者是否将奴役的概念宽泛地理解为不仅适用于人类，还适用于农民和大象。从 17 世纪初开始，“奴隶”一词的使用范围就被扩大了，既指专制政府的臣民，也指“爱的奴隶”。[40]18 世纪末的政治批评经常提到被奴役的法国人。例如，让 - 保罗·马拉的《奴隶制枷锁》和卢梭《社会契约论》的开篇提道：“人生而自由，却无往不在枷锁之中。”[41] 对许多读者来说，奴隶和奴隶制的概念一定徘徊在字面和隐喻之间，能够让人想起受剥削的动物和人类形象。然而，我们将看到，一些作家反对将奴隶地位延伸到动物身上。

如果让内克尔夫人写下阅读布封那篇驯服红鹧鸪的文章的感受，她可能会这样写：鹧鸪可以被驯服，如果把它们养在大围栏里，它们就会依附于主人，就像人类的奴隶和仆人被允许有一点自由时，就会变得温顺并喜欢上他们的主人一样。她可能无法解释为什么能把仆人比作鹧鸪，因为这对她来说看起来不言自明。和当时的许多人一样，内克尔夫人认为，自然界的等级划分在人类世界中也有相似之处。例如，谈到某种特性介于其他两个物种之间的动物时，她写道：“我相信，我们在物质层面看到的细微差别也存在于道德层面，而且灵魂也存在从邪恶到美德、从愚蠢到天才的等级。”[42]

18 世纪，人类和动物领域之间出现的许多“滑移”建立在一种假定的生物等级制度基础之上，从虫子到天使都被涵盖在这个制度中。自居文明和理性的欧洲男人占据了最高层；再往下是农民、女性、儿童、精神不健全的人以及有色人种（不一定按这个顺序）；然后是动物，这一层的最高处是最聪明和最有能力的（狗、大象）。可以按照这个等级制度在任何两个群体之间画线。所有人类和所有动物之间的分界线只是其中一条可能的界线。把这条线往上移一点，某些人就会和动物混在一起。或者法国人可以把自己与西班牙人及其他不太文明的民族区分开来。把这条线往下移，高级动物（如恒温动物）就可以和人类归为一类。把这条线完全拿掉，人类就不过是另一种动物。在这个制度中，并非所有阶梯都是等距的；毫无疑问，大家都会同意，在人类和动物之间存在着比这两个群体内部更大的差距，不过人们也普遍认为，与地位较高的人相比，阶梯上地位较低的人与动物有更多共同点，因此将位于“较低”位置的人与动物分在一起也很常见。[43]

在指出各种人类群体的劣根性时，作者总是将他们与动物相提并论。例如，布封把原始人描述为“一种无法指挥他人的动物”，在一篇文章中，他把美洲印第安人的地位放得更低，认为他们是“一种无能的自动机器”。[44] 布封认为，尽管这些处于人类最底层的种族不能使用人类的优越能力，表现得更像动物，但他们仍然与动物有本质区别：“无论霍屯督人和猴子之间有什么相似之处，二者之间区别巨大，因为他们（霍屯督人）内在有思想，外在有语言。”[45]

有时人们会把阶梯颠倒过来；然后愚蠢的印第安人变成了高贵的野蛮人，堕落的女人变成了男人的道德楷模，奴隶和农民变成了道德高尚的原始人。那些正在阅读高贵的大象和逃亡的河狸的人，也会在其他地方读到非洲人因为不愿世代为奴而拒绝生育，以及印第安人被残酷的征服者赶出家园。[46] 大约在 18 世纪中期，由蒙田等人提出的贵族野蛮人的概念已经成为司空见惯的说法。卢梭、狄德罗和其他许多人都称赞加勒比人，特别是塔希提人的自然道德和幸福快乐的生活。人们的这种印象从未消失，尽管在 18 世纪末发生的一些事件一定程度上削弱了这种印象，其中包括 1772 年法国探险家马里翁·迪弗伦及其 16 名手下被毛利人杀害，1779 年库克船长在夏威夷被谋杀，以及南太平洋地区的其他一些暴力甚至食人事件。[47]

与此同时，殖民主义在法国开始受到批判性审视（尤其是在七年战争失败之后）。在雷纳尔神父广为人知的《两个印度的哲学史》一书（其中有狄德罗等人的贡献）中，作者谴责了西班牙入侵美洲和英国在印度的专制统治，并警告霍屯督人提防荷兰人。这段感情丰富的文字听起来很像自然史著作中对受迫害的野生动物的描述："逃吧，不幸的霍屯督人，赶快逃！躲到森林里去。与栖息在森林中的凶猛野兽相比，即将让你们沦陷的帝国中的那些怪物更可怕。老虎可能会把你撕成碎片，但它只会夺走你的生命。而帝国中的怪物则会夺走你的纯洁和自由。如果你们有勇气，就拿起你们的斧头，拉开你们的弓，让你们的毒箭像雨点般飞向那些外国人。"[48] 但总的来说，这本书认为，如果采用温和的方式，并以促进商业而非国家权力为目标，那么殖民主义是有益的（该书1770年首次出版，1780年第3版得到了大多数读者的认可）。书中将耶稣会士在巴拉圭的定居点描述为模范社区——很像卢梭书中的克拉朗小镇——在耶稣会士的治理下，这里的人既不懒惰也不会过度劳累，人人平等，生活富足，衣食无忧，喜欢谁就同谁婚配，还不用交税。[49]

与殖民主义一样，奴隶制也引起了矛盾的情绪。奴隶制在法国领土上不被允许，但妙就妙在，这项法律并不适用于殖民地。[50]圣多明各是法国最富有的属地，人们普遍认为它对法国持续的经济繁荣至关重要。到18世纪末，随着虐待奴隶和奴隶起义的事件不断传出，对奴隶制的批评声也越来越多——但并没有明确的解决方法。批评者对是否应该逐步解放奴隶（很少有人主张立即解放），或是否应该在消除奴隶贸易的同时维持已经建立的奴隶劳动社区存在分歧。一些人提议，法国人不应该把非洲人运到其他地方从事体力劳动，而应该让非洲人在非洲为他们工作（就像英国人在印度那样）。1788年，一批知名人士在非洲成立了“黑人之友协会”，他们最初呼吁废除奴隶贸易和奴隶制，但后来对殖民地种植园主让步，取消了后一项要求。直到1794年圣多明各爆发奴隶叛乱，在不可避免的情况下，奴隶制才得以废除。

因此，将动物和某些人群通过明确的比较和相似的语言联系在一起，这种语言普遍出现在自然史著作与关于殖民主义和奴隶制的著作中。流行的自然史图书之所以吸引读者，部分原因可能是它们体现了自然史版本的改良主义观点。对宠物饲养者和幕后的奴隶种植园主来说，阅读布封或埃内贝尔和博里厄关于动物奴隶的文章，很可能是种令人满意的体验。他们可能会同情被虐待的骆驼、禁欲的大象与被迫躲进沙漠和山区的野生动物，但他们同时也会感到宽慰，因为这些生物在仁慈权威的控制下会活得很快乐。[51]

在评价18世纪末的改革运动时，历史学家对这场人道主义运动的意义持不同意见。有些人认为启蒙运动是人道主义全面发展的重要时期：善待动物、囚犯和奴隶，改善教育等。[52]例如，里查德·格罗夫认为，像皮埃尔·普瓦夫尔和贝尔纳丹·德·圣皮埃尔这样的殖民地管理者，他们将人道主义情感和对环境破坏的认识结合在一起，为现代环境运动奠定了基础："法国乌托邦主义者的两项任务，一是社会任务，二是环境任务……不可分割。"[53]一些评论家认识到这一运动有家长式作风的倾向（从"善良主人"的态度中可以明显看出），但总体上仍然认为它是积极的。[54]

也有一些人持更消极的看法。米谢勒·迪谢认为，尽管普瓦夫尔、贝尔纳丹·德·圣皮埃尔、雷纳尔、布封和狄德罗有时激烈谴责奴隶制和殖民主义，但他们仍然沉浸在以统治为中心的殖民意识形态中。她和其他批评家指出：对被压迫群体表示钦佩和同情并不一定出于真诚的人道主义情感，因为人们在看待他们眼中的低等群体时，常常同时抱有强烈的钦佩和轻蔑的鄙视：高贵或野蛮；圣母或妓女。[55]

许多同情或正面描写野蛮人和奴隶的作者，对这些外来文化（往往以不准确的漫画形式表现）知之甚少，也不感兴趣，而是把它们作为自我批评的镜子。有些人沉溺于浅薄的感情：历史学家伊夫·贝诺痛斥关于悲惨奴隶的悲伤故事是种“赶时髦的同情”。[56] 这种自以为是的多愁善感在许多诗歌中都有体现，比如1786年在《巴黎通告》上发表的那篇《一位女子写给她的金丝雀的诗》。这首诗歌挑战了一种广泛传播的观点，即（真正的）奴隶不能获得解放，因为他们无法自给自足：

> 迷人的小鸟，金色的羽毛，你们
> 生在我们这里，沦为悲惨的奴隶。
> 在你们的故乡，你们的歌声更动听；
> 但人类太过嫉妒，只爱掠夺。
> ……
> 啊！如果有一天人类给予你自由，

不要接受，可怜的小家伙们。

在我们的天空下飞行

会给你们带去毁灭：

死亡和不幸已将你们包围。

自由只是一个词，一种诱人的谬论；

心与心之间的温柔纽带织就了窄笼：

在囚禁中，你们会找到幸福，

而那正是我们所苦苦追求的。[57]

此类诗歌对奴隶制的描述如此仁慈，难怪一些废奴主义者拒绝比较奴隶和被囚禁的动物。即使在呼吁善待动物的背景下，这种隐喻也使动物和奴隶之间的类比自然化，将两者联系在一起，成为地位低下的群体。也许出于这个原因，一些拥护废奴者不去鼓动改善动物和奴隶的待遇，而是强调它们的区别。他们在措辞上将人类奴隶与其他人类放在同等地位，同时切断其与动物的关联，从而表明人应该比动物获得更多的自由。例如，在一篇反奴隶制的短文中，作者指出，"残暴地对待人类是一种应受谴责的野蛮行为；而粗暴地对待那些只是看起来像人的动物，也并不比鞭打牛马更糟糕。因此，人们毫不犹豫地把人与动物相提并论……只是为了给残酷的伤害行为辩护"。[58] 另一篇短文认为，所有动物都有一种“对自由的热烈渴望”，但随后作者又解释了为什么除人之外，所有物种的这种冲动都能被合理地抑制。狮子想奋力挣脱锁链，鸟儿在笼网上挣扎，至死方休：“无论是胆小的还是凶猛的，它们都想获得自由。”但作者接下来说，与人类不同，动物注定要为我们服务，因此“也许我们不应该（从它们对奴役的强烈抵制中）得出这样的结论：我们征服它们是对它们的不公”。[59]孔多塞还划清了人类与役畜之间的界限。他提道，种植园主说他们对待奴隶就像对待自己的马一样好。然而，他们并没有善待他们的马，而且即使他们对待奴隶的态度和对待马的态度一样，奴隶仍然会不高兴：“人可不是马。”[60]

人类和动物奴隶之间的一个重要区别，在于他们有能力为自己说话。也许正如一些历史学家认为的那样，尽管大多数启蒙思想家存在种族偏见，而且反奴隶制的情绪也不冷不热，但他们对个人幸福、自然权利和同情心的关注有助于创造一种思想上的转变，成为废除奴隶制的一重因素（经济利益是另一重因素）。[61]但人类奴隶不仅仅是被动的自由接受者；他们也解放自己。至少有一次，人类向动物发出了战斗的呼吁，即雷蒂夫在《猴子的来信》中借主人公人猴混血儿凯撒之口发出的呼吁。凯撒敦促动物反抗人类主人，并预言一旦动物像他一样自学成才，它们就能挣脱奴役的枷锁。公牛会驱逐人类，狮子会攻击人类，而大象会踩踏人类。[62]但显然，动物们并没有响应凯撒的号召。它们确实参与了法国大革命，但只是作为象征，而不是抗争者。

第八章　自由万岁

在法国大革命期间，“自由”这个口号一次又一次地出现在演讲、小册子、歌曲和海报中。事实上，旧制度下的许多压迫性特征都被废除了：巴士底狱被摧毁，第三阶级赢得了政治代表权，离婚被合法化，奴隶制被取缔。旧制度的标志及其体制一样被彻底改造。通过重新命名街道和建筑（例如，巴黎王宫更名为平等之家），抹去象征贵族的鸢尾花图案，制定新的共和历法，革命者希望创造纯净的环境，在此基础上建立一个高尚的共和国。他们认为自己是在破除沉疴宿疾，摆脱长久以来的腐败和奴役他们的枷锁。[1]

这些革命者将大自然视为自由的来源，将自然法则视为恢复自由的手段。1790年，《巴黎日报》宣称：“大自然只创造了自由人。”[2]他们又重新命名了月份，还提倡母乳喂养等做法。[3]野生动物无拘无束的生活常被当作榜样。几十年前那些受压迫和奴役的人曾被描绘成困在笼子里或用锁链拴住的动物，现在看起来生活得无拘无束：在海报和革命陶器上，与“解放万岁”等口号一同出现的，常常是鸟的形象，它们有的正冲出笼子，有的则趾高气扬地站在从前的监狱顶上（图 8.1）。

就像大革命之前的时期一样，关于被奴役和被解放的动物的语言在字面和隐喻的界限上取得了平衡。有时人们会谈论解放真正的动物（尤其是属于国王的动物），而最具有乌托邦思想的人则提出了改善表演用动物和工作用动物环境的具体建议。但从长期来看，由于现实因素和相互矛盾的象征意义，动物解放的做法失败了。从现实角度来看，给狮子和鹦鹉自由，或者给它们提供大笼子，都不是简单的事。在象征意义方面，食肉野生动物因为经常与暴力联系在一起而深受其苦。在人们眼中，它们往往不是遭到不公正囚禁的受害者，而是必须被约束的嗜血动物。笼子里的动物也有作为战利品的价值，革命者和国王都容易抱有这样的想法。令人惊讶的不是这些动物仍然被关在笼子里，而是它们竟然引起了如此激烈的讨论。

暴民煽动者或者贵族追随者？

在革命期间，第一次引起当局注意的野生动物，并不是要被解放的动物，而是被当成有潜在危险的民众暴力的煽动

图 8.1　自由万岁！这是一张革命海报，画上是一个无套裤党革命者正在放飞几只鸟，以此象征自由。由斯梅顿和科松绘制，藏于卡纳瓦莱博物馆。©巴黎市立博物馆照片库。阿布齐提供。

者。1790 年 3 月，警察局局长雅克·珀谢在日报《通报》上发表了一篇文章，建议禁止在公共场所举行斗兽表演，因为暴力表演有可能激起巴黎群众的暴力行为。他认为，任何煽动残忍、暴行和破坏性情绪的行为都应被禁止，他还说明了为什么斗兽表演属于这一类："这种可怕的娱乐活动充斥着各种动物间的疯狂撕咬，有时是杀死一条狗，有时是杀死一头牛，有时是杀死一头熊；哭声、嚎叫声、痛苦和死亡的呻吟声伴随着这些可怕的场景，一群盲目的人在这里观摩学习野蛮行为，面对如此血腥的屠杀场面，他们慢慢变得麻木和习以为常，甚至带着心满意足的平静。"他认为，在这所"杀戮学校"里，视觉印象直接作用于人们的感官，从而影响他们的道德品质。过去，我们过于蔑视大众，从不关心他们的教育，但现在我们意识到，我们有责任教化他们，使他们更温和。我们应该用能唤起和平和善良情感的节日来取代这种血腥的公共娱乐活动，比如舞蹈、烟花和让人情绪平和的一些活动。[4]

几个月后，布里塞先生在写给同一份报纸的信中支持了珀谢的观点。布里塞赞成在全法国取缔斗兽表演和其他杀害动物的娱乐活动，认为确保国家繁荣和人民忠诚的最佳方式是鼓励发展理性及其基本特征：善良、同情和慈悲。[5]

为什么人们如此关注暴力？就在珀谢的信发表 9 个月

前，1789年7月，数百名愤怒的巴黎人包围并占领了巴士底狱，这是一座堡垒般的监狱，里面除了关押着一些政治犯，还储存了一批火药。监狱长和另一名官员被杀害和肢解，他们的脑袋被砍下，插在长矛上游街示众，场面十分惨烈。9天后，另外两名官员也遭到同样的命运。其中一人被怀疑参与了囤积面粉的阴谋，他的嘴里被塞进杂草。政治上的温和派和那些负责维持秩序的人——警察局局长和市长——有充分理由尝试识别和遏制据信可能煽动这种血腥的群众自发制裁的因素。

1790年8月，时任巴黎市市长让·西尔万·巴伊给《通报》写了一封短信，也表示赞同珀谢的观点，即所有智慧的人都应该希望禁止斗兽表演，并宣布将在随后一个月内颁布这方面的法令。[6]巴黎各大期刊在9月宣布，警察已经明令禁止斗兽表演，“因为这种表演玷污了自由人民的法律和道德”。[7]但人们并未积极响应。他们宁愿享有观看斗兽表演的自由，也不愿提升自己的文明和教养。1791年春天，珀谢再次给《通报》写信，抱怨斗兽表演仍在继续，而且宣传海报上还印着“经市长许可”。市长不是同意他的观点吗？在这个时候，鼓励人们的温柔和仁慈难道不是尤为重要吗？[8]巴黎市市长确实同意他的观点，在答复中也明确表示过，但他无计可施：斗兽经营者将表演搬到了巴黎城外的贝尔维尔，该地区的地方官批准了这些表演。[9]

珀谢并没有气馁。他再次写信给《通报》，更加强烈地表述了自己的观点，并建议整个巴黎地区（包括贝尔维尔在内的更大行政区）的官员都禁止斗兽活动。限制理应自由的人们的活动，该如何证明这种限制是合理的呢？在其他许多情况中，也出现了这样的困境。这一次，针对这个棘手的问题，珀谢给出了自己的解答。他提出，只有当一个人的行动停留在个人领域时，他才能完全自由地行动。但当他们影响到一群人的时候，就必须受到法律的约束。尤其是公共娱乐活动必须受到管制，应该允许举办那些促进同情心、高贵品质和勇气的活动，而不是那些激发残暴和野蛮的活动。像斗兽表演这样的活动会通过感官直接作用于灵魂，从而影响观众的后续行为：人们可能会认为自己在按照自由意志行事，而实际上他们像机器一样被动地作出反应。人的智慧越浅薄，受到的影响就越大。政府必须像一位父亲一样对待自己的公民，他们迟早会感谢政府为他们的幸福所做的一切。相关负责人是否听从了珀谢的建议尚且不得而知；他可能被几天后发生的国王逃出巴黎事件分散了注意力。[10]无论出于什么原因，1797 年，斗兽表演又在巴黎卷土重来。[11]

与此同时，还有另一个原因使得野生动物引起巴黎市政当局的注意，这个原因与贵族阴谋的谣言有关。动物再次与暴力联系在一起，但暴力却来自精英阶层而非普通民众。1790 年 7 月，攻占巴士底狱一周年纪念日即将到来。人们正在精心筹备联盟节，庆祝仪式将在战神广场举办，这是个巨大的阅兵场，99 年后的另一个节日的时候，这里将竖起埃菲尔铁塔。联盟节庆典吸引了近 50 万名观众，以祝福和巩固国民自卫军、立法者和他们的国王之间的关系，后者现在的新身份是立宪君主。许多民众参与了方方面面的筹备工作，其中包括挖掘和平整表演场地，建造一座圆形剧场、一座凯旋门、一座用来宣誓的祭坛，以及一座供国王休憩的皇家看台。筹备过程中，还有一些棘手的细节必须注意，包括如何处理已经布置在表演场上的野生动物，这些动物可能由一些商家运来，他们急于从寻找消遣的观众那里赚些钱。7 月 8 日，巴黎市议会不顾两个“为这些表演动物准备笼子的商人”的反对，通过了一项法令，规定所有被带到战神广场周围的“凶猛野兽”都要搬走，警察要保证这些设施不会再出现。两天后，公共工程部管理人员报告说命令已经得到执行。[12]

驱逐这些动物的运动看起来既来自公众，也来自市政当局。《巴黎纪事》杂志建议将安置在军事学校一栋建筑中的动物移走，称它们是一群“活生生的大贵族，换句话说，这里俨然成了物种储备丰富的动物园，里面有狮子、老虎、豹子和体型最大的猴子”。“贵族”在这里影射了坊间流传的一些令人不寒而栗的谣言。《巴黎纪事》警告说有发生意外事故的危险，但显然人们普遍更担心有人会故意制造混乱。有几个人向他们所在地的管理部门表达了这种担忧：

> 在去战神广场检查典礼的准备情况时，公众注意到从荣军院到军事学校的大道上，有几个摊位摆满了狮子、老虎、豹子等。这些动物是谁带来的？它们聚集在那里的目的是什么？会不会是那些贵族干的？我们有充分理由怀疑他们想要扰乱爱国主义节日庆典，密谋把这些已经变成反革命爪牙的野兽释放到人群中，让它们吞噬现场的观众。[13]

事实上，在战神广场的动物表演中，的确有一个节目名叫“非洲的伟大贵族”，[14]不过这些动物的主人几乎不可能是一位贵族。更可能的情况是，这些动物是由那些在城中集市上展览动物的商人饲养和展示的。

但是，在贵族和凶猛食肉动物之间存在着强烈的联系，部分原因是王公贵族有建造动物园的传统。漫画和讽刺作品经常把国王和王后以及他们的朋友描述成狮子、老虎和豹子。1789 年出版的两本小册子就使用了这样的隐喻，宣称要猎杀“臭气熏天的凶猛野兽”，并提供巨额悬赏，要消灭那些伪装成外来动物和本地害虫的知名贵族和王室成员，例如美洲豹、“凡尔赛动物园里饲养的”老虎、猩猩、豪猪、墨西哥猴和鹦鹉，以及狼、乌鸦和老鼠等。第二本小册子宣称，它们可能看起来很温顺，但它们是必须被消灭的可怕暴君。[15]尽管国王本人并没有出现在这些早期小册子中，但后来（可能是从 1792 年开始），他以“皇家否决者”的形象出场，居住在卢浮宫的动物园里。他被描述为一只像猪一样贪婪、像鸵鸟一样愚蠢的动物，胆小而肥胖，整日饮酒，每年的食物要花费 2500 万到 3000 万里弗尔。[16]

警察可以把野生动物及其饲养者从城市的某些地方赶走，但他们看起来并不能将之消灭。革命年代的巴黎热闹非凡，人群汹涌，为各种类型的小贩和商人提供了肥沃的土壤。1793 年，关于野生动物的问题再次出现时，巴黎又一次明令禁止公开展示野生动物。这一次，该法令适用于整个巴黎地区。“所有危险的动物，如豹子、狮子和其他在公共场所展示的动物，都将被杀死或送到凡尔赛动物园，它们的主人将得到赔偿。”[17]在这项法令的刺激下，巴黎掀起了动物展演的热潮，而被查获的展演动物，则成为植物园（原国王花园）里新动物园的主要动物来源，一时间有几十种动物被网罗到这里。

形势继续有利于街头娱乐，野生动物也继续受到青睐。

在大革命历法实施后的第二年牧月（即1794年5月），野生动物展演达到了恐怖的高峰，两位市民向巴黎公社投诉街头骗子和不诚实的游戏经营者诱骗善良的市民，以及“在革命广场及附近林荫道上令人作呕的野生动物展演”。[18] 当时，革命广场（后来改名协和广场）的中心就是断头台，这里每天可砍下多达20颗人头。那里摆摊的商人确信会有很多人想在观看砍头的间隙找点别的刺激。

在随后的几年里，人们仍在继续讨论虐待动物和虐待人类之间的关系，特别是与革命暴力有关的问题。例如，1802年，国家研究所提出的一个有奖竞答问题是：“野蛮对待动物会对公共道德产生什么影响？是否应在这一领域制定法律？”提交的大多数文章都讨论了虐待动物对大众的不良影响（提及了革命事件），但也有少数文章将狩猎与贵族的残忍行为联系起来。[19]

筹建新动物园的提议

1794年5月，就在市政府处理断头台周围野生动物泛滥的同时，国民公会的主要管理机构——公共安全委员会（其最著名的成员马克西米连·罗伯斯庇尔将在两个月后被废黜和处决）批准可以举行更有秩序的动物展览，地点就设在植物园的动物园里。自从 1793 年 10 月颁布法令禁止野生动物出现在街道上以来，聚集在那里的动物就一直在增加，但这个动物园还不是正式机构，也没有获得任何资金支持。在这个与国内外敌人对抗的战争时期，资金非常短缺，要想建设动物园，必须论证这件事的重要性。公园负责人雅克 - 亨利·贝尔纳丹·德·圣皮埃尔必须讲明白，国家为什么要支持一个在凡尔赛被谴责为绝对君主制象征的机构。贝尔纳丹·德·圣皮埃尔和其他支持者巧舌如簧，夸夸其谈地为动物园辩护，完全不符合当地肮脏不堪的现实情况。[20]

从联盟节到批准建立新动物园之间的几年里，政治形势发生了变化。人民开始从贵族手中夺取社会控制权，并将革命推向更激进的方向。1792 年 8 月和 9 月发生了很多大事，国王的卫队在杜伊勒里宫遭到袭击，国民公会取代立法议会，法兰西共和国成立，准备审判路易十六等。在 9 月的屠杀中，暴徒攻入巴黎的监狱，在模拟审判中谴责他们是人民的敌人，随后杀死了 1400 名贵族和神职人员。一些贵族庄园被洗劫一空，其中也包括他们的动物收藏品。

9 月的暴动中，被抢劫的地方包括巴黎北部的尚蒂伊，这里是孔代亲王的故居。这位亲王已经移居国外，并且正在组建一支反革命军队，他是共和国最憎恶的敌人之一。1792 年 8 月 15 日，一队来自巴黎的国民自卫军来到尚蒂伊，他们首先杀死了当地的一个磨坊主，把他的脑袋挂在长矛上游街。亲王的家臣闻风而逃。第二天，士兵洗劫了城堡，并用大炮轰击了动物园。只有一个围场完好地幸存下来，里面有一只老虎、一只羊、一只麝猫、两只鹰和五只孔雀。所有这些幸存的动物，除了被科尔马什先生收养的两只鹰，后来都被处决了。一份官方报告描述了遭到袭击的动物园，到处都是被打碎的雕像和喷泉，其中一尊雕像是希腊神话里的那喀索斯，它栽进了自己一直凝视的水盆里。[21]

凡尔赛动物园可能是在 1789 年至 1792 年这段时间被洗劫一空的，但几乎可以肯定不是以历史学家保罗·于奥 1868 年所描述的那种方式。于奥称，一队雅各宾派来到动物园园长面前，宣称他们“以人民的名义和自然的名义来到这里，命令他解放这里的动物，它们从造物主手中诞生起就是自由的，因为暴君的奢靡和傲慢才一直被不正当地拘禁在这里”。据说，这位园长回答，他完全愿意答应他们的要求，但动物园里的有些动物根本不会有感激之情，它们甚至可能会利用获得的自由来吞噬解放它们的人:“因此，他拒绝亲自扮演这一角色，而是把钥匙给了革命者，让他们去打开关着狮子、老虎、美洲豹和其他大型食肉动物的笼子。”经过深思和投票，革命者决定将危险的动物带到巴黎植物园，而将无害的动物释放。虽然这个故事被反复提及，但它很可能是杜撰出来的反革命的荒诞故事，大概基于更早期、更随意的掠夺行为。[22]首先，直到1794年才有动物被带到植物园；其次，1791年4月，一位游客发现这里已经几乎空无一物。他说，自1785年以来，这座动物园已经没落了，当时只剩一头犀牛、一只狮子和它的狗伙伴、一头大羚羊，以及一匹“斑马和驴的杂交后代”（斑驴）。[23]

动物园里仅存的几只动物也几乎都为科学研究作出了贡献，不过不是以活体标本的形式，而是以骨架的形式。1792年9月，凡尔赛的总监督员写信给植物园园长贝尔纳丹·德·圣皮埃尔，告诉他“凡尔赛动物园即将被毁”。他请这位园长到凡尔赛来，告诉对方自己想把哪些动物放在博物陈列柜里，并特别提到了一头“极品犀牛”。贝尔纳丹与植物学家安德烈·图安以及勒内·德方丹一起参观了这座动物园。这次参观促使他写下慷慨激昂的《关于在巴黎国立植物园附设动物园的必要性的研究报告》，他自费印刷了这份研究报告，并在当年12月寄给了内政部部长。[24]虽然这些动物在凡尔赛又待了一年半（其间那头犀牛死了），但这篇研究报告可能使它们免于被制成标本。更重要的是，从长远来看，它在说服革命政府成员方面发挥了作用，使他们相信新的共和国应该支持这个机构，曾经它被控诉代表着暴政统治下的奢侈和浪费。要改变这种轻蔑的态度，从而允许将稀缺资源提供给新的动物园，就必须打破外来野兽与堕落贵族之间以及笼养动物与奴隶制之间的联系。贝尔纳丹的研究报告，以及其他几位动物园支持者的作品，帮助巩固了动物的新形象。[25]

贝尔纳丹的研究报告是一篇有说服力的散文杰作。他提出并逐一驳斥了反对饲养动物的所有论点，巧妙地迎合了国家的荣耀和自豪感，并将民粹主义的主线贯穿始终。他的小说《保罗与维尔日妮》广受读者欢迎，小说中感性的语言为他赢得了许多忠实读者。他用同样感性的语言来赞颂温柔的自然美德和风景，用这种方式打动了那些热爱卢梭的革命者。与此同时，针对在巴黎饲养动物的两条反对意见——资金以及可能存在的危险——他也轻松给出了解决方法。他建议，资金应部分来自国家，部分来自动物园的门票收入。他说，人们总是会对必须付费的东西给予更多尊重。人们不需要害怕逃跑的野生动物；在街上展演的动物从来没有这样的问题，此外，动物在动物园生活期间会变得更加温和。贝尔纳丹解释说，观察这种对动物性情的影响对人们有好处，这一点针对的是质疑动物园实用性的主要反对意见。

贝尔纳丹承认，凡尔赛动物园确实是无用的奢侈品，但他认为新的动物园对国家、对博物学家和对人民都有益。作为国家机构，动物园是必要的，因为有一个非常实际的原因：外国政要喜欢赠送活体动物作为外交礼物。既不能杀掉这些动物，也不能拒绝它们；因此，“外交关系需要动物园的存在”。动物园也会吸引游客。艺术家会来，从这些外来物种身上获得创作灵感，民众也会被吸引过来。他说，人们天生对动物感到好奇；任何想让集市取得成功的人都知道，他们需要做的就是引进一些珍禽异兽。这些论点对国民公会来说很有吸引力，因为它渴望把自己看作一个成熟而自豪的国家的政府。

贝尔纳丹还认为，活体动物对科学研究也很重要。有些博物学家声称可以通过保存下来的标本开展研究，在这一点上，贝尔纳丹据理力争。他主张，对动物的饮食偏好、激情和本能的研究事实上是自然史中最重要的部分。“正是这种研究使布封的书变得有趣，不仅是对学者，而且对所有人都是如此。”试想一下，如果当时的植物园里有一个动物园，布封的成就会达到何种程度！有些人认为博物学家应该在动物的原生栖息地研究它们的行为，因为动物在迁移和被征服后会失去原有的性格。对此，这位新园长也给出了答案。他反驳说：“如果动物在圈养中会失去性格，那么它在死亡中会失去更多。”他接下来继续辩驳道，只要正确对待，它们的性格实际上不会被圈养破坏。

在此以及其他一些地方，贝尔纳丹唤起了上一章中描述的善良主人的概念。“在人类力量控制下的动物仍然会表现出它的本能；如果它会因为受虐待而改变，那么看起来它也会因为受到关爱而变得更好。”作为证据，他谈到他在凡尔赛动物园中观察到的狮子和犀牛。狮子对和它关在一起的狗朋友表现得很温柔，而犀牛看到游客来了，就走到围栏前让人拍拍它（据推测，这些动物在它们以前的暴君主人离开后，一直受到良好的照顾）。此外，靠博物学家四处游历也不是个办法。只有少数人能观察到真正的动物，承担游历费用的全国民众却只能满足于图片和文字描述，这样做合理吗？而且，这些旅行者无论如何也不会观察到动物的自然习性：因为他们会为了获取标本而猎杀动物，所以他们只会看到动物“奔逃和颤抖”。最好把这些动物和它们原生栖息地的植物一起带到法国来。在这里设置像伊甸园一样的环境，重建动物和人类之间的信任，动物将彻底忘记它们被囚禁，而后它们会幸福地生活和繁衍。

18 世纪 60 年代，凡尔赛动物园的批评者就提出，动物园应该用来驯化有用的外来物种和培育新品种，而不是肤浅地展示稀有物种。贝尔纳丹也赞同这些观点，他建议首先为仍在凡尔赛的非洲羚羊和亚洲鸽子购买配偶。动物园还可以用来研究家养动物和家养禽类的营养和疾病问题。他偶尔也有一些脱离实用性的建议，例如他谈道，诸如蜂鸟这样“迷人”的物种也可以被驯化，成为法国乡村的可爱新居民。

对于那些显然不可能在欧洲驯化的动物，比如食肉的狮子和老虎，或者壮观但笨拙的犀牛，要给出饲养它们的合理理由就有点难了。但贝尔纳丹认为，即使是这些物种也有其用处，因为它们可以为公民提供哲学和道德方面的教训。通过观察动物园里的动物，人们可以看到社会如何使最强硬的性格变得柔和。他们会看到野生动物如何通过与人类相处，甚至是与其他动物为伴而变得平静下来。事实上，他自己也观察到了这种现象。机缘巧合下，他曾经乘坐一艘从法属海岛出发的船，船上有一头要运到法国的犀牛，他看到这头难缠的野兽与一只山羊成了朋友，允许山羊吃它两腿间的干草。

狮子的故事更加引人注目。1788 年，它和一条狗一同从非洲塞内加尔被带到这里。“它们的友谊是哲学家在大自然中所能观察到的最感人的景象之一，”贝尔纳丹写道，“我从未见过狮子如此慷慨，狗如此友善。”狮子和狗之间友谊的故事在当时广泛流传，人们会将狮子与幡然醒悟的仁慈国王、将狗与忠诚的人民明确联系在一起。[26] 然而，1792 年，在创作这篇研究报告的后期，国王的声誉一落千丈（他将在当年 12 月接受审判），而动物之王似乎也和他的命运一样。在观察狮子和狗朋友玩耍时，贝尔纳丹发现狗的身体一侧有一道红肿的伤痕，它不停地舔着，“仿佛在向我们展示不平等友谊的后果”。不过，这头狮子比独居的狮子要友好得多，因此为人与动物之间的关系提供了新思路：尽管人类最初利用狗以武力征服其他物种，但现在他可以利用狗和其他被驯化的物种，以善意吸引它们。这种动物和人之间的温情关系将为人们提供很好的范例，因为人们的暴力倾向往往因观看对动物的虐待而引起。最后，动物园是一个研究和展示自然法则的地方，能够促进世界人民的兄弟情谊。因为"只有自然才能把因宗教和爱国主义而分裂的人们聚在一起"。

这篇研究报告的结尾非常精彩，巧妙地迎合了代表们的权威和他们的民粹主义情绪。他力劝道："支持植物园，百姓必以你为神，一手抛闪电，一手洒甘露。"

伊夫·莱叙和让-雅克·彼得在他们编写的动物园史中指出，国民公会的许多成员不太可能从头到尾完整地读完这篇长达 63 页的研究报告。[27] 不过，他们可能通过其他更容易的途径了解到它的主要信息。1792 年 11 月，一篇关于这份研究报告的评论文章总结了其主要观点，并引用了其中的关键段落。在贝尔纳丹的基础上，这篇评论文章更进一步探讨了动物与人类的关系。文章认为凡尔赛动物园就是国王们拿来装饰王座的奢华猎奇物品之一。老虎和狮子不可避免地让人联想到绝对主义的禁区，猴子也不可避免地与侍臣联系在一起。但是，难道就因为我们推翻了人类的暴君，就也要推翻其他动物的国王吗？要知道这些动物国王远没有人类国王可怕。[28]

1792年12月，新成立的巴黎自然史学会发表了另一份报告，报告由该学会3名成员组成的委员会集体撰写。据作者说，他们受学会所托，对贝尔纳丹的提议发表意见。虽然他们认可皇家动物园只不过在效仿亚洲人，是昂贵而无用的"炫耀之物"，但他们认为"简朴的动物园"对于推动自然史研究非常重要。虽然他们不像贝尔纳丹那么肯定所有动物在新家都会变得驯服和快乐，但他们相信对圈养动物的观察仍是有用的。人们可以看到它们如何饮水和进食，它们的颜色何时改变，等等。如果把它们看作奴隶，那就可以研究奴役对它们性格的影响。例如，人们已经观察到，狮子和老虎可以被驯服，但美洲虎则不能。[29]

有一个人回应了贝尔纳丹的研究报告，他就是库蒂里耶，这位官员曾警告动物园将被摧毁。1793年1月，他报告说，内政部部长建议他与植物园园长协商如何处置凡尔赛剩余的动物，特别是那头犀牛的命运。他写道，有人想出钱买下它，但"我更希望把它交给您这样的思想家，用作公共教育"。[30]在那个混乱的时代，运送一头犀牛这样重大的任务应该不可能做到；就这样，9个月后，这头犀牛死了，它的尸体被送到博物馆，等待解剖学家解剖。教授们不得不向公共教育专员申请额外资金，以支付预处理和固定动物骨骼和皮毛的费用，预计高达 3000 里弗尔。[31] 资金找到了，这头犀牛被保存下来，今天人们还可以看到它，只是看起来比想象中要小，在巴黎国家自然史博物馆的玻璃展柜里面无表情地向外凝视。

与此同时，国民公会的代表们正忙着准备对暴君的审判和处决（1793 年 1 月 21 日），无暇顾及这些动物奴隶的命运。然而几个月后，1793 年 6 月，公会设立了自然史博物馆，其中包括国家植物园，并设立了若干教授职位。补充声明中还提道，在资金允许的情况下，应继续保留动物园，让教授们研究、驯化、繁育和安置有用的物种。[32]

贝尔纳丹等人设想的新博物馆和动物园，完全符合革命计划中科学改革的主旨。科学不再是精英阶层的专属消遣，它将为全民共享，遵循实用主义精神：学术界的成员资格将由成就而非出身决定，博物馆将为公众教育服务，科学家将开展能产生有用结果的研究。1788 年，就在法国大革命爆发前夕，布封逝世了。他头戴假发、脸上敷粉的形象被新科学的倡导者视作旧制度的象征，可以说恰好在这个时候被革命埋葬了。孔多塞将在科学院宣读布封的悼词，在准备期间，他在一封信中抱怨道：“我这段时间一直忙着另外一个江湖骗子的事，就是这位伟大的布封。我越是研究他，就越发现他徒有其表、名不副实。”孔多塞显然对布封在《自然史》中对自由的赞美不以为意，他指责这位博物学家没有参与到 18 世纪那场解放人类精神枷锁的伟大运动中去。[33]

如果说这个动物园的构想建立在理想和憧憬的基础上，那么它的诞生可以说经历了现实的种种磨砺。由于警方下令清除街道上的动物展演，自 1793 年底起，各种动物开始聚集到植物园，而直到 1794 年春天凡尔赛幸存的几只动物运抵之后，动物园才正式得到官方认可。各种计划外的情况频发，动物园在一片混乱中发展起来，其形式与理想化的研究报告及规划截然不同。

动物们来了

1793 年秋冬至 1794 年，巴黎公社下令围捕街上的所有动物，赔偿它们的主人，然后把它们带到植物园或凡尔赛，随后动物们陆续来到植物园。自然，承担这项工作的专员会把这些动物运到更方便的地方，他们可能认为这些动物最终会成为植物园博物陈列馆的标本。[34] 从那些以巴黎人对奇异动物的好奇心为生的商贩摊位上，他们为教授们收集了一些乱七八糟的藏品。

警察局长沙博尼耶不仅带回了一些令人印象深刻的动物，而且还带回一位饲养员。1793 年 11 月，他报告说，在革命广场附近，一个名为 C. 多米尼克 · 马尔基尼的商人店铺中，发现了一头据马尔基尼说价值4000里弗尔的“海狮”，一头价值1万里弗尔的豹子，一只价值2000里弗尔的麝猫，一只价值200里弗尔的小猴子，以及总价700里弗尔的笼子、小车和工具（这位专员的动物学知识一定相当有限，因为他提到的“海狮”实际上是一头北极熊）。然而，马尔基尼并不打算为了这笔一次性付款而放弃自己的生意。据报告说，他恳求允许他继续担任这些动物的监护人，并由他的助手雷米·阿梅为它们梳洗：“（马尔基尼）说……这是（他们）谋生的唯一渠道……他们两人都表示愿意照顾上述动物，因为他们非常熟悉它们，完全了解维护它们所需的一切工作，并要求我们请求警察局的公民管理员接受由他们来照顾动物。”[35] 阿梅的命运不详，但马尔基尼被雇用了。

次年2月，一位名为博丹的专员送来了一群不那么引人注目的动物。一天傍晚6点，博丹来到位于平等之家附近的公民科雄的商店。他在那里发现了几只动物，随后详细描述了一头1岁零8个半月大的公牛，它的左角长着一个五颜六色的东西，还有1只有4个角和双眼皮的公羊，以及3只不一样的绵羊，其中一只眼睛下有两个嘴巴，一只左耳下有个长着两个牙齿的嘴巴，另一只则“没有任何特点”。在科雄的住处短暂停留后，这些动物被一起送去了植物园，无疑吸引了一些冬日夜晚路上行人好奇的目光。教授们显然对研究畸形羊不感兴趣，还试图把它们赶走。[36]

各种外来的奇异动物像洪水一样涌进了根本没有准备或没有条件来接收它们的植物园。11 月 6 日，在马尔基尼带着他的 4 只动物到达后，植物园的秘书德方丹写信给公共教育委员会，询问如何处理这些动物。他指出，这些动物可以暂时养在博物馆展厅下面的一个地方，而每天喂养和请人照顾它们的费用大约需要 12 里弗尔。教授们对如何处理北极熊一无所知，因此他们一定很高兴接受马尔基尼的服务。德方丹的信中还有条附注，让人对当时植物园的混乱状况有所了解："附注：就在我准备封上这封信的时候，我得知 1 只薮猫、1 头雄性北极熊、2 只山魈和 3 只鹰刚刚运抵博物馆。"[37]

为这些动物支付多少钱是另一个难题。这些动物资产的所有人自然倾向于高估它们的价值。政府聘请了一位当地专家估价。斗兽场老板马丁先生为从 5 个不同动物商人那里收缴来的动物估价，其中 3 个老板马尔基尼、贝尔纳 · 卢扎迪和费利克斯 · 卡萨尔后来都成了动物饲养员。[38]

应公共安全委员会要求，德方丹估算了这些动物所需的补偿金、它们的食物和安置它们的建筑所需的费用。[39] 在等待政府答复的过程中，教授们还要准备迎接来自凡尔赛宫的剩余动物，它们最终在 1794 年 4 月 26 日抵达植物园。羚羊几天后就死了，斑驴和狮子又活了几年。鸽子没被提及，似乎在迁移前就已经死了。[40] 一个月后，一个更庞大的动物群体浩浩荡荡地来到了这里——从奥尔良公爵的前庄园兰西又运来了 36 只动物。兰西庄园原有的一些动物已经卖掉，公共安全委员会不得不出面为国家拯救其余动物；除了几只鹦鹉和一峰骆驼，其他动物大多是本地物种。[41] 与动物一起运来的还有来自凡尔赛、兰西庄园和尚蒂伊的笼子、围栏和其他材料。

5 月，负责动物园相关工作的动物学教授埃蒂安·若弗鲁瓦·圣希莱尔列出了过去 6 个月汇聚到植物园来的动物：32 只哺乳动物和 26 只鸟。[42]5 月 16 日，委员会批准为临时动物园拨款。[43] 动物园终于对公众开放，人们蜂拥而至。[44] 在一幅描绘当时情景的画作中，许多穿着考究、头戴三角帽的市民，带着孩子，站在动物园阴暗的铁笼前凝视着里面的动物（图 8.2）。一位建筑师设计了一座宽敞的永久性动物园，但他的计划也只停留在绘图板上。动物继续在监狱般的住宿环境中苦苦挣扎，与贝尔纳丹设想的和平王国相去甚远。

动物园的倡导者多次呼吁政府支持，但收效甚微。1793 年冬至 1794 年，博物馆的植物学教授安托万 - 洛朗·德·朱西厄提交了一份公文，用以论证建立动物园的合理性和重要性。他与贝尔纳丹在很多观点上一致，并列举了进口和驯化外来物种（包括斑马）带来的好处，这些外来物种可用于运

图 8.2　1794 年，植物园里的临时动物园。该动物园是个临时居所，用于接纳那些从街头收缴来以及从凡尔赛动物园转移来的动物。© 巴黎国家自然史博物馆中央图书馆，2000 年。

输、食品以及原料来源。[45]

1794 年 1 月，倡导者向公共教育委员会提交了一份建立动物园的条款。[46] 随后，当年 12 月，委员会成员安托万 - 克莱尔 · 蒂博多在其关于博物馆扩建和提高教授待遇的建议中，为动物园说了话。他指出，委员会有责任确保动物园的动物不会像过去那样被当作囚犯饲养。和布封几十年前的批判性意见相似，他提醒代表们：“到目前为止，最漂亮的动物园也不过像监狱一样，动物挤在弹丸之地上，皮毛失去光泽，整日郁郁寡欢，毫无活力，长期一动不动地保持着一个姿势。”他接着说，为了对公众教育有所帮助，动物园里的动物必须享有尽可能多的自由。他总结道：“在把大自然的一切带到我们身边的时候，我们不要让它们成为囚犯。一位作家曾说过，我们的（博物）展示柜是坟墓：那么好吧！让一切都因为我们的关注而重获新生吧！让那些注定为我们的快乐和人民的教育而生的动物，不再像过去那样被困在国王修建的豪华庄园里，让它们摆脱掉额头上的奴隶烙印吧！”在公开宣扬尊重自然和自由的时代，展示被奴役的动物确实是一件很尴尬的事。然而，由于缺乏修缮资金，这种情况也很难避免。[47] 转过年来，1795 年的冬天对每个人来说都很严峻，包括这些动物，因为饥荒席卷了巴黎。动物园的教授们警告供应委员会说，动物快饿死了，但委员仍然坚持认为，他们手头仅有的一点面包必须首先分发给人民，他们建议教授们试一试到公开市场上购买土豆或任何能买到的东西。教授们回复说，他们的预算中没有足够的钱来购买这些东西。他们尝试从阿尔福兽医学校购买马肉，但即使是马肉也很稀少，因为这些马肉是留给人们的狗吃的，也可能是留给人们自己和斗兽场老板马丁的。最后，一半以上的动物都死了。它们的尸体被制成有用的科学标本，供研究和展示之用。[48]

在那个可怕的冬天之后，动物园的条件普遍得到改善（1799 年饥荒再次发生，教授们不得不把价值低的动物喂给价值高的动物以维持它们的生命）。[49] 随着内战接近尾声，法国向外扩张，新的动物来源出现了。1794 年冬至 1795 年，法国入侵荷兰。1797 年，波拿巴将军率兵占领北意大利。次年，一支由 167 名学者组成的法国探险队启程前往埃及。[50]1800 年，博丹船长率领两艘船前往澳大利亚探险。每次旅行和征战，帝国那双贪婪的手都会搜罗劫掠一些活物，然后运回首都。从公共教育和实用主义角度来看，攫取这些活生生的战利品有其道理，而且也能提升民族自豪感，将人们吸引到植物园来欣赏和赞叹这些新收获。

博物学家对入侵荷兰兴奋不已，因为殖民主义争夺为法国带来了诸多好处。新动物园的年轻园长若弗鲁瓦·圣希莱尔赶忙写了一封信，兴奋地敦促尽快将荷兰省督动物园里的动物保护起来：“荷兰被占领了，必须抓紧时间采取几项措施。阿姆斯特丹和海牙有很多活的动物。距离阿姆斯特丹 10 公里的罗宫有两头大象，一匹斑马和一头野驴。”[51] 大象和斑马！宫廷在 18 世纪 80 年代曾如此热切渴望的动物，现在唾手可得。后来发现斑马并不存在，不过两头大象成功进入了巴黎。荷兰省督博物展示柜也是笔可观的财富。这里有来自非洲和东印度群岛的标本，而法国人只从荷兰博物学家的作品中了解过这些标本。荷兰和法国的收藏品结合在一起，“将形成一个伟大的博物馆，欧洲所有博物学家努力 20 年都难以创造出这样的博物馆”，一位负责查抄战利品的法国博物学家写道。[52]

博物学家了解这些战利品的科学和爱国主义价值。植物园的植物学家图安带领科考队去了荷兰，他建议这些自然史文物在巴黎展出时，应注明出处，“以便致敬法国军队的英勇行为，并使他们的胜利永垂不朽”。[53]图安及其工作人员迅速将数千件预先准备好的标本打包，用船沿北海海岸和塞纳河运回法国，不过运送活体动物则需要更多准备。前动物展商贝尔纳·卢扎迪，现在是植物园的工作人员，他前往海牙帮助护送这些动物。1796 年 8 月，一队马车载着几只印度鹿和山羊以及一群异国鸟类，浩浩荡荡地开进巴黎。[54]两头大象——汉斯和帕基（后来改名玛格丽特）——不在其中：它们的笼子要专门定制——在愤怒的公象两次打碎笼子后又重新建造——而且途中还要不断加固和维修马车。两年后，也就是 1798 年 3 月，大象终于进入巴黎，引起极大的轰动。人们对这两头大象的期望非常高，有一本专门写它们的书，书中甚至还想象了它们交配的场景（图 8.3）。[55]众所周知，大象拒绝在圈养环境中交配，因此它们愿意在新家繁衍后代将具有重要的象征意义。然而，几年后这两头大象死去时，并没有留下任何后代。

就在来自荷兰的动物抵达巴黎一个月后，与卢扎迪一样在动物园找到工作的费利克斯·卡萨尔也从突尼斯旅行归来，带回了各种各样的北非动物，这些动物正是动物园里缺少的：狮子、骆驼、瞪羚和鸵鸟。一本关于“植物园”的畅销书于 1797 年或 1798 年出版——其内容真实性存疑——书中引用了卡萨尔出发前往非洲执行任务前对一位游客所说的话：

> 为了能见到这个动物园装满各种神奇的动物，我愿意付出我的一切。当公众来参观时，我很惭愧，因为我只能向他们展示普通的动物。我希望能够对你们说：“那里是老虎，那里是美洲豹，那里是花豹，那里是豺狼，那里是土狼，那里是狮子。”你知道我现在的梦想是什么？野心是什么吗？就是能被派往非洲的沙漠，去把我刚刚说到的最凶猛的动物都抓回到法国来。我的旅行一定会成功，因为我一生都在与野生动物打交道。我知道如何驯服它们。此外，驯服老虎比驯服某些人要容易得多。[56]

非洲动物代表团入驻后不久，更多战利品从意大利运到了动物园。阿尔及利亚和美国也送来外交礼物，贝尔纳丹的预言成真了，新共和国真的需要一个地方来存放这些礼物。迈索尔国王蒂普·赛义卜的部分宠物先被英国的彭布罗克先生买下，其中包括老虎、猞猁、美洲豹、山魈和一些鸟，后来又由德洛奈买下，并亲自送到动物园。德洛奈之后接替若

图 8.3　想象中汉斯和玛格丽特交配的场景，这对大象在 1798 年从荷兰被带到巴黎。它们温柔地拥抱在一起（尽管从生物学角度来讲，这不准确）。摘自 J. P. 韦尔，《一对雌雄大象的自然史》，插图 16。班克罗夫特图书馆，#fQl737U8H64。加州大学伯克利分校班克罗夫特图书馆提供。

弗鲁瓦·圣希莱尔担任动物园园长。[57] 大革命后的第一次海军探险，即博丹的澳大利亚之行，在许多方面都是一场灾难——船长死了，澳大利亚没有成为法国殖民地，大多数科学家都死了或被抛弃了——但它确实为动物园提供了又一大批异国动物，其中一些来自澳大利亚，许多来自南非，包括一匹斑马。[58]

仍然活在监狱中

就在这些新动物到来之前，博物馆的动物学教授贝尔纳·德·拉塞佩德正在继续布封的《自然史》事业，写一些关于爬行动物和鱼类的书，他为动物园提出了新设想，甚至比贝尔纳丹更加理想化。在发表于《哲学十日谈》杂志的一封信中，拉塞佩德写道，到目前为止，大多数欧洲动物园就像罗马暴君时代的动物园一样，其特点是"暴君的继任者依旧把各种动物囚禁在狭窄的笼子里，残害、侮辱并让它们失去本性；这些专制者根本不想探寻大自然的奥秘，而是妄想禁锢大自然和人类，掌控一切"。他认为，在一个自由和理性占主导地位的开明社会，动物园应该更注重实用性，而不是观赏性和野蛮性。珍稀动物应该被审慎地收藏起来用于研究，而不是仅仅为了激发"庸俗之人无用的好奇心"。像贝尔纳丹一样，拉塞佩德强调了公共教育的重要性：对人们来说，看到无用而危险的狮子让位给温和、谦逊、安静而有用的克什米尔公羊，这本身就非常有益。这些有用的物种可以被饲养在开放的大型围栏中，在那里"动物被奴役的形象或遭受奴役的证据将尽可能不出现在自由人民的视线中"。[59]

根据拉塞佩德的设想，动物园饲养动物的意义在于教育，而不是为了点燃人民的激情或装点贵族的庄园；动物受到精心照顾，过得幸福，就能为人们提供自然道德的典范。理论上是这样。大革命确实大大改变了外来动物在巴黎的地位，将它们从街道和国王的宫殿转移到了国家资助的机构。19世纪上半叶，动物园扩大了面积，采用了英国花园式设计，为温和动物建造了小牧场，还有几座零散的乡村小木屋。然而，许多动物仍被关在一排排的小笼子里，整个19世纪，批评家一直在抨击这种监狱般的条件。[60]

拉塞佩德的设想始终没有实现，部分原因是不同群体对动物园看法不一。其中一个团体，即负责动物园大部分日常运作的饲养员，他们知道如何吸引观众，但在动物的科学和象征价值方面，他们的想法与教授们不同。教授们需要饲养员在饲养动物和吸引公众方面具有专业知识，他们给那些以娱乐为导向管理动物园的助手们很大的自由度。

从图书馆馆长兼动物园园长德洛奈的一封信中，就可以看出他这种态度。1800年，他带着一车动物从英国返回巴黎，这些动物原本属于蒂普·赛义卜。为了赚点钱来支付这次旅行的费用，这些动物的引导员，包括前动物展商贝尔纳·卢扎迪，在布鲁塞尔、里尔和其他沿途小镇举办了展览。

德洛奈有点难为情地解释了这个过程：每到一个地方，我们会派一位推销员做宣传，还会在报刊上刊登“有点夸张”的公告。他写道，舞台布景——“相当简陋”，但很便宜——

一个用松木板搭在木桶上的舞台，用木栅栏隔开了一等和二等座位。有人专门负责召集观众，还有一名维持秩序的保安，他要确保买了二等座票的人不会溜进一等座。天气好的时候，他们会吸引大量的观众，据德洛奈推测，如果有更多不寻常的动物，观众会更多："要是有袋鼠的话，我们就发财了。"他指出，如果他们愿意上演更多游乐场式的杂耍表演，也可以赚更多钱。但那样的话，他自己就不得不站在门口维持秩序。这种角色对他没有吸引力，而且他也担心人们以后认出他，有损博物馆的尊严。德洛奈的尊严没有受到影响，展览很顺利："贝尔纳是个真正的表演者，他的演出方式既有趣又怪异。"不过，这些行为也引起了一些闲言碎语，所以德洛奈随后问起："他在巴黎也要做这样的演出吗？"[61] 像卢扎迪这样的管理员，他们更感兴趣的是向公众提供娱乐而不是创建一个和平的王国。

一些在动物园负责收集和展示动物的人，主要想把野生动物打造成国家力量的象征和吸引公众的磁石——他们似乎并不赞同拉塞佩德的担忧，并没有把动物当作监禁和奴役的象征。临时艺术委员会主席（该委员会负责收集来自移民、被处决的贵族和被征服的土地的珍宝）主张建立一座动物园，以此显示对教育的热情，给法国的敌人留下深刻印象。[62] 在举国庆祝胜利的气氛中，从意大利运来的野生动物、绘画作品和其他作为战利品的“纪念物”进入了巴黎。一份报告指出，队伍中的动物被关在笼子里，但“还不如露天展示它们，像罗马人对待战俘那样，用锁链把它们拴在战车上”。[63]

凶猛的野生动物也仍然是流行的隐喻。以前，嗜血的食肉动物被用来比喻失控的暴民或专制的贵族，在雅各宾专政恐怖统治时期后出版的一本小册子中，它们则代表了喜欢送人上断头台的雅各宾派。这本小册子列举了雅各宾派动物园中的一次模拟猛兽销售：老虎卡里耶（费利克斯·桑吉诺伦塔），每天要吃掉2500名年轻女孩和男孩，售价5000亿里弗尔；“猩猩”科洛·德埃尔布瓦（西米亚·雅各比娜），售价1909亿870万437里弗尔，等等。[64]

尽管动物园本身提供了一些温暖人心的故事，例如塞内加尔的狮子和它的狗伙伴之间的跨物种友谊，但它也产生了与创始人意愿不那么协调的故事。共和历6年出版的一本儿童指南《植物园之旅》记载了作者带着一个孩子去参观植物园的过程。孩子古斯塔夫问起鬣狗和豹子会不会从他手里吃东西，作者解释说，它们的野性并未完全消失，“为了不让它们伤人，动物没有得到完全的自由：他们没有被绑起来，而是被关在有栅栏的笼子里，人们可以毫无畏惧地观赏它们”。后来，饲养员费利克斯·卡萨尔向古斯塔夫介绍了一些动物，其中包括一只友好的凤头鹦鹉。卡萨尔说：“布封认为凤头鹦鹉无法忍受被关在笼子里，但这只鸟似乎很适应被囚禁的生活。”当古斯塔夫第二天再次来到植物园时，刚好遇到从荷兰查抄来的动物抵达。卡萨尔解释说，友善的动物会被安置在花园里，而豪猪、食火鸡和其他一些危险动物则都住在动物园里，由他来照顾。“动物园就是一座监狱，”他解释说，“在这里，被关起来的是那些滥用自由的动物。这些笼子就像地牢一样。”古斯塔夫深受触动，对卡萨尔说：“你的工作太危险了，你守卫着一座如此可怕的监狱。因为事实上，这些凶恶的猛兽可能会造反，用卑鄙的手段捉弄你。”[65]

结 语

在伏尔泰的讽刺故事《老实人》中，主人公憨第德和他的同伴接近荷兰殖民地苏里南时，他们遇到了一个躺在地上的黑人，他的左腿和右手不见了。奴隶解释说，他的主人这样对待他也是按规矩办事。如果你的手指被糖厂的磨刀石夹住，你的手就会被砍掉；如果你试图逃跑，你的腿就会被砍掉；这两种情况都发生在他身上。“这就是为了你们欧洲人能吃上糖，我们所付出的代价，”他告诉这些受到惊吓的旅行者，“狗、猴子和鹦鹉还要比我们再悲惨1000倍。”[1]

我高中时读过的那版《老实人》中，编辑在导言中指出，由于伏尔泰是写给他同时代的人看的，所以现代读者无法理解许多当时的“圈内幽默”。[2]虽然不完全是个笑话，但我当时确实没有注意到猴子和鹦鹉的隐喻，即使我后来了解了一些18世纪的历史和哲学，对这段话也仍然一知半解。现在我终于弄懂了这段话，我希望这本书的读者也能读懂。我可以想象一个生活在18世纪的巴黎人坐在舒适的椅子上读《老实人》的场景，读到这段话时，他抬头看看窗边华丽笼子里的亚马孙鹦鹉，又看看茶盘上的糖碗，思考着关于奴隶制和宠物、笼子和自由、贸易和奢侈品等问题。如果读者不熟悉作为家庭宠物的猴子和鹦鹉（还有狗），就无法体会伏尔泰借这位奴隶之口所要表达的思想。

在前面的章节中，我们看到鹦鹉、猴子、大象和其他动物如何通过贸易航线，特别是奴隶贸易航线的船只来到法国。我们在国王的动物园、街边集市和斗兽表演、鸟兽商店和私人住宅中看到了这些动物和它们的观察者。我们也看到了它们对不同的人具有不同的意义，这些意义可以简单地分为四类：商品、科学研究对象、情感寄托和象征符号。

作为商品，在18世纪的巴黎，由于其稀有性和异国情调，外来动物具有很高的价值，使一些人能够通过收费参观谋生，并将它们归入私人财产和供君主展示的奢侈品行列。它们成为消费革命的一部分。在消费网络中，它们被买卖，被宣传，被遗失，被寻回，被当作财富的象征而受到追捧，被视为颓废的象征而受到批评。

作为科学研究的对象，外来动物成为18世纪博物学家的研究对象，这些学者在巴黎各地搜寻它们的踪迹，并从它们的主人和饲养员那里获取相关知识。一段时间以来，它们助长了公众对科学日益增长的兴趣；作家和动物展商也越来越多地吹捧它们对自然史爱好者的价值。对于18世纪末和革命时期的改革者来说，它们成为功利主义驯化计划的潜在依据。不过，即使披上了新科学的外衣，它们也仍然保留着在寓言和寓言画册中的古老装扮，讲述着人类而非动物的故事。特别是在布封的描述中，自然主义寓言通过描述动物行为传达了关于人类社会的教训。

因为它们是有生命的，所以外来动物与无生命的消费品或科学物品相比，引起了不同的情感反应。宠物主人、集市动物展商、水手——都与他们所面对的生物建立了联系。对动物的同情成为各种作品的共同主题，但在实践中，温柔与残暴和冷漠并存。例如，那个深情描述宠物鹦鹉和猴子的布封，也是那个在活生生的动物身上做实验、看着被圈养的鸟儿饿死的布封，而且许多观看斗兽表演的人，很可能家里也养了宠物。

许多涉及动物道德层面的问题都是18世纪的热门话题。动物爱好者会无视人类的痛苦吗？对动物的感情是一种低层次的情感吗？对动物的同情是否会转化为对人类的同情？通过观察动物（如在动物园里）来接触自然，能否向民众灌输有益的价值观？其中一些问题已经争论了几个世纪，但随着阅读人数的增加和不同物种的出现，这些问题具有了新的影响力和意义。

作为象征符号，被笼子和链子困住的外来动物的意义尤为重要，它们隐喻着奴隶、囚犯、原住民和受压迫的大众。在国内政治权威的本质、与原住民文化的关系以及奴隶制都受到质疑的时代，这些受到约束的生物成为讨论暴政和奴隶制的恰当工具。在动物奴隶的形象中，复杂的语言掩盖了隐喻和字面意义，传达了相互矛盾的信息，反映了文化等级合法性问题上各方拉锯的紧张局势和不确定走向。在法国，对政治暴政的批评甚至在精英圈子里也很普遍，对动物奴隶的怜悯和对独立的野生动物的赞美成为自然史图书和科幻作品中的常规内容。

但如我们所见，许多作者，大概也包括读者，都赞成用仁慈的家长式作风取代残酷的暴政，这种模式设想动物和位于从属地位的人类甘于自身的奴役状态。即使是大革命时期的激进改革者，尽管他们利用动物解放来达到影射社会的目的，却并没有做多少事来改变动物本身的境况，部分原因是出于实际的考虑，部分原因是野生动物存在矛盾的象征意义，有时与不受控制的暴力联系起来，有时被视为战利品来彰显民族自豪感。纵观人们对这些复杂动物象征符号的使用，很明显，许多谈论动物的内容，要么是借题发挥，要么是一箭双雕。因此，在阅读历史文献，甚至科学文献时，不要轻易直接推断作者对动物或大自然的态度，一定要三思而后行。[3]

在18世纪的巴黎，外来动物的地位和意义在某些方面看起来很熟悉，而在另一些方面又很陌生。今天，在大多数西方国家，要接触外来动物既容易也不容易：我们不能再去公园从小贩那里买宠物猴子，我们不会在城市街道上遇到大象；但是，马戏团、动物园、电视节目、杂志和图书可以满足公众一直以来对不寻常物种的新奇故事的兴趣。尽管有严格的规定，但外来动物的地下交易市场仍然繁荣，富人也在继续猎取不寻常的宠物。

在科学领域，今天大多数动物学家更喜欢在自然栖息地观察动物，而不是在动物园或马戏团，人们更看重的是它们的野性而不是温顺。有关动物行为的严肃科学作品常常摆出客观姿态，使用非诗意的技术语言，并声称只提供科学收集的数据。然而，当科学作家甚至许多科学家创作公众读物时，他们经常会使用与18世纪流行的自然史作家相同的风格，通过描述动物行为来引起人们对人性的关注。然而，在过去两个世纪里，随着进化论的发展，把动物和人类行为联系起来的理由发生了一些变化。尽管人们对于人类行为在多大程度上受到遗传倾向的影响存在相当大的分歧，但许多生物学家，特别是社会生物学和进化心理学领域的生物学家认为，人类的行为在本质上是动物行为。[4]

我们不太可能知道现在人们对动物的感情是否和过去一

样。尽管动物权利运动的力量确实在壮大，但许多讨论似乎与18世纪流行的那些非常相似，像是人们对动物的依恋以及动物对人类道德的影响。例如，当代文化分析家指出，对动物的同情态度往往与残忍或冷漠行为并存。[5]尽管有大量科学研究证明了饲养宠物对健康的好处，但许多人仍然批评对动物的过度关注。虐待动物和虐待人类之间的关系仍然是有争议的话题：暴力罪犯经常被描述成从小喜欢虐待动物，人们还担心，观看自然纪录片中动物互相攻击和残杀的可怕场景会对儿童产生影响。

我们继续以各种方式将动物作为象征符号。有趣的是，动物和奴隶之间的隐喻性关联，本来是旧制度时代法国的鲜明特征，但最近在动物权利运动中又重新出现了。20世纪西方帝国主义意识形态的一些批评者把对自然的剥削与对妇女和原住民的剥削联系在一起，并认为少数族裔、妇女和动物解放运动应该齐头并进。[6]现在隐喻性地谈论奴隶制可能更容易，因为当今人类奴隶制的实施规模比18世纪要小得多。然而，就像过去一样，有些人对把动物权利和人权联系起来表示怀疑。例如，灵长类动物学家弗兰斯·B. M. 德瓦尔认为："权利是社会契约的一部分，没有责任，权利就无从谈起。这就是为什么把动物权利运动与废除奴隶制相提并论不可接受，这不仅是一种侮辱，而且在道德上也有缺陷：奴隶能够而且应该成为社会的正式成员，而动物不能，也不会。”[7]然而，与200年前相比，现在动物奴役的概念有了不同的联想内容。

在18世纪的法国，外来动物所占据的地方，无论是实际层面上的还是概念层面上的，都体现了那个时代特定的历史环境，反映了其文化的多样性，也反映了人与动物之间普遍存在的各种关系。以大象为例，它体现了人们对外来动物最普遍乃至最矛盾的看法。作为科学上的新奇事物，它让博物学家为之着迷，但同时也引起了其他文化关注方面的共鸣。大象的顺从、忠诚和聪明，是好仆从的缩影，代表了这种动物本身和其隐喻的人类角色所具有的合理服从性。而它对绝对统治的抵抗，同样也赢得了人们的赞誉，这也反映了在18世纪晚期，人们对受剥削的原住民和大自然心怀愧疚。对于多菲内路上的小象来说，这种象征身份是个很大的负担，毕竟它整天不是喝啤酒，就是吃女士掌中的米粒。

注释请扫码查阅